Johannes Schidelko

Kurienreform

Hintergründe, Zuständigkeiten, Veränderungen.
Alles, was man wissen muss

Johannes Schidelko

KURIEN REFORM

Hintergründe, Zuständigkeiten, Veränderungen.
Alles, was man wissen muss

Bibliografische Information der Deutschen Nationalbibliothek:
Die Deutsche Nationalbibliothek verzeichnet diese Publikation in der Deutschen
Nationalbibliografie; detaillierte bibliografische Daten sind im Internet über
http://dnb.d-nb.de abrufbar.

Klimaneutrale Produktion.
Gedruckt auf umweltfreundlichem, chlorfrei gebleichtem Papier.

© 2022 Bonifatius GmbH Druck | Buch | Verlag, Paderborn
Alle Rechte vorbehalten. Das Werk darf – auch teilweise – nur mit Genehmigung
des Verlags wiedergegeben werden, denn es ist urheberrechtlich geschützt.

Bibelzitate wurden, wenn nicht anderweitig gekennzeichnet,
folgender Bibelausgabe entnommen:
Einheitsübersetzung der Heiligen Schrift,
vollständig durchgesehene und überarbeitete Ausgabe
© 2016 Katholische Bibelanstalt GmbH, Stuttgart.

Umschlaggestaltung: Melanie Schmidt, Bonifatius GmbH
Umschlagabbbildung: Iakov Kalinin/AdobeStock
Satz: Bonifatius GmbH, Paderborn
Druck und Bindung: Bonifatius GmbH
Printed in Germany
ISBN 978-3-89710-309-2

Weitere Informationen zum Verlag:
www.bonifatius-verlag.de

Inhaltsverzeichnis

Geleitwort Bischof Dr. Georg Bätzing,
Vorsitzender der Deutschen Bischofskonferenz 9

Vorwort 11

Einführung:
Die Kurie und ihre Reformen 16

Die Kurie nach „Praedicate Evangelium":
Strukturen verbessern, Transparenz fördern, Mentalitäten ändern   27

Staatssekretariat 40
- Sektion für die allgemeinen Angelegenheiten:
  Das Päpstliche Sekretariat 42
- Sektion für die Beziehungen zu Staaten
  und internationalen Organisationen: Erbauer von Brücken,
  Frieden und Dialog zwischen den Völkern 47
- Sektion für das diplomatische Personal des Heiligen Stuhls:
  Diplomatische und pastorale Mission 61

Dikasterium für die Evangelisierung:
Aufbruch zu neuen Ufern – Die Liebe Christi für alle bezeugen 62

Dikasterium für die Glaubenslehre:
Den Glauben fördern und schützen 72

Dikasterium für den Dienst der Nächstenliebe:
Der verlängerte karitative Arm des Papstes 87

Dikasterium für die Orientalischen Kirchen:
Reichtum in Verschiedenheit 92

Dikasterium für den Gottesdienst
und die Sakramentenordnung:
Wo der Mensch mit Gott in Berührung kommt 105

Dikasterium für die Selig- und Heiligsprechungsprozesse:
Heroen aus der „Heiligenfabrik" 115

Dikasterium für die Bischöfe:
Headhunter für kirchliches Führungspersonal 126

Dikasterium für den Klerus:
Gemeindeleiter, Seelenhirte, Manager:
Für alle Fragen rund ums Priesterleben 137

Dikasterium für die Institute des geweihten Lebens
und die Gesellschaften des apostolischen Lebens:
Avantgarde der Kirche und Seismographen
der „Zeichen der Zeit" 147

Dikasterium für die Laien, die Familie und das Leben:
„Privilegierte Beobachtungsstation" für katholische Laienarbeit 160

Dikasterium zur Förderung der Einheit der Christen:
Fünfzehn Dialoge für die Einheit 170

Kommission für die religiösen Beziehungen zum Judentum:
Unwiderruflich aufeinander angewiesen 183

Dikasterium für den interreligiösen Dialog:
Den Gesprächsfaden nicht abreißen lassen 190

Dikasterium für die Kultur und die Bildung:
Für eine ganzheitliche Erziehung nach christlichen Werten 200

Dikasterium für den Dienst zugunsten der ganzheitlichen
Entwicklung des Menschen:
Dialog-Akteur für eine neue Vision von Entwicklung............ 212

Dikasterium für die Gesetzestexte:
Dienstleister für Anwendung und Weiterentwicklung
des Codex 219

Dikasterium für die Kommunikation:
Multilinguale Informationsmittel 223

Die Organe der Gerichtsbarkeit:
Pönitentiarie, Signatur, Rota... 236

Wirtschaftliche Organe:
Sagenhafte Schätze und knappes Budget............................... 250

SCV – Staat der Vatikanstadt:
Physische und territoriale Basis des Heiligen Stuhls 265

Bischofssynode: Ort der Kollegialität –
aber weder Konzil noch Kirchenparlament............................ 278

Vom Apostolischen Palast nach Santa Marta:
Wo Päpste leben, arbeiten und regieren 285

Epilog 292

Chronologie:
Reformen eines Pontifikats.. 295

Organigramm 300

Geleitwort

An Pfingsten 2022 ist die in der katholischen Kirche lange erwartete Kurienreform unter Papst Franziskus eingetreten. Bereits zu Beginn seines Pontifikats hatte der Papst angekündigt, Abläufe und Inhalte der römischen Arbeit zu aktualisieren. In einer Gruppe von Kardinälen aus allen Kontinenten (genannt C9) wurde die Reform zusammen mit dem Papst entwickelt. Es gab Entwürfe und Rückmeldungen, Ideen und nicht selten auch Stimmen, die zum Bewahren des Bisherigen aufriefen.

Die Apostolische Konstitution „Praedicate Evangelium" von Papst Franziskus, die die Kurienreform beschreibt, ist ein mutiger Schritt. Die kommenden Jahre werden zeigen, wie mutig diese Konstitution umgesetzt wird. Das Vielerlei von Behörden ist jetzt vor allem sprachlich auf eine Ebene gestellt worden, wenn Papst Franziskus von „Dikasterien" spricht. Die Kurienreform wird dann ein Erfolg sein, wenn es gelingt, dass alle Behörden im Vatikan miteinander reden. „Interdikasterielle Treffen" nennt man das, und der Papst möchte diese Form des Gesprächs umsetzen. Es ist ihm und der Kurie und damit der Weltkirche zu wünschen, dass untereinander in der Kurie und von der Kurie in die Ortskirchen stärker Brücken gebaut und der Dialog gefördert werden. Genau daran hängt der Erfolg der Kurienreform: Wird sie mit Leben gefüllt und das Gespräch gefördert? Es ist allen Beteiligten sehr zu wünschen.

Johannes Schidelko, der über Jahrzehnte als Leiter des Büros der Katholischen Nachrichten-Agentur in Rom Verantwortung getragen hat und der als Kenner von Kurie und Kirche gilt, hat sich die Mühe gemacht, „Praedicate Evangelium" zu analysieren und den langen Weg der Reform nachzuzeichnen. In seinem jetzt vorliegenden Buch erläutert er die einzelnen Dikasterien, zeigt das Zu- und Miteinander auf und gibt in anschaulicher Sprache und feinsinniger Analyse einen Einblick in die Arbeitsweise des Vatikans. Dem Autor gebührt für diese Arbeit, die er aus seiner langjährigen römischen und vatikanischen Erfahrung speist, Anerkennung, denn er hilft – gerade in der Rezeptions-

und Anwendungsphase von „Praedicate Evangelium" –, historische Entwicklungen nachzuvollziehen und zum Verständnis des Vatikans, des Heiligen Stuhls und der Kurie beizutragen.

Bischof Dr. Georg Bätzing
Vorsitzender der Deutschen Bischofskonferenz

Vorwort

Der Vatikan ist im Wandel. An der Spitze der katholischen Weltkirche und des Vatikanstaats steht seit 2013 zum ersten Mal ein Papst aus der Neuen Welt, aus Lateinamerika. Er hat neuen Wind und neues Denken, einen neuen Arbeits- und Leitungsstil in das abendländische, von mediterraner Mentalität und auch von manchen höfischen Mustern geprägte Zentrum der Kirche gebracht. Er hinterfragt eingespielte Normen. Das auf die römische Kaiserzeit zurückgehende Staat-Kirche-Denken ist ihm fremd. Und mit dem Kolonialismus verbindet er andere Erfahrungen als die meisten seiner europäischen Vorgänger.

Aber während Franziskus in etliche Bereiche Bewegung bringt und für Umbrüche sorgt, bleibt er in anderen Fragen traditionell, beständig, beharrend, drängt auf weitere Vertiefung.

Mit der Kurienreform *Praedicate Evangelium* (im Folgenden: PE) hat Franziskus Kirchengeschichte geschrieben. Seit Beginn seines Pontifikats hatte er immer wieder Veränderungen in der Kirchenleitung angemahnt, mehr Effizienz und Transparenz gefordert und bereits zahlreiche Reformschritte eingeleitet. Zunächst schien fast alles zur Disposition gestellt. Aber im Laufe des fast neunjährigen Reformprozesses zeigten sich Grenzen.

Vorab ein sprachlicher Hinweis. Das Deutsche benutzt pauschal, aber unpräzise, den Begriff „Vatikan" – und meint damit mal den „Heiligen Stuhl" (also: den Papst und die in seinem Auftrag handelnde Kurie), und mal den 44 Hektar kleinen „Staat der Vatikanstadt" (SCV), der nichts anderes ist als die territoriale Basis des Heiligen Stuhls. Da es sich um zwei verschiedene Größen handelt, ist im Zweifelsfall der exakte Begriff zweckmäßig.

Das vorliegende Buch beschreibt, wie die Kurie arbeitet und wer dort arbeitet. Mit welchen Ämtern, Strukturen, Arbeitsnormen und mit welchem Personal der Papst seinen Leitungsapparat führt und die katholische Milliarden-Gemeinschaft zusammenhält. Es will zeigen, woran die Mitarbeiter des Papstes arbeiten und wie die Kurien-Behörden zusammenarbeiten. Es fragt, nach welcher Ordnung und welchen (geschriebenen wie ungeschriebenen) Regeln das System Vatikan funktioniert – der Heilige Stuhl wie auch der Vatikanstaat. Und wie das Umfeld den Arbeitsalltag bestimmt.

Denn auch wenn die Leitungsspitze der Kurie heute international besetzt ist, dominieren in den Ämtern, Büros und Arbeitsstätten weiterhin die Italiener. Der Apparat wird somit stark vom Lebensgefühl und Arbeitsrhythmus des umliegenden Landes geprägt, aus dem das Gros der Monsignori und Minutanten stammt und in dem die Laien-Angestellten mit ihren Familien leben. Deutsches oder angelsächsisches Effizienzbestreben trifft in diesem Umfeld auf völlig andere kulturelle Muster und Handlungsstrategien, neue Vorschriften und Verfahren lassen sich deshalb nicht immer rasch und konsequent umsetzen.

Der vor Gericht verhandelte Fall des angeblich in eine verlustreiche Immobilienaffäre involvierten früheren Innenministers und Kardinals Becciu zeigt, dass im italienisch geprägten Ambiente Familie, Freundschaft und Empfehlungen oft wichtiger sind als anonyme Staatsstrukturen und Rechtsnormen.

Wie funktioniert ein System, das einerseits archaische Bräuche nutzt und die Wahl seines Oberhaupts per Rauchzeichen kommuniziert, und andererseits über einen diplomatischen Dienst verfügt, um dessen Effizienz andere Staaten ihn weltweit beneiden? Das dabei mit einer dünnen Personaldecke und minimalem Budget haushalten muss. Und das die Zentrale einer religiösen Milliardengemeinschaft ist, sich zugleich auch auf einen winzigen Territorialstaat stützt.

Im System Kurie ist vieles anders als in einem normalen Regierungsbetrieb. Es kennt keine zeitlich begrenzten Legislatur-Perioden und keine Wahlkämpfe, aus denen eine neue Leitung mit neuem Programm und einer neuen Regierungsmannschaft hervorgeht. Der Papst wird im Konklave auf Lebenszeit gewählt – oder bis zu einem frei erklärten Amtsverzicht. Und auch die Ernennung und die Berufungszeit für seine „Minister", die Kurienchefs, und für das übrige Personal folgen eigenen Regeln.

Was hat sich unter Franziskus geändert und was hat er mit der Kurienreform festgeschrieben? Wo hat Rom Macht abgegeben und wo neue Macht an sich gezogen? Hat die Kurie ihren Umgang mit den Ortskirchen und der Kirchenbasis verändert? Wo hakte es bei der Reform besonders, und welche Änderungswünsche waren nicht zu realisieren?

Das Buch ist keine Biographie von Papst Franziskus und es ist auch keine Chronik seines Pontifikats. Aber es wirft immer wieder Schlaglichter auf sein Amtsverständnis, sein Kirchenbild und seinen Führungsstil.

„Kurienreform" stellt die verschiedenen Bereiche der römischen Kirchen-Zentrale vor, das Staatssekretariat, die Dikasterien, die kirchlichen Gerichtshöfe und die Finanz- und Wirtschaftsorgane. Es beschreibt ihren Aufgabenbereich, ihre Zuständigkeiten, ihre Arbeit und ihre Organisation. Für die Recherchen ließen nicht alle Behörden in gleichem Maße Einblick in ihre Arbeit zu. Einige wollten wegen der Umbau- und Aufbauphase überhaupt keine Auskünfte geben. Hier mussten andere Quellen herhalten.

Ergänzt wird die Beschreibung der Kurienämter durch Kapitel über die Bischofssynode – die nicht zur Kurie gehört, aber eine entscheidende Leitinstanz der Kirche darstellt. Dann über den Vatikanstaat, der im Umfeld des Reformprozesses ebenfalls ein komplett neues Leitungsgesetz erhielt. Und schließlich ist dem Leben des Papstes, seiner Wohnstätte und seinem Tagesablauf ein Abschnitt gewidmet.

Das Buch ist eine Momentaufnahme. Es zeigt die mit der Veröffentlichung von PE markierte Zäsur in der Römischen Kurie, die von etlichen personellen Veränderungen begleitet wurde und wird. Franziskus hat aber bereits deutlich gemacht, dass der Reformprozess noch nicht abgeschlossen ist: „Ecclesia semper reformanda". Eine eigens der Kurienreform gewidmete Kardinalsvollversammlung, ein außerordentliches Konsistorium, warf Ende August 2022 einige Fragen auf, die noch eine Klärung verlangen.

Daten und Zahlen im Text sind dem vom vatikanischen Staatssekretariat herausgegebenen „Statistischen Jahrbuch der Kirche" (ASE, Stand: 2020) entnommen. Ferner dem „Päpstlichen Jahrbuch" (ANP, Stand: 2022), einem vatikanischen „Who is who" mit zigtausenden Personal-, Orts- und Statistikangaben zur Universalkirche. Wenn mitunter aktuellere oder andere Daten verfügbar waren, ist das eigens vermerkt.

Eine wichtige Informationsquelle über den Vatikan ist seit einigen Jahren leider versiegt. Die Reihe *„L'Attivita della Santa Sede"* (ASS – Die Aktivitäten des Heiligen Stuhls), in denen der Vatikan jährlich auf ca. 1.500 Seiten detaillierte Tätigkeitsberichte (fast) aller Behörden veröffentlichte, ist zuletzt für 2015 erschienen. Ob und wie sie wieder aufgenommen werden, ist unklar. Zwar haben in den letzten Jahren die meisten Kurienbehörden ihre Homepage modernisiert. Aber nur wenige Ämter stellen dort solche Berichte wie einst für die „*Attivita*" ein.

Dieses Buch wäre nicht möglich geworden ohne die freundliche und großzügige Unterstützung von Kardinälen, Bischöfen, Prälaten und weiteren Mitarbeitern der Kurie, die mir im Rahmen ihrer Möglichkeiten den (Ein-)Blick in die geheimnisvolle Welt hinter den Vatikanmauern erleichtert haben. Ihnen gilt mein herzlicher Dank. Der gilt auch der vielfältigen Unterstützung von Kirchenvertretern und von Kollegen außerhalb der Vatikangrenzen. Auf Wunsch der Gesprächspartner hin habe ich meine Quellen in der Regel anonym gelassen. Und mit Blick auf anstehende Personalverschiebungen in der Kurie werden auch nur selten die Namen von Behördenleitern oder Mitarbeitern genannt.

Mein Dank gilt schließlich dem Bonifatius Verlag und vor allem dessen ehemaligem Leiter Rolf Pitsch, der bald nach Einleitung der Kurienreform hier ein Thema erkannte und das Buchprojekt über die lange Entwicklungszeit begleitet hat.

Abkürzungen

ANP	Annuario Pontificio – Päpstliches Jahrbuch (ital)
ASE	Annuarium Statisticum Ecclesiae – Statistisches Jahrbuch (lat – eng – frz)
ASS	Attivita della Santa Sede – Berichtsband über Vatikan-Einrichtungen (ital)
CCEO	Ostkirchlicher Rechtskodex, 1990
CIC	Codex Iuris Catholicum – Kirchliches Gesetzbuch, 1983
EG	Apostolisches Schreiben „Evangelii gaudium" 24.11.2013 – „Pontifikatsprogramm" von Papst Franziskus
LG	„Lumen gentium" – Konzilskonstitution über die Kirche, 21.11.1964
NA	„Nostra aetate" – Konzilserklärung über das Verhältnis zu den nichtchristlichen Religionen, 28.10.1965
Pb	Apostolische Konstitution „Pastor bonus", Kurienordnung 28.6.1988
PE	„Praedicate Evangelium", Apostolische Konstitution über die Römische Kurie und ihren Dienst für die Kirche in der Welt, 19.3.2022
SC	„Sacrosanctum Concilium" – Konzils-Konstitution über die heilige Liturgie, 4.12.1963

Einführung

Die Kurie und ihre Reformen

Genau einen Monat nach seiner Wahl, am 13. April 2013 kündigte Papst Franziskus das größte und wohl aufwändigste Projekt seines Pontifikats an: Eine Kurienreform. In einem knappen Kommuniqué teilte das vatikanische Staatssekretariat mit, der Papst habe eine Gruppe von acht Kardinälen der Weltkirche berufen, die ihn in der Kirchenleitung und insbesondere bei einer Revision der Kurienkonstitution „*Pastor bonus*" von 1988 unterstützen sollen.

Franziskus griff damit ein Anliegen des sogenannten Vorkonklaves auf. Die nach dem Rücktritt von Benedikt XVI. irritierten Kardinäle suchten in ihren Diskussionen, die dem Konklave vorangingen, nach Gründen seiner Entscheidung, fragten, wie und warum das Amt den Pontifex derart aufgerieben hatte. Der Unmut der Eminenzen galt dabei auch etlichen Pannen im vatikanischen Leitungs- und Verwaltungsapparat des Papstes, der römischen Kurie. Da war die „Vatileaks"-Affäre von 2012, der Diebstahl und die Veröffentlichung geheimer Dokumente vom Schreibtisch des Papstes. Sie enthielten Vorwürfe von Korruption, Filzokratie und Ineffizienz im Vatikan. Dann das Verwirrspiel um die Rücknahme der Exkommunikation für vier Traditionalisten-Bischöfe, darunter den Holocaustleugner Williamson. Und ganz oben auf der Krisenliste standen die Missbrauchsskandale.

Die Reihe der Beanstandungen war lang: Die Kurienbehörden seien ungenügend miteinander verknüpft, es fehle an Transparenz, die notwendigen Informationen gelangten nicht immer rechtzeitig zu denjenigen, die sie brauchten. Die Personalführung und -rekrutierung sei ausbaufähig, ebenso die Binnenkommunikation und die Außendarstellung. Manche Ortskirchen murrten zudem über einen römischen Zentralismus, der seit dem letzten Konzil eher zu- als abgenommen habe. Sie kritisierten einen höfischen Stil und überholte Strukturen, die nicht mehr zur modernen Arbeitswelt, zu modernem Management und seinem Einsatz von Humankapital passten. Sie störten sich an einer Reglementierung durch manche Kuriale, denen es an Sensibilität und Dienst-Einstellung für die Lokalkirchen fehle. Zudem wurden die hohen Kosten des Apparats angesichts knapper Kassen zum wachsenden Problem.

Franziskus griff die Bedenken der Kardinalsversammlung rasch auf – und erhielt für sein Projekt einer Kurienreform breiten Applaus. Das Vorhaben galt von Anfang an als eine Art Lackmustest für den Reformwillen und den Erneuerungskurs des Pontifikats.

Das Ergebnis war eine Kurienreform in Etappen. Zwischen 2014 und 2022 setzte der Papst praktisch aus den laufenden Planungen heraus rund 50 höchst unterschiedliche Änderungen in Kraft (s. Kapitel Chronologie, S. 295). Aber erst der Abschluss der Arbeiten und die Veröffentlichung der Apostolischen Konstitution über die Römische Kurie und ihren Dienst für die Kirche in der Welt – *„Praedicate Evangelium"* PE (*Verkündet das Evangelium*) – am 19. März 2022 erlaubte einen Gesamtüberblick über Linie, Logik und Leitmotiv: Wie Franziskus sich die Kirchenleitung und ihre Behörden vorstellt, nach welchen Kriterien und mit welchen Mitteln die Weltkirche geeint werden und wie der „Dienst" der Kurie für den Papst und für die Ortskirchen aussehen soll.

Mit der Verkündung der Konstitution (am liturgischen Festtag des von Franziskus hochverehrten Heiligen Josef und am 9. Jahrestag seines offiziellen Amtsantritts) war der Reformprozess freilich noch nicht abgeschlossen. Die Umsetzung geht weiter, die einzelnen Behörden mussten und müssen neue Statuten, Geschäftsordnungen und Arbeitspläne erstellen. Franziskus und seine Berater werden weiter experimentieren, überprüfen, modifizieren und Ordnungen in Kraft setzen.

Reformen bereits unter Benedikt XVI.

Bereits Benedikt XVI. hatte eine ganze Reihe von Reformen in der Kurie auf den Weg gebracht. 23 Jahre lang hatte der deutsche Theologe Joseph Ratzinger aus der Warte des Präfekten der Glaubenskongregation die stark vom mediterranen Umfeld und dessen Handlungsmustern geprägte vatikanische Zentrale erlebt. Er habe sich, so war zu hören, an umständlichen und schleppenden Abläufen gestoßen, an historisch gewachsenen Zuständigkeiten, Dienstwegen und Arbeitsgängen – und später als Papst manches verändert. Aber eine systematische Kurienreform wollte er sich mit Blick auf sein Alter – bei der Wahl war er 78 – nicht mehr zumuten, wie er gestand. Allerdings häuften sich gerade in den letzten Monaten seines Pontifikats die Rechtsentscheide in Form eines „*Motu proprio*" (auf eigenen Antrieb), mit denen er Änderungen in der Kurie verfügte.

So leitete er in seinem Pontifikat bereits eine gründliche Kontrolle und Sanierung der Vatikanfinanzen ein. Er errichtete die Finanzaufsicht AIF, um den Vatikan an internationale Standards im Kampf gegen Geldwäsche heranzuführen. Er ließ in der skandalumwitterten Vatikanbank IOR aufräumen. Vor allem aber ging er energisch gegen die Plage der Missbrauchsfälle samt ihrer Vertuschung durch Kirchenobere vor. Er erließ hierzu strengere Normen für die Unrechtsverfolgung, für Prävention und Opferbetreuung, und fasste vatikanintern die Zuständigkeiten neu.

Trotz etlicher Reformschritte und trotz Maßnahmen für mehr Transparenz und bessere Koordination kam es im Laufe des Pontifikats immer wieder zu organisatorischen Pannen. Es knirschte im Verwaltungsapparat, der Motor lief unrund – was zum Teil dem Kardinalstaatssekretär Bertone angelastet wurde. Dieser war ein treuer Gefolgsmann des Papstes aus gemeinsamen Zeiten in der Glaubenskongregation, und wie dieser ein profilierter Theologe. Aber er brachte nicht das organisatorische und diplomatische Talent seiner Amtsvorgänger Casaroli oder Sodano mit. Zudem besaß er im Vatikan nicht die nötige Vernetzung und Hausmacht. Benedikt XVI., der sich lieber der Glaubensverkündigung, der theologischen Forschung und der intellektuellen Auseinandersetzung mit dem Zeitgeist widmete, musste bei Organisations- und Kommunikationsproblemen persönlich eingreifen – und sich sogar für Pannen entschuldigen.

Die Päpste und ihre Helfer

PE ist erst die fünfte Gesamtordnung, die ein Papst für den römischen Leitungsapparat verfügt. Sein Mammutprojekt brauchte fast neun Jahre, länger als die letzten Revisionen von 1967 und von 1988. Die Reformphase verlief nicht reibungslos. Die ständigen Änderungen und Umstellungen lähmten zwischenzeitlich die Abläufe im Vatikan, verwischten

Zuständigkeiten. Manches verzögerte sich oder blieb liegen. So wurden 2015 bis 2019 weder vatikanische Haushaltspläne noch Bilanzen, noch kuriale Arbeitsberichte veröffentlicht. Für zusätzliche Verunsicherung und Belastung sorgte die Corona-Pandemie mit Reisebeschränkungen und schweren finanziellen Einbußen für Kurie und Vatikanstaat.

Franziskus wusste, wie mühsam sein Unterfangen werden würde. In Rom Reformen durchzuführen heiße „gleichsam die Sphinx von Ägypten mit einer Zahnbürste zu putzen", zitierte er einmal einen belgischen Kurienbischof, der sich im 19. Jahrhundert an einer ähnlichen Reformaufgabe versuchte. Es sei viel Geduld, Hingabe und Feingefühl nötig; denn die Kurie sei eine „alte, komplexe, ehrwürdige Institution, die sich aus Menschen verschiedener Kulturen, Sprachen und Mentalitäten zusammensetzt und die von ihrer Struktur her immer schon an die Primatialaufgabe des Bischofs von Rom in der Kirche gebunden ist". Und Franziskus wollte nicht nur Strukturen, sondern vor allem auch Mentalitäten, Arbeitsstile und Formen der Zusammenarbeit ändern. – Bleibt die Frage, wieweit die römische Kurie überhaupt reformierbar ist, und ob eine komplette Neuaufstellung überhaupt möglich und durchsetzbar wäre.

Von Anfang an waren die Bischöfe von Rom auf Mitarbeit und Unterstützung angewiesen, auf Notare, Schreiber, Caritas-Helfer, auf Personen wie auf Einrichtungen. Zunächst betrauten sie Priester oder Diakone mit bestimmten Aufgaben, machten sie zu Legaten oder entsandten sie als ihre Vertreter zu Ökumenischen Konzilien. Zur Behandlung größerer Belange, für Lehr- oder Rechtsfragen, riefen sie die Bischöfe der römischen Kirchenprovinz zu gelegentlichen Synoden oder „Römischen Konzilien" zusammen.

Mit Beginn des zweiten Jahrtausends nahmen Einfluss und Bedeutung der Kardinäle zu, denen seit 1059 die Papstwahl vorbehalten ist. Schrittweise verloren damit die Römischen Synoden an Wichtigkeit. Ab dem 14. Jahrhundert behandelten die Päpste alle zentralen Angelegenheiten der Kirchenleitung gemeinsam mit den Kardinälen in Konsistorien. Bis sich die immer umfangreicheren Aufgaben nicht mehr in einer Konferenzrunde erledigen ließen, sondern eine strukturierte Arbeitsteilung verlangten. Ab 1542 entstanden einzelne Kardinalskommissionen, die etwa über den Glauben wachen oder die Trienter Konzilsbeschlüsse durchsetzen sollten.

Die eigentliche Geburtsstunde der Kurie schlug 1588. Mit der Konstitution „*Immensa aeterni Dei*" errichtete Papst Sixtus V. 15 permanente Ressorts: sechs Dikasterien für den damals noch recht großen Kirchenstaat, neun für religiöse Belange. Das Kardinalskollegium wurde gleichsam in mehrere Kollegien unterteilt. Sie bestanden jeweils aus einigen Kardinälen mit weiteren Mitarbeitern, und waren für fest umgrenzte Sachbereiche zuständig. Die Konsistorien, an denen alle Kardinäle teilnahmen, verloren damit an Bedeutung.

Die Ordnung von Sixtus V. (er hatte sich auch als großer Stadtplaner Roms einen Namen gemacht und etwa den Obelisken aus dem Zirkus des Nero in die Mitte des Petersplatzes versetzt) galt für 300 Jahre. Der Untergang des Kirchenstaates – am 20. September 1870 besetzten italienische Truppen Rom und beendeten die weltliche Macht der Päpste – verlangte eine Revision der Kirchenverwaltung. Ebenso machte das Erste Vatikanische Konzil (1869/70) neue Vorgaben.

Die Reform kam freilich erst 38 Jahre später. Pius X. organisierte 1908 mit der Bulle „*Sapienti consilio*" den Apparat neu. Er reduzierte die Zahl der zuletzt auf 30 angewachsenen Kongregationen und schaffte etwa die für „Gewässer und Straßen" oder die „Kongregation der Grenzen" ab, die einst den Kirchenstaat militärisch verteidigen und vor der Ausbreitung von Seuchen schützen sollte. Die Kongregationen verloren ihre gerichtlichen Kompetenzen, waren nun vorrangig Verwaltungsorgane. Er reaktivierte die Rota als Kirchengericht und wandelte die furchteinflößende „Inquisitions-Kongregation" zur „Kongregation des Heiligen Offiziums" (Amt, Büro) um.

Neue Aufgaben nach dem Zweiten Vatikanum

Als Folge des Zweiten Vatikanischen Konzils (1962-1965) wurde 60 Jahre später wieder eine neue Ordnung notwendig. Mit dem gewachsenen Selbstverständnis der Kirche und ihrer Öffnung zur Welt ergaben sich viele zusätzliche Aufgaben. Zur Begleitung von Ökumene und interreligiösem Dialog, zum Dienst für Frieden und Gerechtigkeit, für Laien und Familie brauchte der Papst neue Programme, Behörden und Experten.

Im Sommer 1967 (15.8.) erließ Paul VI. mit der Konstitution „*Regimini Ecclesiae universae*" die dritte Ordnung für die Kurie. Diese war inzwischen internationaler, und nicht mehr nur eine Domäne der Italiener. Den zehn formal nun gleichberechtigten Kongregationen schaltete er das Staatssekretariat vor. Und seither können nicht nur Kardinäle, sondern auch Diözesanbischöfe als Mitglieder in die Dikasterien berufen werden – und sind dort stimmberechtigt.

Schon sein Vorvorgänger Paul VI. hatte festgelegt, dass seine Kurienreform nach einer Erprobungsphase aktualisiert werden sollte. Zudem trat 1983 das neue Kirchenrecht in Kraft. So gab Johannes Paul II. am 28.6.1988 mit der Apostolischen Konstitution *„Pastor bonus"* eine vierte Kurienordnung heraus, auch wenn sie eigentlich nur ein Nach-Justieren der vorherigen war: Das Staatssekretariat wurde noch weiter aufgewertet und gleichsam zur Superbehörde. Die Kongregationen blieben fast unverändert. Und die bisherigen Kommissionen, Sekretariate und Komitees wurden in den einheitlichen Rang von Päpstlichen Räten erhoben – zuletzt waren es zwölf.

K9-Rat – ein Kreis von „Outsidern"

Papst Franziskus übertrug die Vorbereitung seiner Kurienreform einem zunächst aus acht Kardinälen bestehenden Kardinalsrat, der zu seinem wichtigsten Beratergremium wurde. Er berief Würdenträger mit unterschiedlichsten Erfahrungen aus allen Kontinenten. Er wolle sich dabei nicht auf die Stäbe des bisherigen Apparats stützen, sondern habe bewusst einen Rat von „Outsidern" gewählt, sagte Franziskus bei seiner ersten Pressekonferenz im Juli 2013. Und er wollte damit ein Zeichen der Synodalität, also der gemeinsamen Entscheidungsfindung durch die Bischöfe der Weltkirche, setzen.

Franziskus überging die tonangebenden Männer der Kurie ebenso wie die Favoriten des Weltepiskopats. Einziger Italiener war der Chef der Regierung des Vatikanstaats, Bertello. Für Nordamerika kam nicht der in Rom bewunderte New Yorker Kardinal Dolan sondern O'Malley von Boston, ein Vorkämpfer gegen die Missbrauchsskandale. Als Vertreter Lateinamerikas berief er keinen der einflussreichen Brasilianer oder Mexikaner, sondern den emeritierten Chilenen Errazuriz Ossa, der als langjähriger Sekretär der Ordenskongregation den Vatikan gut kannte.

Für Mittelamerika wählte Franziskus den im Vatikan zuvor nicht überall beliebten Honduraner Maradiaga Rodriguez, und machte ihn zum Koordinator des Kreises. Aus Afrika, Asien und Australien nahm er dagegen bekannte „Schwergewichte", die sich bereits bei Bischofssynoden hervorgetan hatten: Den auch politisch profilierten Kongolesen Laurent Monswengo Pasinya von Kinshasa, den Inder Oswald Gracias von Mumbai und George Pell von Sydney, der schon für ein Kurien-Amt im Gespräch war und 2014 erster Präfekt des vatikanischen Wirtschaftssekretariats wurde. Aus Europa empfahlen sich zwei Kardinäle mit Kontinental-Kompetenzen. Franziskus entschied sich für den Münchner Sozialethiker Marx, Präsident des EU-Bischofsrates COMECE, und nicht für den romerfahrenen Kirchenrechtler Erdö aus Ungarn, Präsident des gesamteuropäischen Bischofsrates CCEE. Marx, der zuvor nur die üblichen Kontakte zur Kurie gepflegt hatte, wurde damit zu einer der zentralen Personen des Pontifikats. 2014 kam der neue Staatssekretär Parolin hinzu – und mit ihm mehr kuriale Erfahrung. Seither sprach man vom K9-Rat (oder C9). Zum Sekretär des Rates wählte der Papst Bischof Semeraro aus dem nahen Albano, den er aus einer engen Zusammenarbeit bei der Bischofssynode 2001 bestens kannte.

Die Erwartungen an dieses Gremium und überhaupt an die Kurienreform waren hoch, anfangs sogar zu hoch. Erste Spekulationen, die Neuordnung des Vatikan-Apparats sei eine Sache von wenigen Monaten, waren bald von der Realität überholt; ebenso die Vermutung, die Reform würde den Apparat komplett umkrempeln. Ab dem 1. Oktober 2013 trat das Gremium fünfmal pro Jahr zu meist dreitägigen Konferenzen mit sechs Sitzungen zusammen. Schließlich waren es 41 Konferenzrunden mit über 200 Sitzungen, unter Pandemiebedingungen manchmal auch als Videoschalte. Der Papst war fast immer mit dabei.

Zudem suchte man den Rat auswärtiger Experten. Zu mehreren Sachbereichen, zu Finanzen oder Medien wurden externe Prüfkommissionen gebildet, die Berichte und Gutachten anfertigten – natürlich nicht unentgeltlich. Die Reform hatte auch finanziell ihren Preis.

Allerdings kamen ab 2016 einige Mitglieder des exklusiven Zirkels ins Gerede, auch wegen angeblicher Verwicklung in Missbrauchsfälle. Im Sommer 2017 ließ sich Pell für einen Prozess in Australien beurlauben – letztlich wurde er freigesprochen. Auch gegen den Chilenen Errazuriz wurden Vorwürfe laut. Nach Ablauf von fünf Jahren verabschiedete der

Papst Ende 2018 die beiden. Den Kongolesen Monswengo entpflichtete er aus Altersgründen, für ihn folgte sein Nachfolger in Kinshasa, Kardinal Ambongo Besungu. Der Rat bestand nun aus sieben Eminenzen.

Arbeitsschritte der Reform

Der Kardinalsrat tagte unter Ausschluss der Öffentlichkeit, unter Leitung von Kardinal Maradiaga. Franziskus fehlte nur mittwochvormittags, wenn die Generalaudienz auf seiner Agenda steht. Über die Konferenzen, über das Konzept des Gremiums, über die Arbeitsverteilung und über zusätzliche Berater drang wenig nach draußen. Die dürren Vatikankommuniqués nach den Sitzungen waren wenig erhellend. Die Arbeiten begannen ohne genaue Zielvorgaben. Mitunter hätte man sich eine klarere Linie und mehr Entschlussfreudigkeit gewünscht, und vielleicht auch von Anfang an mehr Sachverstand von Mitarbeitern der Kurie, meinten Beobachter. Und auch Papst Franziskus hatte zu Beginn des Projekts nicht den Ein- und Überblick über die Kurie wie Paul VI. bei seiner Kurienreform 1967. Dieser hatte fast sein gesamtes Klerikerleben in der Vatikanzentrale verbracht.

Nach einiger Zeit nahm das öffentliche Interesse an der Kurienreform ab. Andere Themen wie die Familiensynoden, ihr Abschlussdokument *„Amoris laetitia"*, die Amazonas-Synode mit den Spekulationen über eine Aufweichung des Priesterzölibats (*viri probati*), das „Heilige Jahr der Barmherzigkeit" und die Papstreisen an die Peripherien der Welt rückten in den Vordergrund. Zudem erschütterten neue Missbrauchsskandale die Weltkirche und den Vatikan.

Innerhalb der Kurie sorgte das Reformprojekt zunächst für Verunsicherung. Immerhin ging es um die Zukunft des Leitungsapparats, um Einfluss, Karrieren und Arbeitsplätze. Denn sehr bald zeichnete sich ab, dass einige Behörden zusammengelegt und dabei vor allem Leitungsposten eingespart werden sollten. Als Franziskus nach zwei Jahren einen ersten Entwurf intern vorlegte, hagelte es Kritik; der Text musste stark überarbeitet werden.

Einiges deutet darauf hin, dass Franziskus zu Pontifikatsbeginn ein ambivalentes, von manchem Misstrauen geprägtes Verhältnis zur römischen Kurie mitbrachte. Die Ursachen dürften in früheren Erfahrungen als Diözesanbischof beim Umgang mit römischen Behörden gelegen haben. Dazu passt, dass er sich nicht immer von den Fachstellen des Apparats zuarbeiten ließ, sondern bis heute manches an Dienstwegen vorbei persönlich organisiert, und auch Rat von außen einholt. Aber mit der Zeit stützte er sich dann doch stärker auf den Dienst der Kurie und ihre Expertisen.

Auffallend häufig thematisierte Franziskus in seinen Ansprachen – insbesondere in den ersten Amtsjahren – die Tätigkeit der Kurie. Mit oft zugespitzten Formulierungen, die in der deutschen Übersetzung mitunter noch schärfer klangen, kritisierte er Missstände und ein mangelhaftes Dienstverständnis. Er wandte sich gegen Karrieredenken und Schlendrian, gegen Eitelkeit und Machtstreben, forderte zu Bescheidenheit und Demut, zu Umkehr und Änderung von Mentalitäten auf. Er geißelte höfisches Denken, Seilschaften, Intrigen, Tratsch, Günstlingswirtschaft und Bevorzugungen, Konkurrenzdenken und Komplizenschaft. Und er wandte sich gegen die „perverse Versuchung" eines Klerikalismus: als würde Gott nur zu einigen wenigen sprechen, während die anderen nur zuhören und ausführen müssten.

Besonders verschreckte Franziskus seine Mitarbeiter und eine breitere Öffentlichkeit, als er der Kurie beim traditionellen Weihnachtsempfang 2014 anstelle eines freundlichen Jahresrückblicks einen Katalog von 15 Krankheiten vorhielt. Die Liste reichte von geistiger Versteinerung und Halsstarrigkeit bis zu „existentieller Schizophrenie" und „geistigem Alzheimer". Vor jeder Therapie sei es wichtig, eine gründliche Diagnose zu stellen, verteidigte der Papst seine direkten Worte. Und Offenheit und Klarheit scheinen dem Jesuiten-Papst aus Lateinamerika ohnehin wichtiger als Förmlichkeiten oder *political correctness* westlicher Prägung.

Im Jahresrückblick 2015 relativierte er dann seine Kritik vom Vorjahr, trug einen „Katalog von 12 Tugenden" vor – und sparte nicht mit Anerkennung, Lob und Dank für seine treuen Mitarbeiter. Später legte er dann eine Art Roadmap mit zwölf Leitlinien für die künftige Kurie vor, die er in den Folgejahren immer weiter entfaltete.

Die Mitarbeiter der Kurie müssten „Sende- und Empfangsantennen" sein, war sein Anliegen: Um den Willen des Papstes und der Oberen getreu weiterzuleiten, und um zugleich „Fragen, Anträge, Hilferufe, Freuden und Tränen der Kirchen und der Welt" für den Papst entgegenzunehmen. Diese Empfangsfunktion sei wichtiger als Kontrollen oder das Erlassen von Vorschriften.

Die Zusammensetzung des Kardinalsrates signalisierte, dass Franziskus die Reform wesentlich am Kurienapparat vorbei konzipieren, dass er zumindest nicht ständig dessen Einfluss und Zugriff spüren wollte. Aber die Änderungen sollten und konnten nicht ohne die Betroffenen und erst recht nicht gegen sie erfolgen. Noch vor der konstituierenden Sitzung bat der Papst die Kurienchefs um eine Darstellung und Einschätzung ihrer Behörden und um Anregungen für Verbesserungen. Diese Dossiers lagen dem Kardinalsrat zu seiner ersten Konferenz vor, dazu rund weitere 100 Studien und Ratschläge von Bischofskonferenzen, Orden und auch von Einzelpersonen.

Bei jeder Konferenzrunde standen dann eine, zwei oder drei Kurien-Abteilungen auf dem Prüfstand, mitunter wurden die jeweiligen Präfekten oder Präsidenten geladen, um Aufgaben, Abläufe und Zuständigkeiten zu erörtern. Dann stellte der Papst das Projekt bei Konferenzen mit den Kurien-Chefs und auch bei einem der seltenen außerordentlichen Konsistorien des Kardinalskollegiums (Februar 2015) zur Diskussion.

Gegen Ende des Reformprozesses wurde der Text-Entwurf des Kardinalsrats nochmals allen Bischofskonferenzen zur Stellungnahme zugeleitet. Die Änderungsvorschläge wurden eingearbeitet, erneut von Experten durchgesehen – und so zog sich das Projekt in die Länge. Zuletzt verzögerten die Pandemie und 2021 auch ein Klinikaufenthalt und eine Darmoperation des Papstes den Abschluss.

In der Vergangenheit waren Kurienordnungen erst nach Abschluss aller Beratungen komplett veröffentlicht und in Kraft gesetzt worden. Die von Franziskus verfügte Reform in Etappen nahm von ihm und seinen Planern einen enormen Druck. Für die Fertigstellung des Gesamt-Projekts konnten sie sich mehr Zeit lassen. Denn besonders reformbedürftige Bereiche erhielten schon lange vor Abschluss des Gesamtpakets ihre neuen Strukturen und Vorgaben, insbesondere der Finanz- und der Mediensektor. Zudem entfalteten manche Reformschritte eine Eigen-Dynamik mit neuen Ideen und weiterführenden Modifizierungen, und erhielten somit eine erste Erprobungsphase.

Eine jüngste zusätzliche Maßnahme: Wenn in einer Behörde ein größerer Organisations- oder Personalwechsel ansteht, wird ein Funktions-Check, eine Evaluierung im Rahmen einer Visitation durchgeführt (zuletzt z. B. in den Ämtern für den Klerus, für Liturgie oder Entwicklung).

In der „Chronologie – Reformen eines Pontifikats" (S. 295) sind Maßnahmen und Veränderungen aufgelistet, die bereits während des Reformprozesses in Kraft gesetzt wurden.

Die Kurie nach „Praedicate Evangelium"

Strukturen verbessern, Transparenz fördern, Mentalitäten ändern

Wie sieht nun diese Kurie nach „*Praedicate Evangelium*" (PE) aus, mit der Franziskus den „Vatikan" leiten, die Einheit der Universalkirche bewahren, die Ortskirchen unterstützen, deren Eigenverantwortung stärken und das Risiko von Organisations-Pannen in der Zentrale begrenzen will? Er selbst sieht die Konstitution in enger Kontinuität mit den beiden letzten Kurien-Erlassen, denen von Paul VI. (1967) und von Johannes Paul II. (1988).

Erste Kommentare sprachen von revolutionären Veränderungen in den Kurien-Strukturen, andere fühlten sich eher an den kreißenden Berg erinnert, der die Maus gebiert.

Auf den zweiten Blick bleiben die Neuerungen in Strukturen, Zuständigkeiten und Arbeitsabläufen in vielen Fällen überschaubar, für manche Behörden ändert sich hier nur wenig. Aber in einigen Bereichen hat Franziskus tatsächlich Reformen vorgenommen und klarere Verhältnisse geschaffen, und manches davon zeigt bereits Wirkung. Freilich fanden sich etliche Vorgaben und Vorschriften bereits in der bisherigen Ordnung, wurden jedoch nur unzureichend umgesetzt – und erhalten nun neuen Nachdruck.

Die in fast neunjähriger Arbeit erstellte neue Kurien-Konstitution ist mit einer Länge von 112 Heftseiten um ein gutes Viertel länger als das 34 Jahre lang gültige Vorgänger-Dokument „*Pastor bonus*". Anders als dieses verzichtet PE auf eine ausführliche historische Einleitung, fasst dann aber die Prinzipien, Kriterien sowie die allgemeinen Normen detaillierter, wenn auch nicht unbedingt immer präziser. Mitunter beschränkt sich PE auf die Empfehlung, dass ein Vorgang „in geeigneter Weise" geklärt oder erledigt werden soll.

Die Aufgaben-Beschreibung der einzelnen Behörden schwankt zwischen einer und sechs Seiten. Manche Texte sind komplett neu, andere

(z. B. für „Seligsprechungsprozesse") scheinen komplett aus *„Pastor bonus"* übernommen.

PE hat das Organigramm der Kurie gestrafft, die Zahl der zentralen Behörden von 21 auf 16 reduziert. Franziskus hat etliche Ämter zusammengelegt, deren „Aufgaben sehr ähnlich waren oder sich ergänzten" (PE II,11), hat sie integriert, fusioniert, einige geschlossen, andere komplett neu aufgestellt. Eingespart wurden damit v. a. Leitungspositionen und Administrationen.

Zur Kurie gehören:
- das **Staatssekretariat.** Es fungiert mit seinen drei Abteilungen weiterhin wie eine Regierungszentrale und ist darin dem deutschen Kanzleramt (samt Innen- und Außenministerium) strukturell vergleichbar.
- **16 Dikasterien** – wie die bisherigen Kongregationen, Dikasterien oder Päpstlichen Räte nun einheitlich heißen; der Unterschied zwischen großen und kleinen „Ministerien" fällt damit weg. Rechtlich sind sie gleichgestellt, sie haben weitgehende Eigenständigkeit.
- **3 Gerichtshöfe (Organe der Gerichtsbarkeit:** Pönitentiarie, Signatur, Rota)
- die **Wirtschaflichen Organe,** bestehend aus sechs Einheiten (Wirtschaftsrat, Wirtschaftssekretariat, Güterverwaltung, Generalrevisor, Kommission für vertrauliche Angelegenheiten, Investitionskomitee)
- **3 Ämter** (Präfektur, Zeremonienamt, Camerlengo)
- **knapp 10 mit dem Heiligen Stuhl verbundene Institutionen:** Archiv, Bibliothek, Dombauhütte von Sankt Peter, Kommission für Sakrale Archäologie, diverse Akademien, AVEPRO (Agentur zur Qualitäts-Evaluierung akademischer Einrichtungen), ASIF (Finanzaufsichts- und Informationsbehörde)

Die **Bischofssynode** ist weiterhin nicht Teil der Kurie. Allerdings sollen die kurialen Einrichtungen dem „Generalsekretariat der Synode" (in PE fehlt der Wortteil „Bischofs-") bei Bedarf zuarbeiten (PE 33).

Der **Kardinalsrat** wurde, anders als zunächst vorgeschlagen, nicht zu einem festen Kurien-Organ zwischen Staatssekretariat und den Dikasterien, sondern bleibt ein beratendes Gremium des Papstes.

Prinzipien, Kriterien, Normen

1. Im Dienst des Papstes

Die Kurie leistet in erster Linie einen Dienst für den Papst, der als Nachfolger des Apostels Petrus das „immerwährende, sichtbare Prinzip und Fundament für die Einheit der Vielheit von Bischöfen und Gläubigen" ist (PE I,6). Sie ist „das Organ, dessen sich der Papst normaler Weise bei der Ausübung seines höchsten Hirtenamtes und seiner universalen Sendung in der Welt bedient", schreibt PE 1.

Der Papst empfängt persönlich in Audienz die Leiter der Kurienbehörden, die ihm „regelmäßig und häufig" über die laufenden Angelegenheiten, Tätigkeiten und Projekte berichten (PE 24). Alle Entscheidungen über wichtige Angelegenheiten bedürfen seiner Zustimmung (PE 31).

Kein Gesetz oder Dekret mit Gesetzeskraft darf ohne seine ausdrückliche Approbation erlassen werden (PE 30). Damit wird die einmalige Stellung des Papstes als Wahlmonarch mit absoluter, zentraler Macht, wie sie bereits das Erste Vatikanische Konzil 1870 festgelegt und das Zweite Vatikanum 1964 um Ausweitung bischöflicher Befugnisse ergänzt hat, erneut untermauert. Zugleich wird die Kurie stärker zum Dienst-Instrument ausgerichtet – womit sich ihre eigene Macht relativiert.

2. Im Dienst der Bischöfe

Die Kurie steht auch im Dienst der einzelnen Bischöfe und des Bischofskollegiums – als Nachfolger der Apostel. Sie steht nicht zwischen dem Papst und den Bischöfen, sondern sie stellt sich in den Dienst beider (PE I,8). Sie darf keine Trennwand, sondern muss ein Bindeglied sein.

3. Im Dienst der Weltkirche und der Bischofskonferenzen

Nachdrücklicher als frühere Ordnungen hält PE folglich die Vatikan-Behörden zur Zusammenarbeit, zu Dienst und Unterstützung für die Ortskirchen (in der Regel sind dies die Diözesen), die Bischofskonferenzen und Ordensgemeinschaften an. Sie müssten die ersten Nutznießer der Kurien-Tätigkeit sein.

PE zielt darauf ab, die Bischofskonferenzen „in ihrem Potenzial zu stärken, ohne dass sie als Zwischenglied zwischen dem Papst und den

Bischöfen fungieren, sondern ihnen voll und ganz zu Diensten sind" (PE I,9). Unbeschadet der Gewalt des Bischofs über seine Teilkirche seien sie „gegenwärtig eine der bedeutendsten Modalitäten, um der kirchlichen Gemeinschaft in den verschiedenen Gebieten zusammen mit dem Papst, [...] Ausdruck zu verleihen und zu dienen" (PE I,7).

Dieser Aufruf zu enger Zusammenarbeit und Abstimmung mit den Ortskirchen und Bischofskonferenzen zieht sich wie ein roter Faden durch die gesamte Konstitution und nimmt alle Kurienbehörden in die Pflicht – auch wenn die Forderung nicht komplett neu ist. Rom muss wichtige Vorgänge oder Dokumente, die bestimmte Länder oder Ortskirchen betreffen, mit diesen abstimmen. Generell ist der Ton der Konstitution freundlicher, verbindlicher. Hieß es früher, die Behörde sorge im Bedarfsfall „für geeignete Abhilfe", so wird nun zu Dialog und einvernehmlicher Klärung angehalten. Bei Anfragen aus den Ortskirchen haben die Kurienbehörden den Empfang zeitnah zu bestätigen, sie mit Sorgfalt zu prüfen und so bald wie möglich eine angemessene Antwort zu geben, ordnet PE 36,3 an.

Ob sich damit die mitunter als römische Bevormundung oder Kontrolle empfundene Behandlung in der Zusammenarbeit ändert, bleibt abzuwarten.

4. Gesunde Dezentralisierung

Franziskus setzt dabei, wie er es seit Beginn seines Pontifikats angemahnt hat, auf eine „gesunde Dezentralisierung" (PE II,2) – nach dem Prinzip der Subsidiarität. Der Papst möchte den Bischöfen in Ausübung ihres eigenen Lehramtes mehr Kompetenz und Befugnis in den Fragen überlassen, die sie gut kennen – und die die Einheit der Lehre, der Disziplin und der Gemeinschaft der Kirche nicht berühren. „Eine übertriebene Zentralisierung kompliziert das Leben der Kirche und ihre missionarische Dynamik, anstatt ihr zu helfen", hatte Franziskus schon in seinem Pontifikats-Programm *„Evangelii gaudium"* (EG 32) geschrieben – und in einem *Motu Proprio* vom 15.2.2022 ergänzt.

Das gilt für bestimmte Lehrfragen, etwa für die Übersetzung liturgischer Texte oder auch für Disziplinar-Maßnahmen gegen Ordensleute, wenn sie sich mehr oder weniger offen über Gelübde, Gehorsamspflichten und andere Regeln hinwegsetzen. Weiter betrifft das die Gründung und Leitung von (interdiözesanen) Seminaren, die Priesterausbildung, wie auch die Ausarbeitung von Katechismen. Hier brauchen die Bischofskonferenzen keine Zustimmung (*approvazione*) des Vatikans mehr, sondern nur noch eine einfachere Bestätigung (*conferma*). In diesen Änderungen spiegele sich „die miteinander geteilte und vielfältige Universalität der Kirche wider, welche die Unterschiede umfasst, ohne sie zu vereinheitlichen", hatte Franziskus in dem *Motu proprio* erklärt. Der Vatikan vertraue darauf, dass die einzelnen Bischöfe die Lage vor Ort besser einschätzen und somit unmittelbarer und rascher agieren oder reagieren können.

5. Internationale Besetzung

Die Kurie soll auf allen Ebenen die Universalität und Katholizität der Kirche widerspiegeln (PE II,10). Daher sollen die Bischöfe und Ordensgemeinschaften dem Papst qualifizierte Mitarbeiter aus unterschiedlichen Regionen und Kulturen für diesen Dienst zur Verfügung stellen.

Das wird freilich erschwert durch den Umstand, dass viele Diözesen angesichts eigener Personalengpässe ungern Kleriker nach Rom schicken. Zudem sind die vergleichsweise niedrigen Gehälter im Vatikan insbesondere für Laien aus wohlhabenden Ländern nicht unbedingt ein Anreiz für Rom-Bewerbungen. Folglich dominieren im Mittel- und Unterbau die Italiener oder Wahl-Römer.

6. Professionalität und Personalpolitik

Der Papst erwartet von seinen Mitarbeitern in der Kurie fachliche Qualifikation und Professionalität (PE II,7). Daher müsse „der Auswahl und Ausbildung des Personals sowie der Arbeitsorganisation und der persönlichen und beruflichen Entwicklung jedes einzelnen große Aufmerksamkeit" gewidmet werden. Mit PE wurde im Wirtschaftssekretariat eine eigene Personalabteilung eingerichtet, die „Direktion für das Personalwesen des Heiligen Stuhls" (PE 217), die sich um eine systematische Personalpolitik kümmern soll. Sie muss neue Wege der Personalplanung und -auswahl für die einzelnen Dikasterien entwickeln, sich um Weiterbildungsmöglichkeiten sowie um neue Formen einer leistungsorientierten Entlohnung kümmern, die Professionalität erhöhen, berufliche Perspektiven aufzeigen und die interne Mobilität fördern, wie Sekretariats-Präfekt Guerrero in einem Brief an die übrigen

Kurienchefs erläuterte. Das Staatssekretariat, bei dem dieser Bereich bislang lag, betreut nur noch die päpstlichen Ernennungen – also die der Präfekten, Sekretäre, Mitglieder und Berater der Kurienbehörden sowie des diplomatischen Personals.

7. Spiritualität und persönliche Integrität

Neben Professionalität sollen die Mitarbeiter in der Kurie (Bischöfe, Priester, Ordensleute und Laien) auch kirchliche Spiritualität mitbringen (PE II,6). Sie sollen sich auszeichnen „durch geistliches Leben, gute pastorale Erfahrung, einfachen Lebenswandel und die Liebe zu den Armen, den Geist der Gemeinschaft und des Dienstes sowie durch Kompetenz in den ihnen anvertrauten Angelegenheiten und die Fähigkeit, die Zeichen der Zeit zu erkennen". Die Behörden sollen ein religiöses Gemeinschaftsleben pflegen mit gemeinsamem Gebet, geistlicher Erneuerung und regelmäßigen gemeinsamen Messfeiern. Neben dem Dienst in der Kurie sollten sich die Papst-Mitarbeiter möglichst auch seelsorglich betätigen, etwa in einer römischen Pfarrei oder ihrer (Ordens-)Gemeinschaft.

8. Fluktuation in Kurienämtern

Die Anstellungsdauer für die kurialen Mitarbeiter soll generell begrenzt werden. Zwar galten auch bisher Berufungen in der Regel für fünf Jahre, aber Verlängerungen, auch mehrmalige, wurden oft – aber keineswegs immer – großzügig gehandhabt. Kleriker und Ordensleute sollen künftig nach fünf Jahren in ihre Diözesen oder Gemeinschaften zurückkehren (PE 17). Der Papst will damit einem Abgleiten in Routine und einem Karriere-Denken gegensteuern. Er sieht die Fluktuation als Hebel, um Besitzstände und Dauerpfründe abzubauen, Verkrustungen aufzubrechen, um frisches Blut und neue Ideen einzubringen – und so schließlich eine Mentalitätsänderung anzustoßen. Allerdings sei für erfolgreiche Mitarbeiter eine Verlängerung um ein weiteres „Quinquennium" (Fünfjahreszeitraum) möglich, heißt es in PE 17,4.

Da Rom sich aber heute schon schwertut, aus bestimmten Ländern genügend qualifiziertes Personal mit ausreichenden Sach- und Sprachkenntnissen zu finden, könnte sich die zeitliche Beschränkung als weiteres Rekrutierungshindernis erweisen. Denn die Einarbeitung am Vatikan braucht Zeit, in der Regel wenigstens ein Jahr – bis ein Neueinsteiger etwa einen Brief auf Italienisch in vatikanischem Stil schreiben kann. In manchen Spezialbereichen braucht der Einstieg noch länger. Ein häufiger Wechsel wäre dort also suboptimal.

Die Anstellung von Laien ist jeweils durch Verträge geregelt. Bei einer unbegrenzten Festanstellung ist allenfalls die Versetzung in einen anderen Bereich möglich.

9. Stellvertretungscharakter – Legitimation durch Auftrag des Papstes

Hohe Erwartungen und breite Zustimmung fand PE mit der Ankündigung, dass nicht nur Kardinäle, Bischöfe und Priester, sondern im Prinzip jeder Gläubige aufgrund seiner Taufe im Auftrag des Papstes eine Vatikan-Behörde leiten könne – Kompetenz und Qualifikation für die jeweilige Aufgabe vorausgesetzt (PE II,5). Denn die Leitungsgewalt erhält er hier nicht durch ein Weihesakrament, durch einen hierarchischen Rang oder den klerikalen Stand, sondern aus der Beauftragung durch den Papst – dessen Stellung damit nochmals unterstrichen wird. Noch *„Pastor bonus"* (7) schrieb, gemäß dem Kirchenrecht (CIC 129), dass „alles, was die Ausübung von Leitungsvollmacht erfordert, denjenigen vorbehalten ist, welche die heilige Weihe empfangen haben".

Diese Regelung war ein Hauptthema beim Kardinals-Konsistorium Ende August 2022, das zwei Tage lang über die Kurienreform diskutierte. Zum einen hat die neue Norm bereits die Praxis erreicht: Seit 2018 wird das Kommunikations-Dikasterium von einem Laien geleitet. Das könnte ähnlich für die Behörden für „Laien-Familie-Leben", die Bibliothek oder für das Sozial-Dikasterium gelten, wo schon jetzt eine Ordensschwester Stellvertreterin des Präfekten ist. Zum anderen gilt es als wahrscheinlich, dass etwa die Dikasterien für Bischöfe und Kleriker, für Ostkirchen oder Ökumene auch künftig von einem Geistlichen mit hohem hierarchischem Rang (nicht zuletzt aus Repräsentationsgründen) geleitet werden. Im Nachklang zum Konsistorium wurde hier eine Klärung erwartet.

Aufbau der Kurien-Behörden

Leitungsstrukturen, Zuständigkeiten und Arbeitsabläufe innerhalb der Behörden haben sich mit PE wenig geändert. Es bleibt bei der meist dreiköpfigen Leitungsebene.

- An der Spitze steht der **Präfekt** (oder eine gleichwertige Person), er wird vom Papst für fünf Jahre ernannt, mit der Möglichkeit der Verlängerung. Es muss nach PE nicht mehr ein Kardinal oder Bischof sein. (Ausdrücklich zugeschrieben wird der Kardinalsrang in PE nur dem *Camerlengo* [der während einer Sedisvakanz eine zentrale Rolle erhält], dem Präfekten der Signatur und dem Koordinator des Wirtschaftsrates.)
- Der Präfekt wird unterstützt von einem oder mehreren **Sekretären** und **Untersekretären**.
- Diesen *„Superiori"* arbeiten **Referenten/Beamte** (PE 14,3) aus möglichst verschiedenen Weltgegenden zu – damit „die Römische Kurie die Universalität der Kirche widerspiegelt". Diese Kleriker, Ordensleute und Laien erledigen die Sacharbeit in den römischen Behörden. Verlangt werden von ihnen theologische und fachspezifische Qualifikationen (mit Studienabschlüssen), Sprachkenntnisse – sowie Klugheit, Bildung und Erfahrung.
- Leitungs- und Entscheidungsinstanz des Dikasteriums sind die vom Papst für jeweils fünf Jahre ernannten **Mitglieder** (PE 15), meist zwischen 15 und 30. Dazu gehören Kardinäle und einige Bischöfe – und je nach Aufgabe der Behörde auch Priester, Diakone, Ordensleute sowie Laien – im Sinne des stellvertretenden Charakters der Römischen Kurie.
- Die **Berater** (PE 16) werden ebenfalls vom Papst für fünf Jahre berufen. Häufig sind es Professoren (auch Frauen), oft von römischen Universitäten, aber auch Experten aus aller Welt; denn Expertisen lassen sich in Internet-Zeiten auch digital austauschen.
- Das **Technische Personal**: Pförtner, Hausmeister, Boten, IT-Techniker, Verwalter, Büro- und Schreibkräfte. Die meisten sind Italiener.

Beobachter sind immer wieder überrascht, wie dünn die Personaldecke in vielen vatikanischen Stabsstellen ist. Im Dikasterium für den interreligiösen Dialog sind es vom Kardinal bis zum Pförtner gerade 15 Personen, im Justizministerium nicht einmal ein Dutzend, im Staatssekretariat, das Staatskanzlei, Innen- und Außenministerium in einem ist, sind es gerade 230 Mitarbeiter.

Ablauf-Strukturen: Zusammenarbeit innerhalb der Behörden

Auch der Arbeitsablauf und die Organisation innerhalb der Behörden hat sich mit PE nicht grundsätzlich verändert. Allerdings wurden geltende Vorgaben und Möglichkeiten bisher nicht immer ausgereizt und optimal genutzt.

- Der *Congresso* (PE 25) ist das (meist wöchentliche) Stabstreffen der Behördenoberen mit allen oder mit einigen Referenten – (das bleibt „im Ermessen des Leiters") – zur Abstimmung und wechselseitigen Information der Arbeit. In der Vergangenheit bezogen die *Superiori* (vielleicht noch als Relikt höfischer Gepflogenheiten) ihre Beamten und Referenten in unterschiedlichem Maße (und nicht überall) in die Arbeit ihres Amtes ein. Der Informationsfluss wurde nach unten immer dünner. Teamgeist war nicht überall angesagt. Die Referenten hatten oft nur einen partiellen Einblick in die Tätigkeit ihres Amtes. – Über ihre Gehaltskürzungen im Zuge der coronabedingten vatikanischen Finanzkrise von 2021 etwa erfuhren viele zunächst über die Medien.
- Die *Ordinaria*, die Mitgliederversammlung MV (PE 26), die Konferenz der vom Papst berufenen Mitglieder, berät die Vorlagen und Arbeitsergebnisse des römischen Arbeitsstabs und der *Consultori* und erstellt daraus Empfehlungen für den Papst. Zur ordentlichen MV genügen die in Rom lebenden Mitglieder. Die Vollversammlung aller Mitglieder soll alle zwei Jahre stattfinden, ggf. auch als Videokonferenz. In manchen Behörden (für die Evangelisierung, die Bischöfe, die Heiligsprechungen) tritt die MV vierzehntäglich zusammen (von Oktober bis Juni), im Glaubens-Dikasterium monatlich, in anderen Behörden bei Bedarf.

- Die *Consulta*, die Konferenz der Berater (PE 27), besteht als festes Gremium nur in wenigen Behörden, etwa in denen für die Glaubenslehre, für Heiligsprechungen oder für Gesetzestexte. Ansonsten arbeiten die Berater nach Anfrage und Bedarf mit Kommentaren und Expertisen zu. In der Regel geben sie ihre Einschätzung schriftlich ab.

Ablauf-Gremien:
Transparenz und Verzahnung zwischen den Behörden

Wunder Punkt in der Kurienarbeit und Anlass für (manche) Kritik und Klagen war in der Vergangenheit die unzureichende Vernetzung unter den Kurienbehörden. Es fehlte an einem effizienten und institutionalisierten Informationsaustausch unter den Ämtern. Anders als im säkularen Regierungsbetrieb tagen im Vatikan keine regelmäßigen „Kabinettsrunden", in denen der Papst mit seinen Ressortchefs berät und Entscheidungen trifft.

Die einzelnen Dikasterien der Römischen Kurie genießen auch nach PE weitgehende Eigenständigkeit. Ihre Vorgänge werden auf der Stabsebene vorbereitet (ggf. im *Congresso*), dann von der Mitgliederversammlung der Kardinäle und Bischöfe (und weiterer Mitglieder) beraten und verabschiedet, und schließlich vom Behördenchef direkt dem Papst vorgelegt. Der trifft – ggf. bei einer Audienz für den Behördenleiter – die Entscheidung über die ihm vorgelegten Entwürfe, Dokumente und Maßnahmen.

Bislang wusste in der Kurie die Behörde A auf offiziellem Weg wenig über Themen, Planungen und Projekte von Behörde B. Zwar sind die Kurienpräfekten immer auch Mitglieder in zwei bis fünf weiteren Behörden, über die sie (bedingt) informiert sind, da sie zu deren Entscheidungskonferenz gehören. Aber über die laufende Arbeit der übrigen Dikasterien wussten sie von Amts wegen nichts. Damit waren Doppelungen und Überschneidungen unvermeidbar – und auch manche Lücken. Es haperte an einer systematischen Verzahnung, was mitunter zu Unstimmigkeiten und gelegentlich zu Pannen führte: wenn einer Behörde wichtige Informationen fehlten, die in einem anderen Büro durchaus vorlagen.

Entsprechend hoch waren und sind hier die Erwartungen an PE, das folgende Gremienformate vorsieht:

- **Regelmäßige Audienzen des Papstes für die Dikasterien-Chefs** (PE 24). „Die Leiter der Kurien-Einrichtungen oder an ihrer Stelle die Sekretäre werden vom Papst persönlich in der von ihm festgelegten Form empfangen, um regelmäßig und häufig über die laufenden Angelegenheiten, Tätigkeiten und Projekte zu berichten."
- **Regelmäßige Versammlungen aller Kurien-Leiter mit dem Papst** (PE 34) – um „eine größere Kohärenz und Transparenz in der Arbeit der Kurie zu fördern". Sie sollen vom Staatssekretär im Einvernehmen mit dem Papst regelmäßig zusammengerufen werden, „um gemeinsam die Arbeitspläne der einzelnen Institutionen und deren Durchführung zu erörtern, um ihre Arbeit zu koordinieren, um Informationen auszutauschen und um Angelegenheiten von größerer Bedeutung zu prüfen; um Meinungen und Vorschläge einzubringen; um Entscheidungen zu treffen, die dem Papst vorzulegen sind".
  Solche Gipfeltreffen der Kurienleiter mit dem Papst hat es auch in der Vergangenheit in größeren Abständen gegeben. Sie galten aber meist bestimmten Einzelfragen und -problemen und weniger dem allgemeinen Austausch und Informationsstand.
- **Konsistorium der Kardinäle** (PE 35), das der Papst für „die wichtigsten Angelegenheiten allgemeiner Art" (zusätzlich zu diesen Treffen mit den Kurienleitern) einberufen kann. Ordentliche Konsistorien finden (für die in Rom anwesenden Kardinäle) routinemäßig statt, um bedeutenden Entscheidungen, etwa der Erlaubnis zur Heiligsprechung einen förmlichen Rahmen zu geben. Zu außerordentlichen Konsistorien wird das gesamte Kardinalskollegium geladen, um gemeinsam über sehr wichtige Angelegenheiten zu beraten. Franziskus hatte solche „Gipfeltreffen" 2014 und 2015, dann aber erst wieder 2022 anberaumt.
- **Interdikasteriale und intradikasteriale Sitzungen** für Fragen, Themen und Bereiche, die mehrere Dikasterien betreffen (PE II,9) – analog einem Corona-Kabinett oder Sicherheits-Kabinett. Sie werden vom Staatssekretariat einberufen.

- **Gemeinsame Prüfung von Angelegenheiten**, die in die gemischte Zuständigkeit mehrerer Dikasterien fallen (PE 28). Dafür sind selbst Details geklärt: Einberufen muss die Sitzung der Chef derjenigen Behörde, der die Arbeit zuerst zugewiesen wurde. Für Vorgänge, die häufige Beratungen erfordern, kann nach Zustimmung des Papstes eine interdikasterielle Kommission eingesetzt werden (PE 28,5).

Zudem muss eine Behörde ein allgemeines Dokument, bevor sie es dem Papst vorlegt, den anderen beteiligten kurialen Einrichtungen übermitteln, um eventuelle Bemerkungen, Abänderungen und Verbesserungsvorschläge entgegenzunehmen (PE 29,1). – Freilich wird noch zu klären sein, wie genau diese Zusammenarbeit aussehen und wie weit sie reichen soll.

Generell gilt dabei: Wo immer Kurienbehörden Dokumente oder Erklärungen zu politischen oder diplomatischen Fragen veröffentlichen, brauchen sie vorab die Genehmigung durch das Staatssekretariat, heißt es in PE 29,2.

Allerdings erfordern solche Koordinationsgremien intensive Planung und Vorbereitungsarbeit – und mehr Bürokratie, die auch angesichts der knappen Personaldecke zu schultern ist.

Bislang hängen Informationswege in der Kurie auch vom Zufall ab. Die behördenübergreifende Zusammenarbeit funktioniert dort gut, wo sich Leute persönlich kennen: sei es vom gemeinsamen Studium, von der Ausbildung, aus landsmannschaftlicher Verbundenheit, oder weil sie an derselben Hochschule dozieren oder in der gleichen römischen Pfarrei Seelsorgsdienste leisten. Allerdings sollen interdikasterielle Kontakte inzwischen stärker über (offizielle) Koordinierungsstellen laufen.

Neue Ziele: Mission und Mentalitäten. Evangelisierung als erste Aufgabe der Kirche – und Herz der Reform

Franziskus stellte die Kurienreform in den Kontext des missionarischen Charakters der Kirche und der „missionarischen Umkehr" (PE I,2). Für ihn ist die Reform kein Selbstzweck, „sondern Mittel, um eine wirksamere Evangelisierung zu unterstützen; um einen fruchtbareren ökumenischen Geist zu fördern; um einen konstruktiveren Dialog mit allen zu ermutigen" (PE I,12). Evangelisierung sei die „erste und wichtigste Aufgabe der Kirche" und das „Herz der neuen Reform", hieß es aus dem Kardinalsrat.

Dieser Anspruch schlägt sich schon in einer neuen Reihenfolge der Dikasterien nieder. Nicht mehr die Glaubensbehörde steht an erster Stelle, sondern das Dikasterium für Evangelisierung. Die Kirche erlebe heute einen Epochenwechsel, das Christentum sei nicht mehr „gesetzt". Daher habe die Verkündigung des Glaubens Vorrang vor dessen Schutz. Es ist nicht nur ein symbolischer Schritt, dass der Papst persönlich die Leitung des Dikasteriums für die Evangelisierung übernommen hat. Und um seine Behördenliste mit den wichtigsten Aufgaben der Kirche zu eröffnen, hat Franziskus an die dritte Stelle das neue Caritas-Dikasterium (für den Dienst der Nächstenliebe) gestellt.

Dem Papst geht es in der Kurie nicht nur um effizientere Strukturen und Arbeitsabläufe und bessere Nutzung des Humankapitals, sondern auch um eine neue Mentalität, um einen anderen, einen synodalen Arbeitsstil, der – inmitten der hierarchischen Ordnung der Kirche – stärker auf Zusammenarbeit, Gemeinschaft und Mitverantwortung ausgerichtet ist. Es geht um „die Verstärkung der gemeinsamen Verantwortung zwischen Papst und Kurie einerseits und den Ortskirchen andererseits", wie der Wiener Kardinal Schönborn betonte. Schon in seinem Brief an die deutschen Katholiken von 2019 bezeichnete der Papst es als „eine der ersten und größten Versuchungen im kirchlichen Bereich", Problemlösungen „ausschließlich auf dem Wege der Reform von Strukturen, Organisationen und Verwaltung zu erreichen", und Vertrauen in die Verwaltung und den perfekten Apparat zu setzen. „Eine übertriebene Zentralisierung kompliziert aber das Leben der Kirche und ihre missionarische Dynamik, anstatt ihr zu helfen."

Grundsätzlich bleibt: *Ecclesia semper reformanda*. Die Kurienreform bleibt ein ständiger Prozess und ist mit dem Erlass der Konstitution PE noch nicht abgeschlossen. Sie muss umgesetzt und angewandt werden. Und sie wird sich in diesem Prozess weiterentwickeln.

Staatssekretariat

Das Sekretariat des Papstes – Schaltzentrale für den Globalplayer (PE 44-52)

„Terza Loggia" ist im Vatikan bis heute ein Inbegriff von Einfluss, Bedeutung und Macht. In der „Dritten Etage" des Apostolischen Palastes befinden sich das *„Appartamento"*, die traditionelle Privatwohnung der Päpste, und im Flügel gegenüber die Diensträume des Staatssekretariats. Zwar lebt Franziskus seit Amtsbeginn nicht mehr in dem von Papst Sixtus V. (1585-1590) erbauten Ostteil des Palastes, sondern 300 Meter Luftlinie entfernt im modernen Gästehaus Santa Marta. Aber auch er nutzt die alten Repräsentationsräume nahezu täglich, um offizielle Gäste aus Kirche, Politik und Gesellschaft in Audienz zu empfangen.

„Terza Loggia" gilt auch als Synonym für das Staatssekretariat – das sich diesen Namen sogar als Twitter-Adresse gewählt hat (*„TerzaLoggia"*, war zeitweise etwas verwaist). Es hat seinen Sitz im Westflügel des Palastes, der wesentlich auf Bramante und Raffael zurückgeht, dessen Anfänge sogar ins 12. Jahrhundert reichen.

Das Staatssekretariat, seit 2014 vom italienischen Kardinal Pietro Parolin geleitet, ist die zentrale Behörde des Vatikans. Es bildet einerseits das Scharnier zwischen dem Papst und seinen Ämtern und gilt andererseits als die „Schaltzentrale des Globalplayers". Seine Position wurde mit PE weitgehend bestätigt, auch wenn es zuletzt einige Aufgaben abgeben musste. Im Organisationstableau steht es an erster Stelle der kurialen Einrichtungen, rangiert vor den Dikasterien. Es ist das eigentliche Sekretariat des Papstes, seiner Mission und Administration, mit dem er maßgeblich die Kirche leitet, ihre Einheit zu bewahren sucht, mit der Welt kommuniziert und die Kurie koordiniert. Es ist Staatskanzlei, Innen- und Außenministerium in einem. Hierhin wenden sich Kirchenführer, Politiker, Diplomaten und alle, die ein Anliegen an den Papst haben oder eine Auskunft wünschen.

Schon der Zugang zur Segreteria di Stato ist atemberaubend. Von den Fahrstühlen aus geht es links zur alten Papstwohnung, rechts führt ein mit Renaissance-Fresken und 13 geographischen Landkarten der Alten Welt ausgemalter Gang zu einem Empfangsbereich. Durch die riesigen Fenster, die die ursprünglich offenen Rundbögen der Loggien verschließen, blickt man zwei Etagen tiefer auf den Damasus-Hof, wo die Staatsgäste des Papstes vorfahren, und wo die Schweizergarde an jedem 6. Mai in spektakulärem Zeremoniell ihre neuen Rekruten vereidigt.

So prachtvoll der Zugang mit den Fluren, Hallen und Korridoren ist, so schlicht und funktional sind die meisten der anschließenden Büroräume. Immer wieder wurden im Laufe der Jahrhunderte Teile an- und ausgebaut und Etagen aufgestockt, um mehr Arbeitsraum zu schaffen. Die Baugeschichte des Palazzo ist äußerst komplex. Bescheidener Luxus ist eine Klimaanlage, die im Sommer in den oberen Etagen unverzichtbar ist.

Der Besucher gelangt freilich – nach Voranmeldung und mit ausgestelltem Passierschein – nur bis zu einem der kleinen Besprechungszimmer im Eingangsbereich, mit velourbespannten Wänden, hohen Decken, barocken Sitzmöbeln und einem Telefon. Repräsentativer sind lediglich die freskengeschmückten Räume, in denen der Innen- oder der Außenminister ihre Gäste empfangen. Der Innenminister hat zu Beginn des Pontifikats von Papst Franziskus seine Diensträume im historischen *Appartamento Giulio III* bezogen. Damit sind die Säle aus dem frühen 17. Jahrhundert zumindest den Gästen des Substituten zugänglich. Der innere Teil des Staatssekretariats ist, wie der Arbeitsbereich aller Vatikanbehörden, für Außenstehende „*off limits*".

„Das Staatssekretariat hilft als päpstliches Sekretariat dem Papst unmittelbar bei der Ausübung seines höchsten Amtes" (PE 44), heißt es recht allgemein in der neuen Kurienkonstitution. Es umfasst drei Sektionen: Die Sektion „für die allgemeinen Angelegenheiten" (Staatskanzlei, Innenministerium), die Sektion „für die Beziehungen zu den Staaten und internationalen Organisationen" (Außenministerium), sowie die neue Sektion „für das diplomatische Personal des Heiligen Stuhls". Die bisher gängige Bezeichnung als „erste", „zweite" oder „dritte" Sektion wird intern inzwischen vermieden.

Von den rund 230 Mitarbeitern des Staatssekretariats sind etwa 160 in der ersten Sektion tätig, 60 im Außenministerium und vier Personen in der dritten Sektion. Davon sind zwei Drittel Referenten/höhere Beamte, die übrigen technisches Personal, Schreibkräfte, IT-Experten,

Pförtner. Unter den Mitarbeitern sind rund 125 Laien, davon 55 Frauen, unter ihnen 20 Ordensschwestern. Freilich ist das Staatssekretariat jetzt nicht mehr das größte Amt der römischen Kurie. Zahlenmäßig wird es vom neuen Medien-Dikasterium übertroffen.

Sektion für die allgemeinen Angelegenheiten – Das Päpstliche Sekretariat (PE 44-48)

Die Sektion erledigt die Verwaltungsabläufe, die den täglichen Dienst des Papstes betreffen (PE 46). Sie arbeitet ihm bei der Abfassung seiner Dokumente und Ansprachen zu, betreut seine Korrespondenz in vielen Sprachen, unterstützt ihn bei der Vorbereitung seiner Reisen. Mit ihrer Hilfe fördert er die „Koordinierung" unter den Dikasterien, Organen und Ämtern der Kurie – ohne die Autonomie der einzelnen Behörden zu beeinträchtigen. Sie kümmert sich um die regelmäßigen Versammlungen der Kurienchefs (PE 48). Zudem betreut sie die vom Papst vorzunehmenden Ernennungen der führenden Kurienmitarbeiter sowie der Mitglieder und Berater der Behörden.

Die Hauptarbeit der Sektion wird in neun Sprachgruppen geleistet. Größte sind die italienische und die englischsprachige mit je zehn Mitarbeitern. In der französischen, der spanischen und der deutschen Gruppe arbeiten sechs Personen, in der portugiesischen fünf, in der slawischen – de facto eine polnische Sprachgruppe – sind es vier, in der arabischen zwei und bei den *„Latinisti"* sieben. Denn bei allen wichtigen Dokumenten des Heiligen Stuhls gilt das in der Kirchensprache Latein als Urfassung. Und auch die Ernennungsurkunden der Bischöfe werden auf Latein geschrieben.

Diese neun Abteilungen sind für die Abfassung und Übersetzung der offiziellen Texte des Papstes, seiner Apostolischen Schreiben, Dekrete, Briefe und übrigen Dokumente, samt der großen Predigten zuständig und geben sie heraus (PE 47). Sie kümmern sich um seine Post, egal ob sie von einem hohen Politiker oder einem katholischen Bischof, einem Ökumene-Partner oder einem Gemeindepfarrer kommt.

Sie übersetzen Briefe an den Papst oder die „*Superiori*" ins Italienische, sie dolmetschen, wenn Gäste ihres Sprachraums vom Papst in Audienz empfangen werden. Einige der Laienmitarbeiter und Ordensschwestern fungieren auch als Sprecher bei den Generalaudienzen. Darin wechseln sie sich mit Kollegen des Medien-Dikasteriums ab.

Neben den Sprachabteilungen gehören zur Sektion auch einige Spezialressorts. Das Büro für „Dokumentation und Information" leitet die zur Veröffentlichung bestimmten Nachrichten über Vatikan und Papst, die Texte seiner Reden und Dekrete und die Liste der Ernennungen an das Medien-Dikasterium weiter. Es bestimmt also weiterhin die vatikanische Medienpolitik mit. Zudem versorgt das Büro den Papst und die leitenden Kurienmitglieder täglich mit einem Presseüberblick. Allerdings muss das Ressort nicht mehr wie bisher über „Radio Vatikan" und die Zeitung *„Osservatore Romano"* „wachen". Diese Aufgabe ist an das Medien-Dikasterium gegangen.

Dann gibt es eine juristische Abteilung, die zuletzt aufgestockt wurde. Immerhin betreut die Sektion auch die Verfügungen, die der Papst etwa in Form eines *„Motu proprio"* herausgibt. Die Verwaltungsabteilung, die zuletzt durch einige umstrittene Immobilien- und Finanzgeschäfte (etwa in London) ins Gerede gekommen war, hat ihre Eigenmittel und deren Kontrolle Ende 2020 dem Wirtschaftssekretariat und der Güterverwaltung APSA abgetreten. Sie wurde folglich aufgelöst und die Mitarbeiter anderen Ressorts oder Aufgaben zugeordnet. Weitere Abteilungen bestehen für die Registratur, für Päpstliche Auszeichnungen, für die Postbeförderung und das Protokoll.

Dann sammelt und koordiniert die Sektion mithilfe des Zentralamts für kirchliche Statistik alle Daten zum Leben der Universalkirche und veröffentlicht sie im 2.300-seitigen rotgebundenen „Päpstlichen Jahrbuch" (einem kirchlichen „Who is who"), sowie im „Statistischen Jahrbuch" (500 Seiten). Ebenfalls angesiedelt sind hier ein Haustheologe und der Koordinator für die Vorbereitung und Abfassung von Texten des Papstes.

Schließlich gibt es eine kleine Stabsstelle für die Zusammenarbeit mit den verschiedenen Dikasterien. Sie hat die Arbeiten und Projekte der Behörden etwa für Klerus, Bildung, Liturgie, Ökumene, für Laien oder Soziales im Blick. Sie lässt sich über deren aktuelle Vorgänge und Fragen informieren, fasst sie in Aktennotizen für die Oberen des Staatssekretariats zusammen und nimmt sie ins offizielle Protokollbuch als Vorgang auf.

Arbeitsabläufe

Als zu Beginn der jüngsten Kurienreform praktisch alle Behörden zur Disposition standen, kam das Staatssekretariat ganz besonders in den Blick. Braucht man überhaupt eine solche Superbehörde? Wäre man mit einem „Kurienmoderator" nicht besser bedient, lauteten die Fragen. Oder wäre, wie im säkularen Bereich, ein Regierungssystem mit festen Kabinettsrunden rund um den Papst nicht zeitgemäßer? Aber offenbar machen die bisherigen Strukturen, Mechanismen und Abläufe für den Papst weiterhin Sinn – oder erwiesen sich als nicht abänderbar oder als alternativlos.

Ohnehin braucht es in einem so breitgefächerten Apparat wie dem Vatikan, der Angelegenheiten der ganzen Weltkirche behandelt, einen Ort, wo Vorgänge zentral erfasst werden und zugänglich sind, wo sie registriert und archiviert werden.

Der Arbeitsablauf macht den Sinn einer solchen zentralen Verortung deutlich: Wenn im Vatikan ein Brief oder ein Vorgang für den Papst ankommt, wird er im Staatssekretariat geöffnet, gesichtet und an den Sekretär des Papstes weitergereicht. Der Papst schaut ihn durch und gibt ihn in der Regel mit einer Vorgabe (*„mens"*) an das Staatssekretariat zurück. (Wenn der Papst keine konkrete Anweisung gegeben hat, müssen die höheren Beamten entscheiden, wie der Auftrag des Papstes am besten ausgeführt werden kann.) Normalerweise wird eine Kongregation eingeschaltet, eventuell weitere Behörden. Dann muss dem Absender geantwortet, gedankt, zumindest der Eingang bestätigt werden. In der Regel erhalten alle seriösen Eingänge eine Antwort. – Beobachter vergleichen das Staatssekretariat mit einem Allgemeinarzt, der die erste Diagnose erstellt, und dann an den Facharzt überweist.

Bis vor kurzem benutzte der Vatikan für seine Arbeit und seine Kommunikation in den allermeisten Fällen die Papierform. Dahinter stand neben der Tradition auch die Angst vor Datendiebstahl. Das Vatikan-Netz war mehrfach Ziel von Hackerangriffen. Aber zuletzt (insbesondere im Zuge der Corona-Pandemie) hat sich der elektronische Austausch via Internet und E-Mail durchgesetzt. Die Übermittlung vertraulicher Informationen – etwa zu Personalfragen – erfolgt aber weiter über Brief und Kurier. Auch die inzwischen häufigeren Konferenzrunden der Kurienchefs finden seit Corona zunehmend online statt.

Staatssekretär und Substitut

Eine der wichtigsten Personalentscheidungen jedes Papstes, von der nicht unwesentlich der Verlauf des Pontifikats und das Funktionieren der Kurie abhängt, ist die Berufung des Staatssekretärs. Der Leiter des Staatssekretariats ist nach dem Pontifex der wichtigste Mann im Vatikan und an der Kirchenspitze. Er ist sein engster Mitarbeiter und Vertrauter, er bestimmt mit ihm die Linien der Kurie und der Kirchenleitung, vertritt ihn und entlastet ihn bei vielen Aufgaben. Er ist der Gesprächspartner für Politiker und Staatsgäste, mit denen er im Anschluss an ihre Papst-Audienz die (politischen) Sachfragen vertieft. Daher rührt auch seine Bezeichnung als *„alter ego"* (anderes Ich).

In der Regel berufen die Päpste in dieses Amt einen vatikanischen Spitzendiplomaten, der neben theologischer und kultureller Bildung, neben Weltgewandtheit und Sprachkenntnissen auch Managerqualitäten mitbringt. Der den Vatikan und die Kurie mit ihren Strukturen, Abläufen und ihrem Personal gut kennt und in den Griff bekommt. Und von dem der Papst sich die Umsetzung seiner Linie in der Kurie, in der Kirche und für die Welt erwartet.

Der argentinische Papst berief mit Pietro Parolin sehr bald nach seiner Wahl einen Mann seines Vertrauens an die Spitze des Staatssekretariats. Er war lange Zeit Vize-Außenminister und kannte damit Kirche, Welt und Vatikan bestens. Er leitete die schwierigen Verhandlungen mit Israel und Palästinensern, mit Vietnam und Peking und war zuletzt Botschafter in Venezuela. Parolin wirkt wie ein Seelenverwandter des Papstes, ohne Karrieredünkel oder Machtallüren, von bescheidenem Auftreten, dabei höchst effizient, äußerst sorgfältig, bestens organisiert und vernetzt – der seine Tätigkeit als Dienst für die Kirche versteht. Der freilich nicht das Temperament und das schroffe Durchgreifen seines Vorvorgängers Angelo Sodano (1991-2006) mitbringt.

Franziskus schätzt ihn sehr, seine Arbeit, seine Sorgfalt, seinen Lebensstil, er vertraut ihm und stützt sich auf ihn. „Er gibt mir ... große Sicherheit", sagte er bei einer fliegenden Pressekonferenz 2018.

Freilich haben sich Amt und Kompetenzen des Staatssekretärs unter Franziskus etwas verändert. Parolin vereint in seiner Person nicht mehr alle Funktionen und den Einfluss seiner Vorgänger. Mit der Gründung der neuen Wirtschafts- und Finanzbehörden fällt dieser Bereich nicht mehr in seine Zuständigkeit. Zuvor war der Staatssekretär auch Präsident des – nun aufgelösten – 15-köpfigen Kardinalsrats für die organisatorischen und wirtschaftlichen Angelegenheiten des Heiligen Stuhls. Auch seinen Platz im IOR-Vorstand hat er abgegeben. Zuletzt musste das Staatssekretariat im Zuge der wirtschaftlichen Vereinheitlichung seinen Eigenbesitz der Güterverwaltung APSA überschreiben – was freilich den bürokratischen Aufwand etwa beim Registrieren und Weiterreichen von Spenden nicht unwesentlich vergrößert. Auch den unmittelbaren Zugriff auf die Vatikan-Medien hat die Sektion abgetreten (an das Kommunikations-Dikasterium), sowie die Zuständigkeiten für einen Teil des Kurien-Personals (an das Wirtschaftssekretariat).

Allerdings hat der Papst aus Argentinien einen anderen Arbeitsstil in den Vatikan gebracht – wie er ihn bereits als Jesuiten-Oberer und später als Erzbischof von Buenos Aires praktizierte. Franziskus achtet nicht so penibel wie seine Vorgänger auf Dienstwege und Zuständigkeiten der Vatikan-Behörden. Er berät und informiert sich zwar ausführlich, aber am Ende entscheidet er allein. Zudem klärt und erledigt Franziskus viele Dinge selbst, gelegentlich am Apparat vorbei. Er wolle sich nicht einschnüren, nicht reglementieren lassen, heißt es von ihm. Unter den Kurienmitarbeitern löst es mitunter Irritationen aus – wenn ihre Behörde über einen Vorgang aus ihrem Sachbereich nicht informiert ist. Oder wenn zwei Stellen parallel am gleichen Projekt arbeiten. – Aber natürlich stützt sich auch Franziskus wesentlich auf seine Behörden und nutzt ihre Dienste, vor allem das Staatssekretariat.

Unterstützt wird der Staatssekretär durch den Substituten, den vatikanischen „Innenminister", die „Nummer drei" der Vatikan-Hierarchie. Bei ihm laufen die Fäden und Informationen der Kurie zusammen, er koordiniert den Apparat, er gilt als der „Macher". Er hat insofern eine Schlüsselstellung in der Kurie, als der Papst ihm die Ausführung vieler verwaltungsmäßiger Entscheidungen überträgt. Über seinen Schreibtisch gehen alle Vorgänge, die für den Papst bestimmt sind, oder von diesem zur Weiterbearbeitung zurückgegeben werden. Viel hängt von der Fähigkeit des Substituten ab, flexibel und effizient den Stil der Amtsführung des Papstes in die Tat umzusetzen.

Staatssekretariat und Privatsekretär

Manche Spekulationen rankten sich in der Vergangenheit um das Verhältnis zwischen dem Staatssekretariat und dem Privatsekretär des Papstes. Unter Johannes Paul II. war Stanislaw Dziwisz, und unter Benedikt XVI. Georg Gänswein häufig in der Öffentlichkeit neben dem Papst zu sehen – teilweise unter interessierter Beobachtung. Ist der päpstliche Privatsekretär mächtig, geht das zu Lasten des Staatssekretärs – und umgekehrt, lautet ein altes römisches Diktum. Unter Franziskus sind solche Gedankenspiele hinfällig geworden. Die Institution des Privatsekretärs spielt nicht mehr die Rolle wie in der Vergangenheit. Zwar hat auch Franziskus zwei Geistliche, die für ihn Sekretariatsdienste versehen und ihm vor allem nachmittags zuarbeiten, wenn er aus dem Apostolischen Palast nach Santa Marta zurückkehrt. Aber nach außen treten sie kaum in Erscheinung.

Allerdings besteht seit PE neben dem Staatssekretariat an der Römischen Kurie ein zweites „Päpstliches Sekretariat", das Wirtschaftssekretariat. Welche Auswirkungen das für das Bild und die Darstellung des Vatikans und für die Unabhängigkeit der Kirchenleitung hat, wird sich erweisen müssen.

Sektion für die Beziehungen zu Staaten und internationalen Organisationen (Außenamt) – Erbauer von Brücken, Frieden und Dialog zwischen den Völkern (PE 49-51)

Der Heilige Stuhl sei auf der Weltbühne präsent, um mit allen Menschen und Nationen guten Willens zusammenzuarbeiten, die Einheit der Menschheitsfamilie zu stärken und „unser gemeinsames Haus vor jeder zerstörerischen Selbstsucht zu bewahren", beschrieb Franziskus beim Weihnachtsempfang 2017 das Ziel der vatikanischen Diplomatie. Er möchte „Erbauer von Brücken, Frieden und Dialog zwischen den Völkern" sein, und biete eine „Diplomatie der ausgestreckten Hand und der offenen Tür im Dienst der Menschheit und des Menschen" – weil Kriege nur Tod und Zerstörung bringen. Dabei will der Vatikan nicht nur beobachten, bewerten und eine kritische Stimme des Gewissens sein. Vielmehr möchte er sich einschalten, um ein friedliches und solidarisches Zusammenleben der Nationen zu erleichtern, Leiden zu lindern und eine Gesellschaft zu fördern, die sich am Gemeinwohl und dem Wohl jedes einzelnen orientiert – auf Grundlage des Evangeliums und des christlichen Menschenbildes.

Das vatikanische „Außenministerium" gehört als (zweite) „**Sektion für die Beziehungen zu Staaten und internationalen Organisationen**" zum Staatssekretariat. Zusammen mit dem „Innenministerium" ([erste] Sektion – allgemeine Angelegenheiten) und mit der neuen „(dritten) Sektion – für das diplomatische Personal des Heiligen Stuhls" wird es von Kardinalstaatssekretär Pietro Parolin geleitet. Alle drei Abteilungen nutzen den Bürotrakt in der *Terza Loggia* des Apostolischen Palastes. Intern wird die bisher übliche Bezeichnung als „erste", „zweite" oder „dritte" Sektion inzwischen vermieden.

Als einzige Behörde des Heiligen Stuhls hat das Staatssekretariat eine vorrangig politische Funktion und Aufgabe. Wenn in der Arbeit anderer Vatikan-Ämter politische Fragen auftauchen, müssen diese sich eng mit der Sektion abstimmen (PE 49,3). Das gilt erst recht, wenn eine Kurienbehörde eine Erklärung oder ein Dokument veröffentlichen will, das die internationalen Beziehungen oder die Beziehungen zu den zivilen Regierungen betrifft. Dazu braucht es die Zustimmung des Staatssekretariats – was manchen Vorgang in die Länge zieht oder auch bremst.

Derzeit pflegt der Heilige Stuhl (nicht der Vatikanstaat!) volle diplomatische Beziehungen zu 174 Staaten und 17 internationalen Organisationen, wie Parolin im „Osservatore Romano" (13.4.2021) mitteilte. Dazu unterhält er ein Netz von 128 Nuntiaturen; manche Papst-Botschafter sind für mehrere Staaten gleichzeitig zuständig. Hinzukommen 12 Apostolische Delegationen bei Ortskirchen, zu deren Ländern keine vollen diplomatischen Beziehungen bestehen, etwa Laos, Somalia, Teile der Arabischen Halbinsel oder „Jerusalem und Palästina".

Das Außenministerium hat die Aufgabe, die diplomatischen und politischen Beziehungen des Heiligen Stuhls zu den Staaten und anderen Völkerrechtssubjekten zu pflegen und gemeinsame Angelegenheiten zu behandeln: zum Wohl der Kirche und der bürgerlichen Gesellschaft (PE 49,1). Das geschieht durch Konkordate oder andere internationale Verträge (etwa zum schulischen Religionsunterricht, zur Militär-, Krankenhaus-, Gefängnisseelsorge oder zur Regelung von vermögensrechtlichen Beziehungen). Dabei hat es das Votum der betreffenden Bischofskonferenz zu beachten.

Im Alltagsbetrieb erledigt die Diplomatie des Heiligen Stuhls weitgehend die gleichen Aufgaben wie alle auswärtigen Dienste: Die Nuntiaturen liefern ihrer Zentrale Informationen aus den Staaten rund um den Erdball, und umgekehrt versorgt die Zentrale sie mit Nachrichten aus dem Vatikan. Dabei halten die römischen Mitarbeiter auch Kontakt zu den beim Heiligen Stuhl akkreditierten Botschaften, erteilen Auskunft, stellen Fragen, bringen Vorschläge ein, formulieren Anliegen. Wie es zum täglichen Geschäft jedes Außenministeriums gehört.

Diese politischen und diplomatischen Aufgaben erledigt der Heilige Stuhl mit einem Bruchteil des Personals, das anderen Außenministerien zur Verfügung steht. Sein diplomatischer Dienst ist kleiner als der von San Marino. Es gibt etwa 100 Vatikan-Botschafter (Nuntien) und rund 250 geistliche Nuntiaturräte oder Nuntiatursekretäre. Im vatikanischen Außenamt arbeiten rund 60 Personen, vom Kardinalstaatssekretär bis zu Schreibkräften, Technikern und Pförtnern. An der Spitze der Sektion steht der „Sekretär für die Beziehungen mit den Staaten", praktisch der vatikanische „Außenminister", seit 2014 der britische Erzbischof Gallagher. Er wird von zwei „Untersekretären" – also Vizeaußenministern – unterstützt, dem polnischen Monsignore Wachowski, und seit 2020 erstmals einer Frau, Francesca di Giovanni, die für die multilateralen Beziehungen zuständig ist. Ihnen arbeiten knapp 40 Fachreferenten zu, die Hälfte Diplomaten.

Der Heilige Stuhl profitiert von der internationalen Zusammensetzung seines Diplomaten-Corps, das Erfahrungen aus vielen Nationen und Kulturräumen einbringt. Sein Dienst gilt als sachkundig und hervorragend informiert, hat international einen ausgezeichneten Ruf und ist ein gesuchter Gesprächspartner. Mitunter wird er als einer der klügsten Diplomaten der Welt bezeichnet, der mit Weitblick, unabhängig und vorausschauend agiert, keinem Bündnis angehört, sich auf keine Allianz einlässt – und der beispielsweise die deutsche Teilung oder die sowjetische Annexion des Baltikums nie offiziell anerkannt hatte.

Nicht Tagespolitik, sondern feste Prinzipien

Mit seiner Politik verfolgt der Heilige Stuhl manche anderen Ziele und Aufgaben als die übrigen auswärtigen Dienste. Er macht keine eigene Sicherheitspolitik, der Papst hat kein Militär (lässt man die Schweizergarde außer Acht). Er betreibt keine Wirtschaftspolitik, bereitet keine Handelsabkommen vor. Seine Arbeit konzentriert sich auf einige zentrale Themen – und gleichbleibende Werte. Dazu gehören der Einsatz für Frieden und Gerechtigkeit, für Konfliktlösungen durch Dialog, für eine ganzheitliche menschliche Entwicklung, für Solidarität, Umweltschutz, Demokratie und Menschenrechte. Und besonders für Religionsfreiheit und den Schutz der Christen. Religionsfreiheit ist für ihn „das erste und grundlegende Menschenrecht", das von den zivilen Behörden geachtet, geschützt und verteidigt werden muss wie Gesundheit und die körperliche Unversehrtheit (2021 vor Diplomatischem Corps). Die Freiheit der Religionsausübung sei mehr als einfach ein Zusatz zur Versammlungsfreiheit.

Ein weiteres Merkmal vatikanischer Diplomatie ist: Wenn der Heilige Stuhl sich zu politischen Themen äußert, mischt er sich in der Regel nicht in die Tagespolitik ein. Er betrachte es nicht als kirchliche Aufgabe, der Politik eins zu eins vorzuschreiben oder zu empfehlen, wie sie vorzugehen hat, meinte ein Prälat. Vielmehr versucht er bestimmte große Prinzipien aufzuzeigen.

Prinzipien meint dabei die katholische Sozenhre, die den Menschen und seine Würde im Mittelpunkt des politischen und wirtschaftlichen Handelns sieht. Dazu gehört die Friedenspolitik, wonach es einen Krieg so lange wie möglich zu verhindern gilt. Das bedeutet nicht Pazifismus, aber es benennt den Krieg als *„ultima ratio"*. Papst Franziskus trennt sich immer mehr vom Bild des „gerechten Kriegs". Dennoch bezeichnete Franziskus es als legitim, einem ungerechten Aggressor „Einhalt zu gebieten".

Zu den Prinzipien und Forderungen gehört auch der gesetzlich garantierte Schutz des menschlichen Lebens vom Moment der Empfängnis bis zum natürlichen Tod. Zudem eine Familienpolitik, die Ehe und Familie als Kernzelle und als Zukunft der Gesellschaft verteidigt. Papst Franziskus hat insbesondere mit seiner Enzyklika „Laudato si" Umweltschutz und Nachhaltigkeit, die „Pflege unseres gemeinsamen Hauses" zu starken Anliegen seiner Politik gemacht. Er fordert eine ganzheitliche ökologische Umkehr und eine verstärkte internationale und interreligiöse Zusammenarbeit gegen den Klimawandel und die sich vielerorts verschlechternde Ernährungslage.

Weiteres Thema ist der Schutz einer christlichen Kultur, einer Sonntagskultur, eines arbeitsfreien Sonntags – was Hand in Hand geht mit Schutz und Sorge um Arbeiter, wie um Arme und Benachteiligte. Dabei macht der Vatikan keine konkreten Angaben etwa zu einem Mindestlohn. Aber er mahnt an, dass jeder Arbeiter gerecht bezahlt werden muss, um davon mit seiner Familie menschenwürdig leben zu können. Und er stellt klar, dass Arbeit ein „unverzichtbarer Faktor für den Aufbau und die Erhaltung des Friedens" ist (2022 vor Diplomatischem Corps).

Grundsätzlich hat jeder Mensch das Recht auf die geeigneten Mittel zu angemessener Lebensführung und muss in die Lage versetzt werden, sie zu erhalten, fordert der Vatikan. Dazu gehört auch ein allgemeiner Zugang zu medizinischer Grundversorgung. In der Corona-Pandemie plädierte er für eine gerechte Verteilung der Impfstoffe – und zwar nicht nach rein wirtschaftlichen Kriterien. Schließlich unterstreicht Papst Franziskus mit Nachdruck die „soziale Bedeutung der Wirtschaftstätigkeit und die universelle Bestimmung von Gütern und Ressourcen", die zunehmend aus dem Blick zu geraten drohe.

Vermittler und Akteur auf diplomatischem Parkett

Ein weiteres Tätigkeitsfeld der vatikanischen Diplomatie ist die Vermittlung oder die Beteiligung an Vermittlungsaktionen, wenn sie von Konfliktparteien erbeten wird. Dazu gehört, dass der Papst Kriege und Gewalt klar und scharf verurteilt, den Opfern seine Solidarität bekundet und Hilfe leistet. Aber er bleibt politisch neutral, nennt Aggressoren nicht beim Namen, um Türen für Verhandlungslösungen offenzuhalten. Diese Linie verfolgte Franziskus – mancher Kritik zum Trotz – zunächst auch beim russischen Angriff auf die Ukraine. Er blieb politisch neutral, wenn auch nicht ethisch neutral gegenüber dem Leid der Opfer. Er beklagte den „Krieg zwischen Brüdern, Krieg zwischen Christen", bezeichnete ihn als Unrecht, forderte einen Waffenstillstand, plädierte für humanitäre Korridore, lenkte den Blick auf die menschlichen Dramen des Krieges, auf seine Grausamkeiten gegenüber Zivilisten. Er bekundete der gemarterten Ukraine seine Solidarität, küsste eine Fahne aus Butscha. Als er dann aber von einem „Wahnsinn des Krieges" sprach, der sich auf beiden Seiten zeige, eskalierte die internationale Kritik. Erstmals rückte der Vatikan nun von seiner Linie ab: Der weite Krieg in der Ukraine sei von der Russischen Föderation begonnen worden, benannte eine Vatikan-Erklärung den Aggressor (30.8.2022). Der Papst habe ihn klar und unmissverständlich als „moralisch ungerecht, inakzeptabel, barbarisch, sinnlos, abstoßend und sakrilegisch" bezeichnet.

Im Laufe der der Geschichte fungierte der Heilige Stuhle wiederholt als Mediator. Zu Zeiten Bismarcks schlichtete Leo XIII. 1885 im Streit um die Karolinen-Inseln zwischen Deutschland und Spanien. Papst Johannes Paul II. trug 1985 zur Aussöhnung zwischen Argentinien und Chile im Beagle-Kanal-Konflikt bei.

Nicht vergessen ist der wesentliche Beitrag des polnischen Papstes beim Umbruch in Mittel- und Osteuropa 1989 – den ihm auch sein „Gegenspieler" im Kreml, Michajl Gorbatschow, attestierte. Schon im KSZE-Prozess hatte sich der Heilige Stuhl seit 1975 intensiv für Religions- und Gewissensfreiheit („Korb drei") eingesetzt. Ab 1979 förderte Johannes Paul II. vor allem mit seinen Polenreisen die Gewerkschaftsbewegung Solidarnosc – die letztlich zum Fall der Mauer führte.

Zu den großen Momenten vatikanischer Mittlertätigkeit gehörte auch die Phase unmittelbar vor dem Golfkrieg 2003. Damals wurde der bereits stark von der Parkinson-Erkrankung gezeichnete Pontifex zur gefragten diplomatischen Anlaufstelle. Emissäre der verfeindeten Lager und internationale Spitzenpolitiker gaben sich im Vatikan die Klinke in die Hand. In der Hoffnung, der Papst könnte noch einen Waffengang verhindern. Was nicht mehr gelang.

Franziskus, der Papst aus Lateinamerika, gab einen wichtigen Anstoß zur Wiederannäherung zwischen den USA und Kuba – durch Briefe an Barack Obama und Raul Castro. Seine Diplomaten organisierten direkte Gespräche zwischen Regierungsvertretern. Der Durchbruch erfolgte Ende 2014 nicht so sehr, weil es eine neue Situation gegeben hätte, meint man im Vatikan. Ausschlaggebend war vielmehr die Person des Papstes: der den Kontinent direkt kennt, der eine Kultur der Begegnung fordert und fördert, für den Frieden, Armutsbekämpfung und Brückenbau zentrale Anliegen bilden. Auf Seiten Kubas kam offenbar ein neues Vertrauen auf.

Hohe symbolische Bedeutung hatte auch seine Einladung an die Konfliktgegner im israelisch-palästinensischen Konflikt, Peres und Abbas, die im Frühsommer 2014 zu einem Friedenstreffen in die vatikanischen Gärten kamen. Im Jahr zuvor galt die mit vier Stunden längste Papstzeremonie der letzten Jahrzehnte dem Frieden in Syrien – mit 100.000 Menschen auf dem Petersplatz. Im April 2019 gelang es dem vatikanischen Außenminister Gallagher, nach einer Besuchs-Diplomatie die Bürgerkriegsgegner des Südsudan an einen Konferenztisch im Vatikan zu laden.

Nicht verwirklicht wurde aber der Vorschlag, im Staatssekretariat ein eigenes Büro für Vermittlungen einzurichten. Angesichts der dünnen Personaldecke und der begrenzten wirtschaftlichen Ressourcen könnte man einen solchen Dienst nicht kontinuierlich leisten, sagte Parolin in einem Interview. Denn Mediation bestehe nicht nur aus Gesten, sondern sei eine äußerst zeit- und arbeitsintensive Aufgabe.

Politische Reden – und Diskretion

Diskretion gehört stets zum diplomatischen Betrieb, bei Vatikanprälaten liegt die Messlatte hier besonders hoch. Nur wenig dringt über die politischen Prioritäten und Aktivitäten nach draußen. Daher finden die seltenen politischen Reden des Papstes stets besondere Aufmerksamkeit. Dazu zählt der Neujahrsempfang für das beim Heiligen Stuhl akkreditierte Diplomatische Corps. Hier berichtet der Papst in einer *Tour d'horizon*, welche politischen Themen ihn und seine Diplomaten gerade beschäftigen, wo er sich Fortschritte wünscht. Zu diesem Anlass kommen neben den rund 90 Botschaftern, die eine eigene Residenz in Rom haben, auch die Diplomaten, die ihre Zuständigkeit für den Vatikan von Paris, London, Berlin oder Wien aus mit wahrnehmen. Denn zu den Regeln des Heiligen Stuhls gehört es, dass er keine Diplomaten akkreditiert, die ihr Land bei der Republik Italien vertreten. Die Botschaften müssen unterschiedliche Adressen haben.

Aber auch an den Ansprachen des Papstes zu den christlichen Hochfesten Ostern und Weihnachten, die per Mondovision ausgestrahlt werden, arbeitet das Außenministerium mit. Das Kirchenoberhaupt äußert sich dabei zu aktuellen Entwicklungen, zu Kriegen und Krisen in der Welt, geht auf Nöte und Leiden von Menschen in Verfolgungen, Katastrophen und Unrechtssituationen ein, warnt vor möglichen Eskalationen. Er begrüßt positive Vorschläge und Hoffnungssignale, die die Welt friedlicher, gerechter und menschlicher machen wollen.

Politische Highlights mit oft weltweiter Resonanz sind auch die Auslandsbesuche der Päpste, für deren Vorbereitung das Staatssekretariat zuständig ist. Es sind Pastoralreisen zu den Ortskirchen, aber immer auch Missionen für Frieden, Gerechtigkeit, Solidarität und Versöhnung über ethnische und religiöse Grenzen hinweg. In öffentlichen Reden wie in privaten Begegnungen spricht der Papst aktuelle Themen des Landes und der Region an, aber auch globale Probleme. Bei seiner spektakulären Irak-Reise im März 2021 bekräftigte Franziskus in den Trümmern von Mossul, dass „Geschwisterlichkeit stärker ist als der Brudermord, dass die Hoffnung stärker ist als der Tod, dass der Friede stärker ist als der Krieg." – Schließlich nutzt der Papst auch seine Generalaudienzen und sein sonntägliches Mittagsgebet auf dem Petersplatz, um auf aktuelle Konflikte oder Vereinbarungen einzugehen, und Frieden anzumahnen.

Nahost – China

Es ist kein Geheimnis, dass ganz oben auf der diplomatischen Prioritätenliste des Heiligen Stuhls der Nahe Osten steht, mit besonderem Augenmerk für das Heilige Land, für die Lage der dortigen Christen und für ein friedliches Einvernehmen der Religionen, besonders in Jerusalem. Keine Weltgegend hat die Päpste seit 1917 so sehr beschäftigt wie die Ursprungsregion des Christentums. Seit Päpste um die Welt reisen, waren sie alle dort, zur Pilgerfahrt und Friedensmission. Der Vatikan favorisiert im israelisch-palästinensischen Konflikt eine Zwei-Staaten-Lösung. Ein dauerhafter und gerechter Friede könne nur durch direkte Verhandlungen der beiden Parteien erreicht werden.

Ein besonderes Augenmerk gilt auch dem Libanon, dem einzigen arabischen Land, in dem Christen dank eines Nationalpakts als gleichberechtigte Bürger leben. Dieses Sondermodell, nach Worten des Papstes ein „Vorbild für friedliche Koexistenz und Geschwisterlichkeit zwischen den verschiedenen Religionen" (Januar 2022), hat der Vatikan bereits in den (Bürger-)Kriegsjahren 1975-1991 mit Beharrlichkeit verteidigt, als der Konflikt vom Rest der Welt vergessen schien. Diese einzigartige Identität bilde eine „Gewähr für einen pluralen, toleranten und vielfältigen Nahen Osten ..., in dem die christliche Präsenz ... nicht auf eine zu schützende Minderheit reduziert wird", ist Franziskus überzeugt. Der Libanon sei „ein Land, eine Botschaft und ein Versprechen", für das man sich einsetzen müsse.

Ein schwieriges Dauerthema für den Heilige Stuhl bleibt China. Mit dem Sieg Mao Tse-tungs 1951 und dem Beginn der kommunistischen Ära wurden die diplomatischen Beziehungen zur Volksrepublik abgebrochen. Wiederholt hatte der Vatikan in den vergangenen Jahrzehnten sein Interesse an Kontakten zur Weltmacht Peking bekundet. Seine Nuntiatur auf Taiwan besetzt der Vatikan seit Jahrzehnten nur mit einem niedrig-rangigen Geschäftsträger. Einen großen Anlauf startete Papst Benedikt XVI. 2007 mit einem offenen Brief an die chinesischen Katholiken. Er bat um die Achtung von Religionsfreiheit und bot Peking konstruktive Gespräche an – ohne durchschlagenden Erfolg.

Franziskus und sein Staatssekretär Parolin intensivierten die Kontakte und einigten sich 2018 mit Peking auf ein „vorläufiges Abkommen" zur Ernennung von Bischöfen, das für weitere zwei Jahre verlängert wurde. Der Vatikan hofft, mit dieser pastoralen Übereinkunft „im Geiste des Respekts und gegenseitigen Vertrauens zur Lösung von Fragen gemeinsamen Interesses" voranzukommen.

Dieses Engagement und Vorgehen ist nicht unumstritten. Vor allem der frühere Hongkonger Kardinal Zen Ze-kiun warnte den Vatikan vor einem „Ausverkauf der Kirche in China". Manche Beobachter fühlten sich an die nicht unumstrittene vatikanische „Ostpolitik" erinnert, mit der sich die Kirche im Kalten Krieg durch Kompromisse mit kommunistischen Machthabern ein Überleben zu ermöglichen suchte. – Sehr schwierig ist nach Diplomaten-Einschätzung die Situation für die Kirche in Nordkorea.

Vereinte Nationen

Besonders aktiv und präsent sind Vatikan-Diplomaten auf dem internationalen Parkett in New York. Bei den UN und ihren Unterorganisationen tragen sie die Positionen der Kirche vor und vertreten sie in Arbeitskreisen und Ausschüssen.

Seit Gründung der UNO 1945 begleitete der Heilige Stuhl deren Arbeit aktiv, aber erst 1957 nahm man offizielle Beziehungen auf. Seit 1964 hat er den Status eines „Ständigen Beobachters". Dabei soll es aus römischer Sicht bleiben – auch wenn der andere frühere „Beobachter", die Schweiz, 2002 zum Vollmitglied aufrückte.

Hinter dieser Zurückhaltung steht der Wunsch nach absoluter Neutralität. Eine Vollmitgliedschaft würde den Heiligen Stuhl direkt in politische, militärische oder wirtschaftliche Vorgänge involvieren. Im Extremfall müsste er über Embargos oder Militäreinsätze abstimmen. Er wäre allzu oft gezwungen, sich auszuklinken.

Der Vatikan misst dem Weltforum eine herausragende Bedeutung bei. Alle Päpste der letzten 60 Jahre haben dem Glaspalast am Hudson River einen Besuch abgestattet. Ihre Ansprachen vor der UN-Vollversammlung zählten zu den Höhepunkten ihrer Pontifikate. Allerdings sieht Franziskus eine Krise und Vertrauenskrise, eine mangelnde Effizienz des multilateralen Systems (2022 vor Diplomatischem Corps). Die UN seien schwach und nicht in der Lage sich durchzusetzen, weil die derzeitige Verfassung der Organisation zu wenig Macht gebe; diese müsse dringend reformiert werden. Zudem bestehe ein Ungleichgewicht, das zu einer Entfremdung vieler Staaten von internationalen Gremien führe. Der Papst spricht von einer „ideologischen Kolonisierung", die keinen Raum für freie Meinungsäußerung lasse und immer mehr die Form der *cancel culture*, einer Kultur des Ausgrenzens, annehme.

Arbeitsstruktur und Abläufe

Anders als die meisten Vatikanbehörden ist das Außenamt nicht in Kontinental-, Länder- oder Sprachgruppen unterteilt. Jeder der 40 Referenten arbeitet für seinen ihm zugewiesenen Bereich. Dazu zählen die Staaten und Institutionen, zu denen der Heilige Stuhl Beziehungen unterhält, aber auch die „weißen Flecken" auf seiner diplomatischen Karte, wie Nordkorea, Saudi-Arabien oder eben China.

Die meiste Arbeit der Diplomaten findet am Schreibtisch statt. Der Referent bekommt Berichte der Nuntien über ihren Bereich, die er für die Oberen sichtet, bearbeitet und mit Vorschlägen versieht. Da kann es etwa um die Frage gehen, wie sich der Heilige Stuhl zum Textentwurf einer Konferenz verhalten soll, wo er zustimmen, was er ablehnen, und was er hinzufügen sollte. In den Klärungsprozess werden häufig auch weitere Experten eingeschaltet. Die Vorschläge gehen dann an die Oberen des Außenamtes, und je nach Bedeutung des Themas bis zum Papst. Mit diesen Vorgaben kommt der Vorgang an den Referenten zurück. Der führt sie aus, indem er dem Nuntius entsprechend Bescheid gibt.

Accademia Ecclesiastica

Die Diplomaten des Heiligen Stuhls erhalten ihre Ausbildung in der *Accademia Ecclesiastica*, der vatikanischen Diplomatenschule – nahe dem Pantheon, gegenüber der Kirche Santa Maria sopra Minerva (mit dem Elefanten-Obelisken Berninis auf dem Vorplatz). Es werden nur Geistliche aufgenommen, die hier eine zwei- bis dreijährige Zusatzausbildung erhalten. Jeder Diplomat muss ein Doktorat nachweisen. Und wenn er es nicht bereits im Kirchenrecht erworben hat, muss er in diesem Fach noch einige Kurse besuchen.

Auf dem Stundenplan der Ausbildung stehen Internationales Recht, Geschichte der Diplomatie, insbesondere der päpstlichen Diplomatie. Dann gibt es Kurse über diplomatischen Stil und über Fragen des Protokolls. Dabei geht es nicht so sehr um die vielen Möglichkeiten, etikettengerecht eine Orange zu schälen, vielmehr erlernt man die Besonderheiten und Förmlichkeiten im vatikanischen Behördenverkehr: Wie schreibt man einen Brief, wie unterschreibt man, wer unterschreibt.

Zum „Stil" gehört etwa, dass eine Notiz nur eine Seite lang sein sollte, möglichst drei Absätze, und möglichst nur einem Thema gelten soll – was freilich keine absoluten Normen sind. Verändert haben sich zuletzt die Kommunikationswege: Während der Vatikan für den

Dienstweg bislang Papier und die Briefform benutzte (Beförderung durch Kurier), gilt das inzwischen nur noch für streng vertrauliche Vorgänge, etwa Personalbelange. Im Zuge der Corona-Lage hat sich zunehmend der E-Mail-Verkehr eingespielt.

Außerdem perfektionieren die angehenden Diplomaten ihre Sprachkenntnisse. Sie brauchen in jedem Fall Italienisch als Arbeitssprache im Vatikan, Französisch als traditionelle Diplomatensprache, Englisch als Weltsprache. Und unter Papst Franziskus auch Spanisch, zumal fast die Hälfte der Katholiken Spanisch spricht.

Neuerdings gehört zur vatikanischen Diplomaten-Ausbildung auf Anweisung des Papstes auch eine „persönliche Missionserfahrung". Alle Anwärter müssen ein Seelsorgejahr in einer Ortskirche der Welt absolvieren – weitab ihrer Heimat.

An den jährlichen Ausbildungsgängen der Accademia nehmen 15 bis 20 Jungpriester teil. Es herrsche eine angenehme College-Atmosphäre, berichten Ehemalige. Man lebt, studiert, betet, redet, feiert miteinander. Das schafft einen Corps-Geist, der – wie auch bei weltlichen Diplomaten – über die Jahre in der *Accademia* hinaus anhält.

Die Mehrzahl der Diplomaten-Anwärter sind immer noch Italiener, aber deren Anteil ist zurückgegangen. Es folgen Rumänen, Polen und Spanier. Derzeit sind nur wenige Deutsche im Diplomatischen Dienst des Heiligen Stuhls. Nicht besonders stark war zuletzt auch der englische Sprachraum vertreten.

Nach der Ausbildung in der Akademie durchläuft der Diplomat verschiedene Stationen im Ausland und in der vatikanischen Zentrale. Nach einem Probejahr wird er Nuntiatursekretär Zweiter Klasse, dann Erster Klasse, anschließend Nuntiaturrat in beiden Klassen. Die Auslandsentsendungen dauern meist drei Jahre.

Wenn alles glatt geht, durchläuft ein Vatikan-Diplomat bis zu sechs (mitunter aber weniger) Stationen in 18 Jahren, bevor er zur Exzellenz wird: Bis er die Ernennung zum Nuntius und damit verbunden die Bischofsweihe erhält. Erster Posten für den neuen Botschafter Seiner Heiligkeit ist meist ein afrikanischer oder ein tropischer Staat, wo die klimatischen Bedingungen hart, die kirchen-diplomatischen Herausforderungen aber überschaubar sind. Zusammen mit der Entsendung erhält er umfangreiche „Instruktionen" vom Außenministerium und anderen Kurienbehörden.

Auch bei Nuntien ist, wie generell bei Botschaftern, Fluktuation angesagt. Nach vier bis fünf Jahren werden sie meist versetzt, in ein kirchlich wichtigeres oder politisch schwierigeres Land. Vor dem Ende des aktiven Dienstes mit dem 75. Lebensjahr – auf Antrag auch früher – leiten sie dann oft einen „großen" Botschafterposten wie Washington, Madrid, Paris, London, Manila, Wien oder Berlin.

Wer wird Vatikandiplomat? Der Leiter der Akademie wendet sich von Zeit zu Zeit an Bischöfe, Bischofskonferenzen, an Nuntien oder an römische Kollegsleiter mit der Bitte um Vorschläge für geeignete Kandidaten. Eigenkandidaturen wären wenig zielführend. Dabei spielt der jeweilige Bedarf an Sprachen und Kontinenten eine Rolle.

Neue Akzente unter Papst Franziskus

Themen wie Armut, Ausbeutung, Migration, aber auch Abrüstung und Ökologie, Geschwisterlichkeit und eine starke „Kultur des Dialogs" – auch des interreligiösen Dialogs – spielten schon immer eine Rolle in der politischen Arbeit des Heiligen Stuhls, die nur global lösbar seien. Franziskus hat sie aber noch stärker in den Mittelpunkt gerückt, etwa mit seinen Enzykliken „Laudato si" (über die Sorge für das gemeinsame Haus s.o.) und „Fratelli tutti" (über Geschwisterlichkeit und soziale Freundschaft), oder mit dem Besuch in Abu Dhabi und der christlich-islamischen Erklärung über die Brüderlichkeit aller Menschen. Das Außenamt muss dies politisch umsetzen. In seiner Diplomaten-Rede 2021 sprach der Papst von einer vierfachen Krise: Gesundheitskrise, Umweltkrise, wirtschaftliche und soziale Krise, Krise der Politik.

Etwas zurückgetreten ist unter ihm der philosophische Aspekt bei der diplomatischen Arbeit, der bei Benedikt XVI. besonders ausgeprägt war – etwa Reflexionen über Menschenrechte. Diese Fragen standen im Vordergrund seiner großen Auslandsreden – in Wien, Paris, Berlin oder vor den UN – die zu den Highlights seines Pontifikats gehörten.

Ist Franziskus ein „politischer" Papst? Er selbst lehnt eine solche Etikettierung ab, wird in der Öffentlichkeit aber als solcher wahrgenommen. In seinem Auftreten, seinem Denken und seiner Sprache gilt Franziskus mehr als sein Vorgänger als Realpolitiker. Auch wenn Beobachter mitunter – etwa zum Krieg in der Ukraine – unterschiedliche Akzente aus dem Vatikan heraushörten.

Franziskus sorgt sich um regionale Konflikte und deren Lösungen. Er hat wiederholt vor einem „Dritten Weltkrieg in Teilen" gewarnt. „Heute erleben wir (ihn) bereits", sagte er zum 77. Jahrestag des Beginns des Zweiten Weltkriegs (31.8.2022). Er hält Atomwaffen für ein ungeeignetes Mittel gegen Sicherheitsbedrohungen. Ihr Besitz sei „höchst unmoralisch".

Der Papst habe ein Bewusstsein dafür, welchen Einfluss die Kirche, der Heilige Stuhl und seine Diplomaten auf die Politik nehmen können, bestätigen Mitarbeiter. Aber er wisse auch, wann Zurückhaltung geboten sei.

So nahm er beim Myanmar-Besuch Ende 2017 in seinen öffentlichen Reden den Namen der unterdrückten Rohingya-Minderheit nicht in den Mund – womit er in der sensiblen Situation sofort alle Türen zugeschlagen hätte. Aber auf der nächsten Etappe im Nachbarland Bangladesch traf er mit einer Rohingya-Flüchtlingsgruppe zu einer Ansprache zusammen.

Das besondere politische Interesse des Papstes zeigt sich auch daran, dass er die persönlichen Unterredungen mit den Nuntien, die Benedikt XVI. weitgehend an das Staatssekretariat delegiert hatte, wieder eingeführt hat. Gerade in den Sommermonaten, wenn die Exzellenzen auf dem Weg von oder in ihren Heimaturlaub oft in Rom einen Zwischenstopp einlegen, gehören sie zu den wichtigen Gesprächspartnern des Papstes.

Zu einer festen Institution sind inzwischen die regelmäßigen Konferenzen (alle drei Jahre) des Papstes mit seinen Botschaftern geworden. Dabei formuliert Franziskus auch seine Erwartungen an seine Diplomaten, wie Loyalität, Ehrlichkeit, Gehorsam, Kommunikationsfähigkeit, Offenheit. Der Nuntius müsse ein Mann Gottes, ein Mann der Kirche, ein Mann des Papstes sein. Ein Mann der Versöhnung, der Vermittlung, der Gemeinschaft und des Dialogs, der sich nie negativ vereinnahmen lässt, sagte er beim Treffen 2019. Der bescheiden auftritt, der initiativ und überparteilich, objektiv und unbestechlich ist – und bereit zu einem „Nomadenleben" aus dem Koffer, mit vielen Ortswechseln in seinem Land.

Sektion für das diplomatische Personal des Heiligen Stuhls – Diplomatische und pastorale Mission (PE 52)

Welche hohe Bedeutung Franziskus der Auswahl und Begleitung seines diplomatischen Personals beimisst, hat er auch mit der Gründung einer neuen, einer dritten Sektion im Staatssekretariat deutlich gemacht, „für das diplomatische Personal des Heiligen Stuhls" (21.11.2017). Denn der Nuntius hat neben seiner diplomatischen auch eine pastorale Aufgabe, er steht stets im Dienst der religiösen und seelsorglichen Sendung der Kirche. Er ist immer auch Gesandter und Mittelsmann des Papstes bei der jeweiligen Ortskirche und deren Bischofskonferenz.

Diese Sektion kümmert sich um alle Angelegenheiten der im diplomatischen Dienst tätigen Personen, um ihre Lebens- und Arbeitsbedingungen und eine ständige Fortbildung (PE 52). Sie besorgt – zusammen mit der Diplomatenakademie – die Auswahl und Ausbildung der Diplomaten, die Ernennungen und Versetzungen. Dazu muss der Sektions-Sekretär die Vatikan-Vertretungen in aller Welt besuchen. Aber die Abteilung pflegt auch den Kontakt zu diplomatischen Mitarbeitern im Ruhestand, den nicht wenige Ex-Botschafter in der Ewigen Stadt verbringen.

Dikasterium für die Evangelisierung

Aufbruch zu neuen Ufern –
Die Liebe Christi für alle bezeugen
(PE 53-68)

Mitten im mondänen Touristen-Zentrum Roms mit den Geschäften der angesagtesten Modelabels, unmittelbar an der Spanischen Treppe und weitab vom Vatikan hat das „**Dikasterium für die Evangelisierung**" seinen traditionellen Sitz. Der monumentale, noch von Bernini erbaute (und von seinem Rivalen Borromini erweiterte) „Palazzo di Propaganda Fide" (P. der Ausbreitung des Glaubens) bestimmt – zusammen mit der schräg gegenüberliegenden spanischen Botschaft – das südliche Dreieck der weltberühmten Piazza di Spagna.

Unmittelbar vor dem extraterritorialen Vatikangebäude erinnert die 12 Meter hohe Mariensäule an die Verkündigung des Dogmas (von) der Unbefleckten Empfängnis Mariens im Jahr 1854. Hierhin kommt der Papst traditionell zu deren Fest am 8. Dezember und legt ein Blumengebinde nieder. Dabei wird er stets vom römischen Bürgermeister begrüßt und schüttelt im Blitzlicht der Fotografen dessen Hand – sei es nun ein Christdemokrat, ein Kommunist, ein Grüner, ein Rechter, eine Vertreterin der Fünf-Sterne-Bewegung oder ein Sozialdemokrat.

Der Palazzo hat seinen historischen Namen behalten. Papst Gregor XV. gründete 1622, erst 34 Jahre nach der ersten Kurienordnung und 130 Jahre nach der Entdeckung Amerikas, die „Kongregation für die Ausbreitung des Glaubens". Die Päpste wollten die christliche Mission und den Aufbau von Kirchenstrukturen in Amerika, Afrika und Asien nicht weiter den Eroberern, den Königen und ihren Völkern überlassen – insbesondere Spaniern und Portugiesen. In deren Gefolge betrieben Franziskaner aber auch andere Mönche eine (oft oberflächliche) Christianisierung und spendeten rasch die Taufe. Mittels der Kongregation wollte der Papst die Zuständigkeit für die Missionen (stärker) in die römische Hand nehmen. Ausdrücklich forderte er, die Inkulturation ernst zu nehmen. Er verbot allen Missionaren, Sitten und Gebräuche des Landes zu bekämpfen, außer denen, die dem Glauben und der Moral widersprächen.

Die Kongregation, die damals auch die kirchlichen, kulturellen und politischen Verschiebungen Europas im Zuge der Reformation im Blick hatte, wurde von Anfang an zum ordentlichen und ausschließlichen Instrument des Papstes für die Jurisdiktion über die Missionen. Ihr Kardinal-Präfekt galt als so mächtig, dass man ihn auch als „roten Papst" bezeichnete.

Inkulturation – Abgrenzung vom Kolonialismus

Beim Konzil von Trient (1545-1564) waren die Missionsländer nicht vertreten. Die Einladung zum Ersten Vatikanum (1869/70) richtete Pius IX. zwar an die Bischöfe in der ganzen Welt. Aber die Rolle der (aus Europa stammenden) Missionsbischöfe war und blieb umstritten. Ihre Anliegen wurden kaum behandelt, zumal der Kirchengipfel aufgrund der politischen Lage (unmittelbar vor der Eroberung Roms und dem Ende des Kirchenstaates) vorzeitig beendet werden musste.

An der Wende zum 20. Jahrhundert erlebte die Missionsarbeit – auch im Sog der Kolonialpolitik – einen starken Aufschwung. Benedikt XV. rief 1919 mit seinem Schreiben *„Maximum illud"* zu einer Erneuerung der Weltmission auf Grundlage des Evangeliums auf – bei klarer Abgrenzung von jedem Kolonialismus und aller Expansionspolitik. Die Missionare müssten andere Kulturen respektieren und sich von allen nationalistischen und expansionistischen Bestrebungen fernhalten, schrieb er. Die Kirche sei „universal und damit keinem Volk fremd". Keinesfalls dürfte der Verdacht entstehen, die christliche Religion sei die eigene Angelegenheit eines bestimmten auswärtigen Volkes.

Die Praxis sah freilich oft anders aus. In seinem großen „Mea culpa" zum Jubiläumsjahr 2000 bekannte sich Johannes Paul II. zur Schuld „für die Verfehlungen gegen die Liebe, den Frieden, die Rechte von Stämmen und Völkern, gegen die Achtung der Kulturen und religiösen Traditionen". Und bei seinem Treffen mit Indigenen im kanadischen Maskwacis Ende Juli 2022 bat Papst Franziskus „um Verzeihung für die Art und Weise, in der leider viele Christen die Mentalität der Kolonialisierung der Mächte unterstützt haben, die die indigenen Völker unterdrückt haben". Die christliche Gemeinschaft dürfe sich „nie wieder von der Vorstellung anstecken lassen, dass eine Kultur einer anderen überlegen ist".

Unterdessen übernahmen die jungen Ortskirchen immer mehr Eigenverantwortung. 1926 wurden die ersten chinesischen Bischöfe geweiht, 1939 trat in Uganda der erste Afrikaner an die Spitze eines Kirchenbezirks. Neben den ausländischen Missionaren wirkten zunehmend einheimische Geistliche und Ordensleute, sie übernahmen die Leitung der Gemeinden und einheimische Bischöfe die Diözesen.

Das Zweite Vatikanum unterstrich die missionarische Natur der Kirche und betonte die Verantwortung des Bischofskollegiums, jedes einzelnen Bischofs und aller Gläubigen für die Mission. Die Mission sei für die Kirche keine Option, sondern ein unumgänglicher Auftrag, betonte das Konzils-Dekret *Ad gentes* vom 7.12.1965. Heute wie damals sei die Kirche „von Christus gesandt, die Liebe Gottes allen Menschen und Völkern zu verkünden und mitzuteilen".

Paradigmenwechsel – Aufbruch zu neuen Ufern

Die Kurienkonstitution PE hat die Missionsarbeit gestärkt, aufgewertet – und auf eine breitere Basis gestellt. Papst Franziskus verband die Kongregation für die Evangelisierung der Völker mit dem Rat für die Neuevangelisierung (NEV) zum neuen „Dikasterium für die Evangelisierung" – freilich in zwei getrennten Sektionen.

Franziskus vollzog damit einen Paradigmenwechsel. Bislang unterschied die Kurie klar zwischen der Erstevangelisierung (in den klassischen Missionsgebieten) und der Neuevangelisierung (in der bereits christianisierten Welt). Sie waren den beiden verschiedenen Behörden zugewiesen, die diese Aufteilung energisch und mit starken Argumenten verteidigten. Aber angesichts der fortschreitenden Säkularisierung brauche man einen Wandel im pastoralen Denken, einen Aufbruch zu neuen Ufern, war der Papst überzeugt. Das Evangelium müsse heute in der ganzen Welt neu verkündet werden, auch auf den Kontinenten mit alter christlicher Tradition. Evangelisierung sei die erste und wichtigste Aufgabe der Kirche und sei daher auch zentrales Anliegen der Kurienreform, so der Pontifex.

Um diesen Vorrang zu unterstreichen, rückte der Papst das „Dikasterium für die Evangelisierung" an die erste Stelle der 16 vatikanischen Ministerien (auch wenn alle Dikasterien gleichgestellt sind). Zudem übernahm er selbst – und das war eine der Überraschungen bei der Veröffentlichung von PE – in Personalunion die Leitung der Behörde. Die Chefs der bisherigen Behörden rangieren nun als Pro-Präfekten.

Damit kam die Glaubensbehörde auf Platz zwei der Kurienliste. Ein Wechsel, der nicht jedem einleuchten wollte; denn die Glaubensverkündigung setze den Glauben voraus, lautete ein Gegenargument. Aber Franziskus insistierte, die pastorale Glaubensverbreitung hat für ihn Priorität.

Sektion für die grundlegenden Fragen der Evangelisierung in der Welt – Thinktank für Grundsatzfragen

Der bisherige Rat für Neuevangelisierung (NEV) bildet im Wesentlichen die erste Sektion des neuen Dikasteriums. Sie ist ein Reflexionsforum und eine Denkwerkstatt, ein „Thinktank". Ihre Aufgabe ist es, gemeinsam mit Bischofskonferenzen und Ordensgemeinschaften „die grundlegenden Fragen der Evangelisierung und der Entwicklung einer wirksamen Verkündigung des Evangeliums" zu untersuchen, in der ganzen Welt, in alten und neuen Missionsgebieten (PE 55). Und sie muss die dafür geeigneten Formen, Mittel und die Sprache entwickeln.

Sie erforscht die Geschichte der Evangelisierung und Mission, „insbesondere in ihrer Beziehung zu den politischen, sozialen und kulturellen Ereignissen, die die Verkündigung des Evangeliums geprägt und beeinflusst haben" (PE 55,2). Sie unterstützt durch Studien und Erfahrungsaustausch „die Teilkirchen im Prozess der Inkulturation der Frohen Botschaft Jesu Christi in den verschiedenen Kulturen und Volksgruppen und bei deren Evangelisierung" (PE 56,1).

Ein besonderes Augenmerk gilt dabei der Volksfrömmigkeit (PE 56,1). Damit verbunden ist die Aufsicht über die internationalen Heiligtümer und Wallfahrtszentren (PE 56,2), die eine treibende Kraft der ständigen Evangelisierung bilden. Die Sektion ist – in Abstimmung mit der jeweiligen Bischofskonferenz – für deren Errichtung und Statuten zuständig.

Weiter studiert die Sektion die „sozioökonomischen Bedingungen und das Umfeld der Adressaten der Verkündigung des Evangeliums" (PE 57). Sie fördert den „erneuernden Beitrag des Evangeliums in der Begegnung mit den Kulturen und mit allem, was die Förderung der Menschenwürde und der Religionsfreiheit betrifft", (in allen „sozialen und politischen Bereichen in den realen Situationen der Welt".)

Und da die Evangelisierung eine „grundsätzliche Option für die Armen darstellt", kümmert sich die Behörde auch um den „Welttag der Armen", den Franziskus 2016 für die katholische Weltkirche ins Leben gerufen hatte.

Katechese

Dann ist die Sektion PE 58 auch für die Katechese zuständig, die schon zuvor einen wichtigen Bereich des NEV bildete. Sie dient der Vertiefung des Glaubens derer, die seine Grundlagen nicht ausreichend kennen, die den Glauben besser kennenlernen und vertiefen wollen, und auch für diejenigen, die ihn verloren haben, die ausgetreten sind oder nicht mehr praktizieren (PE 58,2). Die Sektion sorgt dafür, dass der Katecheseunterricht „in angemessener Weise erteilt wird und dass die katechetische Ausbildung in Übereinstimmung mit den Vorgaben des kirchlichen Lehramtes erfolgt."

Sie erteilt zudem die „Bestätigung" (nicht „Erlaubnis") des Apostolischen Stuhls für Katechismen und andere Schriften im Zusammenhang mit der Katechese – im Einvernehmen mit dem Dikasterium für die Glaubenslehre (PE 58,2).

Sektion für die Erstevangelisierung und die neuen Teilkirchen

Die zweite Sektion setzt im Prinzip die Arbeit der bisherigen Missions-Kongregation fort. Sie hat eine (nahezu) exklusive Zuständigkeit für die Diözesen und Kirchenbezirke in den Gebieten der Erstevangelisierung – und damit für rund ein Drittel aller Bistümer der Welt. Es bleibt hier also beim Territorialprinzip. Sie kümmert sich um die administrativen und praktischen Aufgaben in Regionen, in denen die Kirche noch nicht etabliert ist. Sie errichtet in den Missionsgebieten Kirchenstrukturen (PE 61) und bereitet die Bischofsernennungen durch den Papst vor. Sie erhält und bearbeitet die Berichte der dortigen Vatikan-Botschafter, soweit sie kirchliche Belange betreffen, und unterhält den Kontakt mit den Bischöfen und Bischofskonferenzen.

Unter steigender Einbeziehung der Ortskirchen entwickelt die Sektion Direktiven für die Pastoral, betreut die Anfragen zu Seelsorge und Inkulturation, zu Verwaltung oder Staat-Kirche-Beziehungen. Sie begleitet die neuen Teilkirchen „auf dem Weg zur wirtschaftlichen Selbstständigkeit, indem sie dazu beiträgt, die Voraussetzungen dafür zu schaffen" (PE 65). Und sie hilft bei der Beschaffung der notwendigen Mittel für ihren Unterhalt, sowie bei der Einrichtung von Verwaltungs- und Kontrollorganen zur Überwachung und Verwendung der Ressourcen (PE 65,2).

Zu ihrem Zuständigkeitsbereich gehören die meisten Länder Afrikas (außer Ägypten und Äthiopien) und Asiens (außer Nahost und den Philippinen), sowie Ozeanien mit Neuseeland, nicht Australien. Hinzukommen einige Diözesen in (Süd-)Amerika. Zuletzt erstreckte sich die Zuständigkeit der Missions-Behörde auf 1.119 Kirchenbezirke (von weltweit 3.026).

Einen beachtlichen Teil der Arbeit in der Behörde machen die Bischofsernennungen für die Missionsländer aus. Der Nuntius schickt seine Dreier-Liste von geeigneten Kandidaten zur Weiterbearbeitung nicht an das Bischofs-Dikasterium sondern an die Missionsbehörde. Zweimal im Monat treten die Kardinäle und Bischöfe des Dikasteriums zu Beratungen darüber zusammen. Unter den Mitgliedern sind viele pensionierte Nuntien, die ihren Ruhestand in der Ewigen Stadt verbringen, und die aus allen Weltregionen Erfahrungen mit Bischofsrekrutierungen mitbringen. Und zweimal im Monat hat dann der Pro-Präfekt einen Audienztermin beim Papst. Er kommt jedes Mal mit einer dicken Aktenmappe mit Ernennungsvorschlägen für neue Oberhirten in der Missionswelt. Das Dikasterium befasst sich auch mit der Errichtung neuer Diözesen oder – wo die Voraussetzungen dieser Vollform der Kirchenstruktur noch nicht gegeben sind – mit der Gründung neuer Vikariate, Präfekturen, Administrationen oder Missionen. Und es prüft, in Abstimmung mit dem Bischofs-Dikasterium, ob ein

Gebiet aus dem Status der Missionskirche in die allgemeine Hierarchie überwechseln kann und soll, oder umgekehrt.

Zuletzt wurde Fairbanks in Alaska (2019) aus dem Missionsrecht der ordentlichen Kirchenverwaltung unterstellt. Umgekehrt kam (Januar 2020) Algerien, das zuvor (aufgrund der früheren Bindung an Frankreich) der Bischofskongregation zugeordnet waren, unter das Missionsrecht – im Sinne einer regionalen Vereinheitlichung.

Dann ist die Missionsbehörde für den Klerus und seine Ausbildung, Begleitung und Fortbildung in ihren Territorien zuständig, fördert die Gründung von interdiözesanen Seminaren, ernennt deren Regenten. Weiter organisiert sie Aus- und Weiterbildungskurse für Bischöfe – wie sie das Bischofs-Dikasterium für Oberhirten aus seinem Zuständigkeitsbereich veranstaltet. Schließlich kümmert sie sich um die Missionsorden sowie um das Apostolat für Katecheten und Laien. – Dagegen ist für Fragen der Glaubenslehre auch in den Missionsgebieten das römische Glaubens-Dikasterium zuständig. Ebenso werden Selig- und Heiligsprechungen weltweit einheitlich bearbeitet. Neuerdings fallen „Laisierungen" von Klerikern auch aus den Missionsterritorien in die Zuständigkeit des Klerus-Dikasteriums. Für andere Bereiche, etwa den Bildungssektor, stimmt sich die Missionsbehörde mit dem Fach-Ressort ab.

Kollegien und Missionswerke

Für die Ausbildung und Weiterbildung des Klerus aus Missionsländern unterhält das Dikasterium in Rom – mit Hilfe von Stiftungen – mehrere Kollegien. Dazu gehören Einrichtungen für Seminaristen (das *Collegio Urbano*, das *Collegio San Pietro*, das *Collegio San Paolo*) sowie für Ordensfrauen das *Collegio Madre Ecclesiae* (in Castel Gandolfo). Weiter die nach dem zweiten Gründerpapst Urban VIII. benannte *„Urbaniana"*, die einzige Missions-Universität der Welt. An ihr sind rund 1.500 Studierende und Doktorierende, Seminaristen, Priester und Ordensfrauen eingeschrieben. Zudem hängen über 100 Priesterseminare aus 40 Nationen als „affiliierte Institute" akademisch von ihr ab. Die Päpstlichen Missionswerke und die Kongregation vergeben jedes Jahr 500 Stipendien an Seminaristen und Ordensleute. – Dann gibt es das Kolleg *San Giuseppe* für Professoren oder Seminarleiter aus Missionsländern, die alle fünf bis sieben Jahre an sechsmonatigen Fortbildungskursen in Rom teilnehmen können. Ein Großteil der Bischöfe aus der Missionswelt hat zumindest einen Teil seiner Ausbildung in Rom absolviert.

Eine wichtige Rolle für das Dikasterium spielen die vier Internationalen Päpstlichen Missionswerke, die im frühen 19. Jahrhundert vor allem von Frankreich aus ihren Anfang nahmen. Sie unterstützen – mit unterschiedlichen Schwerpunkten – die Anliegen der Mission. Unter Pius XI. (1922-1939) päpstlich anerkannt, bestehen sie heute in über 120 Ländern. Dazu gehören:

- Das **„Päpstliche Werk der Glaubensverbreitung"**. Es wurde 1822 von Pauline Jaricot gegründet, die nach der französischen Revolution in ihrer Heimat für die Unterstützung der Mission warb, und am 22. Mai 2022 in Lyon seliggesprochen wurde. In Deutschland lebt es im katholischen Missionswerk **Missio** fort.
- Das **„Päpstliche Missionswerk des Heiligen Apostels Petrus"** (Apostel-Petrus-Werk), das heute ebenfalls international aufgestellt ist. Es hat die Förderung des einheimischen Klerus und die Entwicklung der Seminare in den Missionsgebieten zur Aufgabe.
- Das **„Päpstliche Kindermissionswerk"** reicht gleichfalls auf eine Gründung im 19. Jahrhunderts in Frankreich zurück. Die Idee kam durch die Aachenerin Auguste von Sartorius nach Deutschland und wurde unter dem Namen „Verein der Heiligen Kindheit" etabliert. Aus ihm ging die **Sternsingeraktion** hervor, die in Deutschland seit 1959 jedes Jahr rund um den 6. Januar durchgeführt wird und 2021 38,2 Mio Euro für Kinderprojekte in der Dritten Welt erbrachte.
- Die **„Päpstliche Missionsvereinigung der Kleriker"** (Unio), die 1916 in Italien entstand und ihre Tätigkeit später auf über 50 Länder ausdehnte. Sie versteht sich als Einrichtung von Diözesanpriestern, die später auch auf Ordensleute erweitert wurde.

Die Päpstlichen Missionswerke informieren in Europa und der übrigen westlichen Welt über die Mission, die Missionsländer und werben für das missionarische Anliegen. Angesichts von fünf Milliarden Menschen, die den christlichen Glauben nicht kennen, will die Kirche an diesem Dienst entschlossen festhalten. Und sie bitten um Unterstützung für ihre Aufgaben, die ein Symbol der Solidarität der Universalkirche sei. Das geschieht ganz besonders durch Informationskampagnen, kulturelle Initiativen und eine Kollekte im Rahmen des jährlichen Weltmissionstags (im Oktober).

2020 erhielten die Missionswerke rund 127 Millionen Dollar an Spenden, (von denen 121 Millionen direkt in Hilfs- und Förderungsmaßnahmen gingen). Davon stammten 86,5 Millionen aus der Kollekte vom Weltmissionssonntag, von der freilich ein einstelliger Prozentsatz (4,85%) an die Ostkirchen-Behörde weitergeleitet wird – aus historischen Gründen: die mit Rom verbundenen Ostkirchen unterstanden bis 1917 der Missionskongregation.

Zu den Päpstlichen Missionswerken gehört auch der in acht Sprachen erscheinende Pressedienst *„Fides"*, der nicht in das Kommunikations-Dikasterium eingegliedert wurde. Er war eine der ersten Nachrichtenagenturen der Welt und trat mit dem Ziel an, die Missionen durch die Presse bekannt zu machen und zu fördern.

Finanzverwaltung weitgehend in Eigenregie

Bei der Finanzierung seiner Arbeit stützt sich das Missions-Dikasterium zum beachtlichen Teil auf sein durch Schenkungen und Erbe zustande gekommenes Vermögen mit zahlreichen Immobilien. Es wird weiterhin in Eigenregie verwaltet, „autonom und mit guter Transparenz", wie ein hoher Repräsentant betont. Denn diese Mittel kommen nicht vom Vatikan, sondern aus Kollekten und Spenden, die direkt für die Mission bestimmt wurden. Die Behörde leitet ihre Bilanzen zwar dem Wirtschaftssekretariat zur Kontrolle zu. Aber sie werden – analog dem Governorat des Vatikanstaates – eigenständig und nicht von der vatikanischen Güterverwaltung APSA verwaltet.

Geld dürfe jedoch nicht im Vordergrund stehen, betonte Papst Franziskus (im Juni 2018) vor den Chefs von 130 nationalen Missionswerken. Er befürchte, dass diese kirchlichen Werke sich auf die bloße Verteilung materieller Hilfen beschränkten. Stattdessen gehe es darum, sich vom Heiligen Geist zu wirklich kreativen Neuerungen inspirieren zu lassen. Oder wollten die Verantwortlichen den Geist Gottes „in zahlreichen weltlichen Strukturen domestizieren und einsperren", so dass die Missionswerke „am Ende zu einer Firma werden, einem Unternehmen – wenn auch mit göttlichem Segen?", warnte der Papst. Und er fügte hinzu: „Wir haben kein Produkt zu verkaufen und damit Proselytismus zu betreiben, sondern ein Leben zu vermitteln: Gottes göttliches Leben, seine barmherzige Liebe und Heiligkeit."

Dikasterium für die Glaubenslehre
Den Glauben fördern und schützen
(PE 69-78)

Sie ist die älteste der früheren neun Kongregationen. Lange Zeit war sie die am meisten gefürchtete, und bis zum Zweiten Vatikanischen Konzil auch die *„suprema"*, die „oberste" Behörde des Heiligen Stuhls – die der Papst selbst bis 1966 als Präfekt leitete; ein Kardinalsekretär (zuletzt Alfredo Ottaviani) führte damals die Amtsgeschäfte.

Auf den Resten der mittelalterlichen Inquisition zur Bekämpfung von Irrlehren gründete Paul III. am 21. Juli 1542 eine Sonderkommission aus sechs Kardinälen: Die „Kongregation der Heiligen Römischen und Universalen Inquisition". Mit der ersten Kurienordnung von Sixtus V. 1588 wurde sie für alles zuständig, was direkt oder indirekt den Glauben und die Moral betraf. Sie sollte die Kirche vor Irrlehren schützen, Häresien verfolgen, gefährliche Bücher verbieten und Vergehen gegen den Glauben untersuchen, verurteilen und gegebenenfalls zu einer Bestrafung führen.

Pius X. strich zu Beginn des 20. Jahrhunderts die „Inquisition" aus dem Namen, was ihr einen Teil des Schreckens nehmen sollte – obgleich die römische Inquisition meist mildere Urteile fällte als weltliche Gerichte. Sie hieß dann „Heilige Kongregation vom Heiligen Offizium", nach dem letzten Konzil nannte man sie „Glaubenskongregation" – und mit der jüngsten Kurienreform wurde sie zum „**Dikasterium für die Glaubenslehre**".

PE hat die Struktur der Behörde gestrafft. Anstelle von bislang vier Sektionen gibt es jetzt zwei – für Lehrfragen und für Disziplinarbelange. Sie sind eigenständiger als zuvor und deutlicher voneinander getrennt, immerhin handelt es sich um zwei unterschiedliche Arbeitsfelder. Sie werden von Sekretären geleitet, die damit Stellvertreter des Präfekten sind, mit ihrer Ernennung im April 2022 jedoch nicht (sofort) den Bischofsrang erhielten.

Die frühere Sektion III – für besondere Ehefragen – wurde in die Lehr-Sektion integriert.

Sektion IV – für den *„usus antiquor"*, die früher (als Kommission *„Ecclesia Dei"*) den Dialog mit den traditionalistischen Piusbrüdern koordinierte – war bereits im Herbst 2021 aufgelöst worden. Die von „Ecclesia Dei" errichteten religiösen Institute – etwa die „Petrusbruderschaft" – gingen in die Zuständigkeit der „Ordenskongregation" über. Allerdings ist dem Dikasterium nun die (vom US-Kardinal O'Malley geleitete) Päpstliche Kommission für den Schutz Minderjähriger als autonome Institution angegliedert.

Die Konstitution hat die bisherigen Arbeiten, Kompetenzen und Abläufe der Glaubensbehörde im Wesentlichen bestätigt. Ihre Aufgabe ist es, „den Papst und die Bischöfe bei der Verkündigung des Evangeliums in der ganzen Welt zu unterstützen, indem es die Unversehrtheit der katholischen Glaubens- und Sittenlehre fördert und schützt" (PE 69). Dabei bemüht sie sich, das Glaubensgut „angesichts neuer Fragen immer tiefer zu verstehen".

Diese Maßnahmen zu Schutz und Förderung des Glaubens und der Sitten muss die Behörde in „enger Verbindung" (PE 72) mit den Bischöfen und Bischofskonferenzen erfüllen – die „als authentische Lehrer des Glaubens" dessen Unversehrtheit bewahren und fördern müssen. Damit soll auch für die Glaubensbehörde stärker das Prinzip der Subsidiarität gelten, samt den Vorgaben einer „gesunden Dezentralisierung". Rom muss, kann, will und soll nicht alle Glaubensfragen an sich ziehen und zu klären versuchen. Dazu sollen alle Bischofskonferenzen eigene Glaubenskommissionen einrichten – die inzwischen bereits vielerorts bestehen. Ob das die römische Behörde merklich entlastet, ist fraglich. Denn in schwierigen oder delikaten Fällen scheut mancher Bischof eine unpopuläre eigene Entscheidung – und lässt gerne Rom den Vortritt.

Franziskus hatte bereits in dem nachsynodalen Schreiben *Amoris laetitia* (AL,3 2016) betont, dass „nicht alle doktrinellen, moralischen oder pastoralen Diskussionen durch ein lehramtliches Eingreifen entschieden werden müssen. Selbstverständlich ist in der Kirche eine Einheit der Lehre und der Praxis notwendig; das ist aber kein Hindernis dafür, dass verschiedene Interpretationen einiger Aspekte der Lehre oder einiger Schlussfolgerungen, die aus ihr gezogen werden, weiterbestehen. […] Außerdem können in jedem Land oder jeder Region besser inkulturierte Lösungen gesucht werden, welche die örtlichen Traditionen und Herausforderungen berücksichtigen."

Die Glaubensbehörde behält innerhalb der Kurie weiterhin eine Sonderrolle: Sie unterstützt den Papst nicht nur, wie die übrigen Ministerien, in seinem Hirtenamt, sondern zugleich in seinem ordentlichen Lehramt. Auch wenn Franziskus sein besonderes Augenmerk auf die Pastoral lenkt, und auch wenn er sich zur Arbeit von Theologen und Glaubensbehörden mitunter mit einem Augenzwinkern äußerte: Das bedeute nicht, dass ihm Lehrfragen weniger wichtig wären, versichert man im Palazzo del Sant'Uffizio. Oberste Norm auch für Franziskus ist und bleibt die „Bewahrung des Glaubens": *„Fidem servare"* überschrieb er sein Reform-Dekret für die Kongregation vom Februar 2022.

In Lehrfragen vertraue er dem Dikasterium, der Kontakt sei eng, der Präfekt hat zweimal im Monat einen festen Audienztermin, jeweils donnerstags. Schließlich könnten auch Päpste unmöglich alle theologischen Themen kennen und selber behandeln. Franziskus gestand das wiederholt ein, etwa als er bei einer komplizierten Frage während eines Besuchs auf den gerade anwesenden Kardinal Walter Kasper als Experten verwies. Oder als er vor Ordensoberinnen mit Blick auf die Diakoninnen-Diskussion meinte: „Man muss das studieren, denn ich kann kein sakramentales Dekret machen ohne eine theologische, historische Grundlage." (10. Mai 2019).

Die Wende des Konzils

Bereits das Konzil hatte Aufgaben und Arbeitsweise der Glaubenskongregation modifiziert. Zuvor standen Schutz, Verteidigung und Abgrenzung des Glaubens gegenüber Irrlehren, Verfolgung von Häresien und Verurteilung im Vordergrund. Man definierte gleichsam den rechten und linken Straßengraben, stellte Verbotsschilder auf, fällte im wesentlichen Negativurteile und legte dar, was man nicht lehren dürfe. Seit dem Konzil richtet sie das Augenmerk verstärkt auf die Förderung und Bewahrung des Glaubens – ohne darüber seinen Schutz oder die Berichtigung von Irrtümern zu vernachlässigen. Aber man schütze Glauben und Moral am besten, indem man sie positiv darlegt und begründet, war der Konzilspapst Paul VI. überzeugt.

So wurde 1966 der Index, die Liste verbotener Bücher, abgeschafft. Zum einen kann der Vatikan unmöglich alle Publikationen der Welt lesen; das gilt erst recht im Internetzeitalter. Zum anderen stand dahinter die Einsicht, dass eine vatikanische Indizierung für ein Buch auch (zusätzliche) Werbung bedeuten kann.

Die Doppelaufgabe der Behörde steht für Franziskus freilich unter dem Primat der Evangelisierung. Ihre Aufgabe liegt darin, „den Papst und die Bischöfe bei der Verkündigung des Evangeliums in der ganzen Welt zu unterstützen"(PE 69), beginnt PE die Aufgabenbeschreibung für das Dikasterium. Das wird schon im Ranking der Vatikan-Ämter deutlich. Die Glaubensbehörde hat ihren bisherigen Spitzenplatz an das Dikasterium für die Evangelisierung abgegeben – eine nicht nur symbolische Verschiebung, die nicht jeder so teilt. Denn Glaubensverkündigung setze Glauben voraus, wurde erwidert.

Palazzo – Aufbau – Struktur

Das Dikasterium für die Glaubenslehre hat seinen Sitz in einem wuchtigen historischen Gebäude an der Südostecke der Vatikanmauern. Pius V. ließ 1566 eigens den Bau des Petersdoms unterbrechen, um die Renovierung des neuerworbenen Palazzo Pucci zu beschleunigen. Er liegt neben der modernen Audienzhalle, außerhalb der Grenzen des Vatikanstaates, ist aber extraterritorial. Bei den Lateran-Verträgen zur vatikanischen Staatsgründung 1929 war er ein besonderes Streitobjekt.

An der Spitze der Behörde stehen wie in allen Kurienbehörden die *Superiori*: Der Präfekt wird von zwei Sekretären (für die beiden Sektionen) unterstützt, dazu ein Untersekretär, ggf. auch beigeordnete Sekretäre. Von 1982 bis zur Papstwahl 2005 leitete Joseph Ratzinger die Behörde, danach ging das Amt an den US-Amerikaner William Levada. Acht Jahre später berief Benedikt XVI. den renommierten deutschen Theologen Gerhard Ludwig Müller, dessen fünfjährige Amtszeit von Franziskus jedoch 2017 nicht verlängert wurde.

Die Nachfolge Müllers trat der damalige Kongregations-Sekretär Luis Francisco Ladaria Ferrer an. Dem Jesuiten und spanischen Muttersprachler wird ein besonders guter Zugang zum Papst nachgesagt. Der direkte Kontakt wurde leichter, hörte man.

Den „Oberen" arbeitet ein internationaler Stab von rund 60 festen Mitarbeitern zu: Referenten, Sachbearbeiter, technische Angestellte, Schreibkräfte; die Leitung der Verwaltung hat neuerdings eine Frau. Alle

Kontinente und großen Sprachen sind vertreten, auch wenn die Italiener nach wie vor die größte Gruppe stellen. Zwei Drittel sind Geistliche, mit theologischem oder kirchenrechtlichem Doktorgrad, beherrschen zwischen drei und fünf Sprachen. Daneben gibt es rund 30 vom Papst berufene Konsultoren, die ständig für die Behörde tätig sind, meist Professoren römischer Universitäten, darunter neuerdings einige Frauen.

Die maßgebliche Instanz der Glaubensbehörde sind aber weder der römische Mitarbeiterstab noch das Beraterteam, sondern die Versammlung der Mitglieder. Diese tritt (soweit es die Reise- und Hygienekonzepte erlauben) einmal im Monat jeweils mittwochs – am „vierten Tag", deshalb die Bezeichnung *„Feria quarta"* – zusammen. Ihr gehören rund 15 Kardinäle und einige Bischöfe an, die für jeweils fünf Jahre vom Papst mit dieser Aufgabe betraut werden. 2014 wurde der Regensburger Bischof Voderholzer berufen, und 2019 für fünf Jahre verlängert.

Perfekt abgestimmt:
Congresso – Consulta – Feria Quarta – Plenaria

Im Laufe der Zeit hat die Behörde ein festes Prozedere mit fein aufeinander abgestimmten Arbeitsschritten entwickelt. Wenn im Dikasterium eine Anfrage eingeht, wird sie in der entsprechenden Sektion einem Mitarbeiter zugewiesen, der eine erste Stellungnahme anfertigt.

Diese wird zunächst im *Congresso*, dem internen Stabstreffen, präsentiert, der jeden Freitagvormittag tagt. Anwesend sind die *Superiori* – Präfekt, Sekretäre, Untersekretär – der Kirchenanwalt (*„Promotor Iustitiae"*) und der Referent, der den Vorgang bearbeitet. Falls es sich um einen schwierigen Vorgang handelt, werden bereits jetzt die Konsultoren einbezogen.

Bei allen größeren Fragen werden grundsätzlich alle Berater um ein Gutachten gebeten. Diese treffen sich regelmäßig zur *Consulta*, zur Konsultoren-Sitzung, von Oktober bis Juni fast an jedem Montag. Dabei werden die anstehenden wichtigen Fragen des Dikasteriums erörtert. In diesem Kreis sind alle Kontinente und unterschiedliche theologische Schulen vertreten, was mitunter zu einem lebhaften internen Austausch führt, hört man.

Das Protokoll dieser Treffen und die Gutachten der Konsultoren werden der nächsten „*Feria quarta*" vorgelegt. Die berät die Vorgänge und stimmt ab. Der Präfekt, der als *Primus inter pares* die Sitzung leitet und ebenfalls nur eine Stimme hat, legt das Ergebnis bei seiner nächsten Audienz dem Papst vor. Und der trifft die Entscheidung. Wichtige Weichen für die längerfristige Arbeit stellt schließlich die Vollversammlung, die *Plenaria*, die alle zwei Jahre für eine Woche in Rom tagt. Hier werden die Arbeit des vergangenen Zeitraums diskutiert und neue Themen und Aufgabenfelder erörtert.

Sektion für die Lehre

Im Licht des Glaubens Fragen der Zeit beantworten

Die erste Sektion, die Lehrabteilung, hat die Aufgabe, die Wahrheit des Glaubens und die Unversehrtheit der Moral zu fördern und zu schützen (PE 73). Sie kümmert sich um die Überprüfung und "geeignete Widerlegung falscher und gefährlicher Lehren", die unter dem christlichen Volk verbreitet werden (PE 73,2). Eine Aufgabe, die nicht populär ist und nicht unbedingt Sympathien schafft. „Aber wenn es in der Kirche irgendwo brennt, dann muss man den Brand löschen, damit nicht das ganze Haus Feuer fängt", zitiert man in der Behörde den Schweizer Theologen Hans Urs von Baltasar.

Die Sektion hat die theologischen Diskussionen weltweit im Blick, liest die wichtigsten Veröffentlichungen aus den verschiedenen Ländern und überprüft sie auf ihre Vereinbarkeit mit der katholischen Lehre. Neben der Buch- und Zeitschriftenlektüre spielt dabei inzwischen das Internet eine immer wichtigere Rolle.

Zugleich betreut die Sektion die Aufgaben und Aufträge des Papstes sowie die Anfragen, die von Bischöfen aus aller Welt zu Lehrthemen an Rom gerichtet werden – und gibt eine theologische Antwort. Sie ist auch dafür zuständig, dass die Kurie in Glaubensfragen einheitlich spricht: Alle Dokumente des Heiligen Stuhls – egal welche Behörde sie herausgibt – „müssen vorgängig der Sektion für die Lehre zur Stellungnahme vorgelegt werden", soweit sie die Glaubens- und Sittenlehre berühren (PE 75).

Anders als die meisten Kurienbehörden arbeitet die Sektion weniger in Sprach- oder Ländergruppen, sondern themenorientiert. Jeder Referent ist für ein oder mehrere Sachthemen zuständig, um die er sich weltweit und quer durch sämtliche Sprachen kümmert. So verfolgt etwa ein Priester alle Fragen rund um das Thema Euthanasie, ein anderer die um Bioethik. Weitere Felder sind Lebensschutz, Ehe und Familie, oder die Gender-Thematik. Ein wichtiges Thema für das Dikasterium sind die Sakramente und auch die Mission, zu denen immer wieder theologische Fragen eintreffen. Schließlich befasst sich ein Mitarbeiter mit Fragen der katholischen Spiritualität – im Geflecht von New Age, Psychologie, Yoga oder Zen. Zudem begleitet die Abteilung die ökumenischen und interreligiösen Dialogprojekte.

Die Anfragen werden meist im direkten Kontakt geklärt. Mitunter – etwa bei strittigen Vorgängen – werden sie in einer kurzen Stellungnahme, in einem persönlichen oder offenen Brief oder auch in einem ausführlichen Dokument beantwortet. Gelegentlich wählt man das *„responsum ad dubium"*, eine Antwort auf eine Frage (wobei der Fragesteller in der Regel anonym bleibt), mit der die Behörde die offizielle Lehrmeinung der Kirche wiedergibt. Etwa zur Frage (Februar 2021), ob die Kirche die Vollmacht habe, Verbindungen von Personen gleichen Geschlechts zu segnen. Die Antwort hieß „Nein" – und wurde von der Behörde mit einer zweiseitigen Nota und einem weiteren Kommentar erläutert.

Zur Diskussion um eine gegenseitige Abendmahls-Einladung von Katholiken und Protestanten beim Ökumenischen Kirchentag 2021 schrieb die Behörde in einem Brief vom September 2020: „Die noch bestehenden Divergenzen im Eucharistie- und Amtsverständnis erlaubten es bislang immer noch nicht, Abendmahl und Eucharistie theologisch gleichzusetzen. Das schlösse eine Teilnahme an der Feier der jeweils anderen Konfession aus."

Eine Äußerung zum synodalen Weg in Deutschland kam unterdessen nicht von der Glaubensbehörde, sondern von „ganz oben", als Erklärung des Staatssekretariats (21.7.2022) – das sich zuvor zweifellos mit anderen Behörden abgestimmt hat: „Zur Wahrung der Freiheit des Volkes Gottes und der Ausübung des bischöflichen Amtes erscheint es notwendig klarzustellen: Der „Synodale Weg" ist nicht befugt, die Bischöfe und die Gläubigen zur Annahme neuer Formen der Leitung und neuer Ausrichtungen der Lehre und Moral zu verpflichten". Eine nach Ansicht des dortigen Präsidiums überflüssige Mahnung, da die geltenden Statuten ausdrücklich einen Alleingang ausschlössen – was mancher im Vatikan aufgrund von laufenden Diskussionen jedoch besorgter sah.

Lehrbeanstandungen – Nihil obstat

Zur Aufgabe der Sektion gehören weiterhin Lehrbeanstandungen. Auch hier liegt die Erstkompetenz nach dem Prinzip der Subsidiarität beim jeweiligen Ortsbischof. Aber in komplexeren Fällen oder wenn der Einfluss eines Theologen oder einer Schrift über das Bistum und das Land hinausgehen, wendet sich eine Diözesanleitung an Rom. Pro Jahr gelangen etwa zehn solcher Vorgänge über bekanntere Theologen zum Dikasterium. Freilich kommt es nur etwa alle zehn Jahre zu einem formalen Lehrbeanstandungsverfahren. Die 1997 eingeführte Ordnung für solche Verfahren hatte die Rechte und die Einbindung des Autors gegenüber der Vergangenheit gestärkt. Sie prüft Schriften und Meinungen, „die dem rechten Glauben und den guten Sitten zuwiderlaufen oder sie verletzen", sie sucht „den Dialog mit den Verfassern und legt geeignete Abhilfemöglichkeiten vor", schreibt nun PE 73.

Es beginnt mit einer Voruntersuchung: Die Behörde beschafft sich den entsprechenden Beitrag im Original; sie soll sich nicht auf Pressemeldungen oder Anschuldigungen aus zweiter oder dritter Hand stützen. In der Regel werden zwei Konsultoren mit der Lektüre beauftragt. In dieser Phase werden noch keine weiteren Stellen einbezogen und informiert, auch nicht der Autor. Die Anschuldigungen könnten sich als unbegründet erweisen, es könnte sich um falschen Alarm, um ein Missverständnis oder Diffamierung handeln. In einem solchem Fall wird nichts weiteres unternommen, nichts wird publik, niemand kommt ins Gerede oder zu Schaden.

Sieht der Vatikan nach den ersten Überprüfungen jedoch Klärungsbedarf, werden der Autor und der jeweilige Bischof oder Ordensobere informiert. Zugleich wird den zuständigen Dikasterien in Rom mitgeteilt, dass ein konkretes Problem vorliegt. Wenn es sich um einen Professor handelt, geht das an das Dikasterium für Kultur und Bildung, bei einem Ordensmitglied an die Ordensbehörde.

Die meisten Vorgänge würden im Dialog gelöst, ohne große Öffentlichkeit und ohne disziplinarische Maßnahmen, heißt es in der Behörde. Mitunter wird ihr diese Geheimhaltung zum Vorwurf gemacht. Sie diene dem Schutz der Person, lautet die Begründung. Gelangt man jedoch nicht zu einer einvernehmlichen Lösung, dann macht der Vatikan als letztes Mittel den Fall publik: Er veröffentlicht eine *Notificatio*, in der er im Namen des Heiligen Stuhls die bedenklichen oder falschen Aussagen benennt, samt den Gründen, warum sie dem Glauben gefährlich widersprechen.

Seit dem Konzil hat es knapp 20 solcher vatikanischer Notifikationen gegeben. Es ging um unterschiedlichste Beanstandungen, vom Gottesverständnis und Kirchenbild bis zur Sexualmoral. Etliche Vorgänge sorgten für Wirbel, etwa die für den Schweizer Hans Küng 1979, für den Brasilianer Leonardo Boff 1985, ein Jahr später für den Belgier Edward Schillebeeckx oder den US-Bischof Charles Curran. Dann waren da 1997 der Fall von Tissa Balasuriya aus Sri Lanka, sowie 2006 der gegen den Jesuiten und Befreiungstheologen Jon Sobrino aus El Salvador. Der bislang letzte Vorgang dieser Art galt der US-Nonne Margaret A. Farley 2012. – Auffallend ist, dass im Pontifikat von Franziskus bislang keine Notificatio herauskam. Allerdings ist die „Ordnung für Lehrüberprüfungen" von 1997 weiterhin in Kraft, wie Franziskus in einem Reform-Dekret vom Februar 2022 ausdrücklich bestätigte. Die Behörde arbeitet weiter wie bisher.

Auf eine Notificatio der Glaubensbehörde folgen in der Regel disziplinarische Maßnahmen, auch Sanktionen seitens des Bildungs- oder Ordens-Dikasteriums: Der Autor wird zur Reflexion aufgefordert, er soll seine Aussagen geraderücken, etwa durch ein neues Vorwort, eventuell ein „Sabbatjahr" einlegen. Leonardo Boff erhielt ein zeitweises Schweigegebot. Aber es reicht auch bis zur Exkommunikation wie im Fall von Balasuriya oder bis zum Entzug der Lehrbefugnis. Andererseits hat etwa der Innsbrucker Liturgiewissenschaftler Messner 2000 die Notificatio postwendend akzeptiert und konnte seine Lehrtätigkeit unmittelbar fortsetzen.

Das Dikasterium wird auch gefragt, bevor Personen leitende oder lehrende Aufgaben in der Kirche übernehmen oder Auszeichnungen erhalten sollen. Auch diese Überprüfung erfolgt in „Zusammenarbeit" mit den Bischöfen und Bischofskonferenzen (PE 72,2). Sowohl das

Bischofs- wie auch das Bildungs-Dikasterium schalten die Glaubensbehörde bei der Findung von Bischöfen oder der Erteilung der kirchlichen Lehrbefugnis für Theologie-Professoren ein. Sie sichtet die Publikationsliste, die bei künftigen Professoren lang, bei Bischöfen in spe dagegen häufig kurz ist. Zudem überprüft die Disziplinarsektion, ob ein Kandidat in ihrem Bereich auffällig geworden ist. Die meisten „*Nihil obstat*"-Anfragen – zuletzt (2020) waren es rund 3.000 – werden positiv beantwortet, in ein bis zwei Prozent wird das Einverständnis nicht erteilt. In der Hälfte der Problemfälle würden bestehende Fragen im Gespräch gelöst.

Den Glauben fördern: Dokumente, Erklärungen, Antworten

Das Dikasterium soll den Glauben schützen, aber auch fördern, bekräftigt die neue Kurienordnung. Sie will ihn vertiefen und weiterentwickeln, und aus ihm heraus Antworten auf neue Entwicklungen und Herausforderungen der Zeit geben. „Die Sektion für die Lehre fördert und unterstützt das Studium und die Reflexion über das Verständnis des Glaubens und der Moral sowie über die Entwicklung der Theologie in verschiedenen Kulturen im Lichte der rechten Lehre und der Herausforderungen der Zeit", heißt es (PE 71). Sie möchte „im Lichte des Glaubens auf Fragen und Argumentationsweisen [...] antworten, die sich aus dem Fortschritt der Wissenschaft und der Entwicklung der Zivilisationen ergeben".

Diese Förderung geschieht durch Kongresse und Symposien, durch Besuchs- und Vortragsreisen des Präfekten oder des Sekretärs zu Regional- oder Kontinentalversammlungen der nationalen Glaubenskommissionen. Vor allem aber geschieht das durch Dokumente und Erklärungen, die die erste Sektion zu unterschiedlichsten Themen veröffentlicht – mitunter (wie oben genannt) als Klarstellung bei abweichenden Positionen. Seit dem Konzil erschienen mehr als 100 Texte. Da ging es etwa um das „Papsttum im 1. Jahrtausend" oder die Befreiungstheologie, um die Sakramentenlehre, die Evolutionslehre, die Embryonenforschung und die Gen-Technologie.

Unter Franziskus trat die Kongregation hier zunächst kaum in Erscheinung, aber ab 2016 gab sie wieder eine Reihe von Dokumenten heraus. Für Aufmerksamkeit sorgte 2018 ein Text zur Ethik im Finanzwirtschaftssystem.

Dann änderte die Behörde im Auftrag des Papstes den Passus des Katechismus zur Todesstrafe: Sie sei „unzulässig", und die Kirche setze sich entschieden für deren weltweite Abschaffung ein (2.8.2018). Im Brief „*Samaritanus bonus*" (22.9.2020) bekräftigte sie die Ablehnung jeder Form von Euthanasie und Beihilfe zum Selbstmord. Den Kliniken eines belgischen Ordens, die eine aktive Sterbehilfe für psychisch Kranke nicht ausschließen wollten, untersagte sie die Bezeichnung „katholisch". Später äußerte sich die Behörde auch zur ethischen Vertretbarkeit bestimmter Impfstoffe gegen Corona. Schließlich bestätigte der Papst die breitere Mitwirkung von Frauen in der Liturgie in einem Brief an diese Behörde.

Die Förderung des Glaubens und die Klärung offener Fragen erfolgt durch viele direkte Kontakte mit Bischöfen. Bei den alle fünf bis sieben Jahre fälligen *Ad-limina*-Besuchen ist eine Unterredung im Glaubens-Dikasterium obligatorisch. Zudem kommen die Vorsitzenden etlicher großer Bischofskonferenzen ein- bis zweimal pro Jahr zu Beratungen nach Rom. Vieles geschieht aber auch im schriftlichen Kontakt. Nach eigenem Bekunden versucht das Dikasterium möglichst positiv zu antworten, auf den Fragesteller einzugehen und Vorschläge nicht abrupt abzulehnen. Aber das hängt auch vom jeweiligen Sachbearbeiter und seinem Temperament ab. Und wie das beim Empfänger ankommt, ist mitunter eine andere Frage.

Und natürlich stehen die Internationale Theologenkommission sowie die Bibelkommission, die beide dem Dikasterium angegliedert sind, im Dienst der „Förderung" des Glaubens. Sie sind „Thinktanks" der Glaubensbehörde und des Vatikan, Experten- und Beratergremien. Sie leisten theologische Forschungsarbeit und betreten auch neues Terrain. Sie sollen den Glauben für den Menschen von heute so übersetzen, dass er heute verstanden werden kann. Die Kommissionen genießen wissenschaftliche Freiheit und Unabhängigkeit, sind freilich kein offizielles Lehrorgan. Ihre Beratungsergebnisse werden in der Regel als Buch im Verlag der Gregoriana-Universität veröffentlicht.

Neu zur Abteilung gehört seit Februar 2022 die zuvor eigenständige „Sektion III" für Spezialfälle der Eheauflösungen nach dem sog. „*Privilegium Petrinum*" – aufgrund des Vorrangs des Glaubens (*in favorem*

Fidei) (PE 74). Wenn etwa ein Getaufter eine Nichtchristin geheiratet hat und nach Auseinanderbrechen dieser Ehe eine Katholikin heiraten oder eine bereits zivil geschlossene Ehe regulieren möchte, kann er sich hierher wenden.

In solchen Fällen kann der Papst die vorausgegangene Ehe durch einen Gnadenakt auflösen. Es handelte sich zwar um eine gültige Ehe, die aber nicht sakramental geschlossen wurde, da ein Partner nicht getauft war. Die Behörde überprüft die Dokumentenlage. Die meisten Anträge werden positiv beantwortet, 2020 waren es 379 der 440 Fälle.

Sektion für die Disziplin – Oberstes Gericht für besondere Glaubensfragen

Die Sektion für Disziplinarfragen ist inzwischen die größere der beiden Abteilungen der Glaubensbehörde – was die Zahl der Mitarbeiter wie der zu bearbeitenden Fälle betrifft. Ihr Arbeitsvolumen war in den letzten Jahren so gewachsen, dass mitunter Kollegen aus der Lehr-Sektion zur Abarbeitung des Überhangs herangezogen wurden. Auch deshalb wollte der Papst die beiden Bereiche strikter trennen.

Die Kongregation ist das Oberste Apostolische Gericht für die katholische Kirche in besonderen Glaubensfragen (PE 76).

Die zweite Sektion behandelt – nach Anhörung des betreffenden Ortsbischofs oder der Bischofskonferenz – Straftaten gegen den Glauben und erklärt oder verhängt kanonische Sanktionen. Seit 2001 ist sie zudem für besonders schwere Straftaten (*delicta graviora*) gegen Moral und Sakramente zuständig – einschließlich sexuellem Missbrauch. Die Normen für diese Delikte wurden Ende 2021 in einem Dekret vor dem Hintergrund des neuen Strafrechts präzisiert und verschärft. Es gehe dabei auch um Vertrauen in die Kirche; denn die Behörde zeige damit, dass in der Kirche keine Straflosigkeit herrscht, hob Präfekt Ladaria hervor.

Bei der Disziplinar-Sektion trafen im Jahr 2020 873 neue Vorgänge ein, deutlich mehr als im Jahr zuvor (779). 55 betrafen Delikte gegen den Glauben: Apostasie (Glaubensabfall), Häresie (Irrlehre) und Schisma (Glaubensspaltung). Dabei ging es um die direkte Aussöhnung einer Person oder einer Gruppe mit der Kirche, aber auch um

Fälle, in denen Bischöfe um Rat bei bestimmten Vorgängen in ihren Diözesen baten.

Das Gros der neuen Vorgänge behandelte „*delicta graviora*" gegen Moral und Sakramente. Darunter waren ein knappes Dutzend Verstöße gegen die Eucharistie und ca. 50 Vergehen gegen das Bußsakrament, etwa die Absolution von Komplizen, mit denen man sich sexuell vergangen hat. Aber in den allermeisten Fällen ging es um sexuellen Missbrauch durch Kleriker an Minderjährigen. Dabei setzt die Kirche die Altersgrenze auf 18 Jahre. Für Missbrauch von Behinderten gilt keine Altersbeschränkung. Die Verjährung – es gelten 20 Jahre, beginnend mit dem 18. Geburtstag des Opfers – kann in schweren Fällen aufgehoben werden.

Seit 2001 müssen die Ortskirchen alle Missbrauchsfälle nach Rom melden; das soll mögliches Vertuschen vor Ort verhindern. Die Untersuchungen selbst samt den Kontakten mit Tätern und Opfern werden in den Diözesen geführt. Rom begleitet diese Verwaltungsverfahren und prüft dann die Entscheidungen. Die Gerichte handeln und entscheiden unabhängig.

Seit 2001 trafen dazu in der Behörde ca. 10.000 Fälle von Missbrauchsvergehen ein, davon viele Vorgänge aus den 1960er- und 1970er-Jahren. Zuletzt waren in der Abteilung rund 4.500 Akten in Bearbeitung. Der jüngste Anstieg ergab sich auch daraus, dass mancher neue Bischof beim Amtsantritt die Personalakten seines Klerus durchforstet, um sich nicht selbst dem Verdacht der Vertuschung auszusetzen.

Nur bei einem geringen Teil der Missbrauchsfälle liegt nach Vatikan-Einschätzung echte Pädophilie vor, also Vergehen an Kindern, die noch nicht sexuell entwickelt sind. In rund 30 Prozent handelt es sich um Vergehen gegenüber sexualreifen Mädchen (in Lateinamerika ist dieser Anteil höher). Den größten Teil machen Vergehen an Jungen jenseits der Pubertät aus – Ephebophilie.

Gegen die Entscheidungen der Disziplinarsektion sind Einsprüche möglich – und diese nahmen die „*Feria quarta*" der Kardinäle zunehmend in Beschlag. Um sie zu entlasten, wurde 2014 eine aus (zuletzt 10) Kardinälen und Bischöfen bestehende Untergruppe eingerichtet, die diese Einsprüche überprüft und Entscheidungen treffen kann. Für Untersuchungen gegen Bischöfe bleibt freilich die Kardinals-Sitzung direkt zuständig. Verfahren gegen katholische Laien werden komplett in den Ortskirchen durchgeführt.

Im Februar 2019 hatte Franziskus zu einem Anti-Missbrauchs-Gipfel nach Rom eingeladen, um die Weltkirche für diese Plage zu sensibilisieren, ein einheitliches Vorgehen durchzusetzen und effiziente Präventionen anzuregen. In der Folge sind etliche Direktiven und differenzierte Normen erlassen worden: Eine mit Experten unterschiedlicher Disziplinen besetzte „Task force" wurde eingerichtet; das „Päpstliche Geheimnis", mit dem man eine Auskunftsverweigerung gegenüber staatlichen Instanzen begründen konnte, wurde von Franziskus für Anzeigen, Prozesse und Entscheidungen bei Missbrauchsfällen aufgehoben (Dezember 2019); ein von der Kongregation erstelltes „Vademecum", ein juristischer Leitfaden (Juli 2020, und zwei Jahre später aktualisiert) legt Schritt für Schritt die Verfahrenswege bei sexuellen Vergehen von Klerikern an Minderjährigen dar – vom ersten Verdachtsmoment bis zum Urteil. Der Anti-Missbrauchs-Gipfel von 2019 habe das Bewusstsein für diese Verbrechen gesteigert, hieß es; aber immer noch setzt sich diese Erkenntnis in manchen Ortskirchen nur mit Verzögerung durch.

Die schwerste und bei sexuellem Missbrauch häufigste Kirchenstrafe ist die Entlassung aus dem Klerikerstand, früher Laisierung genannt. Wenn ein mutmaßlicher Täter von sich aus bei der Glaubensbehörde um einen solchen Dispens bittet, wertet sie das als Schuldeingeständnis. Die Folgen sind die gleichen: Der Betreffende ist nicht mehr Priester und hat keinerlei Ansprüche mehr an die Kirche. Für leichtere Fälle sieht das Kirchenrecht eine Einschränkung des Einsatzbereichs vor, um Begegnungen mit Kindern und Jugendlichen zu unterbinden, etwa durch Versetzung in ein Archiv oder Altenheim. Weitere mögliche Maßnahmen sind das Verbot, Klerikerkleidung zu tragen, das Verbot von priesterlichen Tätigkeiten in der Öffentlichkeit, oder deren komplette Untersagung. Aber auch Wallfahrten und Gebete gelten in leichteren Fällen als Bußauflagen.

Bislang war die Disziplinar-Sektion auch für übernatürliche Phänomene, für vermeintliche Erscheinungen, Visionen, Magie, Spiritismus oder Pseudo-Mystizismen zuständig. Im Jahr 2017 untersuchte sie 30 solcher Fälle. 2018 übertrug die Kongregation diesen Bereich der ersten Sektion, da er meist theologische Fragen berühre. Zuletzt ging es dabei um den Wallfahrtsort Medjugorje in Herzegowina, wo seit 1981 angeblich sechs Seher in regelmäßigen Marienvisionen himmlische Botschaften erhalten. Papst Franziskus setzte eine Prüfkommission ein und ernannte einen Sonderbeauftragten, um den dortigen Pilgerbetrieb in geordnete Bahnen zu lenken. Zu den übernatürlichen Phänomenen selbst lehnt der Papst bislang ein Urteil ab.

Päpstliche Kommission für den Schutz der Minderjährigen

Mit der neuen Kurien-Ordnung (PE 78) wurde der Glaubenskongregation die Päpstliche Kommission für den Schutz der Minderjährigen angegliedert. Für die 2014 gegründete und vom Bostoner Kardinal O'Malley geleitete Einrichtung bedeutet dies eine Aufwertung; bislang gehörte sie zu den nachgeordneten „Institutionen des Heiligen Stuhls".

Ihr Ziel ist es, weltweit für den Schutz von Kindern und schutzbedürftigen Personen zu sensibilisieren und geeignete Kontroll-, Präventions- und Aufarbeitungsmaßnahmen zu entwickeln und zu verbreiten. Dem Gremium gehören Psychotherapeuten, Sozialarbeiter, Theologen, Juristen – und Missbrauchsopfer an. Es hat keine Jurisdiktionsfunktion, sondern dient im Wesentlichen der Beratung.

Dikasterium für den Dienst der Nächstenliebe

Der verlängerte karitative Arm des Papstes (PE 79-81)

Es galt als starkes Signal des Papstes, dass er mit der Kurienreform das „Amt des Almosenpflegers" zum **„Dikasterium für den Dienst der Nächsteliebe"** hochstufte, auch „Päpstlicher Wohltätigkeitsdienst" genannt. Und es geht über eine reine Symbolik hinaus, dass er es gleich an die dritte Stelle seiner obersten Behörden setzte. Bislang gehörte das Almosenamt zu den nachgeordneten, „mit dem Heiligen Stuhl verbundenen Institutionen"; es stand dort in einer Reihe mit Vatikanischer Bibliothek, Archiv, Dombauhütte oder Finanzinformation. Franziskus wollte auch in der Struktur seines Leitungs-Apparats die Prioritäten seines Dienstamtes deutlich machen: Ausbreitung des Glaubens (Evangelisierung), Förderung und Schutz des Glaubens, tätige Nächstenliebe.

Bereits vier Monate nach seinem Amtsantritt hatte Franziskus seine Caritasarbeit gestärkt – und seither häufig in die Schlagzeilen gebracht. Der Leiter dieser Stelle hatte traditionell den Rang eines Erzbischofs, gehört zur Päpstlichen Familie und zählt bei wichtigen Zeremonien im Petersdom zur direkten Begleitung des Pontifex. Aber anstelle eines altverdienten Würdenträgers, der das Amt vom Schreibtisch aus leitete, suchte Franziskus nun einen kreativen Macher, der selbst an die Peripherien und die sozialen Brennpunkte geht. Er entschied sich für den damals 49-jährigen polnischen Geistlichen Krajewski, der zuvor im Amt für die päpstlichen Zeremonien tätig war, und machte ihn bald sogar zum Kardinal. „Du musst mein verlängerter Arm sein und Gaben zu den Armen und den Letzten in dieser Stadt bringen", soll ihn der Papst beauftragt haben.

Seither fährt Krajewski am liebsten selbst mit seinem Kombi in die Armenzonen Roms, bringt Bedürftigen Lebensmittel, bezahlt schon mal ihre Stromrechnung – und macht so die Solidarität des Papstes mit dessen Bistum sichtbar und greifbar. Er richtete am Petersplatz Duschen für Obdachlose ein, organisiert für sie Friseurtermine, Medikamente und ärztliche Hilfe. 2019 baute er in unmittelbarer Vatikan-Nähe ein früheres Frauenkloster zu einer Obdachlosenunterkunft für bis zu 50 Übernachtungsgäste um.

Krajewski hofft, dass die neuen Einrichtungen den Gestrandeten helfen, das Stigma abzustreifen, wieder ins Leben zu finden, einen Job zu bekommen. Die meisten hier hatten mal eine ganz normale Biografie, waren vielleicht Büroangestellte oder Handwerker, meinte er in einem Interview.

Notfalls legte sich der Almosenmeister des Papstes auch mit italienischen Behörden an, als er in einem Armenhaus das von der Stadtverwaltung abgeklemmte Stromkabel eigenhändig wieder anschloss. Italienische Medien feierten ihn als vatikanischen „Robin Hood" und „Stromrebellen". – Oder als er im Corona-Lockdown entgegen behördlichem und kirchlichem Verbot persönlich seine Kardinalskirche Santa Maria Immacolata all'Esquilino aufsperrte. Sie liegt nahe am Hauptbahnhof Termini, wo viele Obdachlose leben. „Unter voller Berücksichtigung der Sicherheitsnormen ist es mein Recht, den Armen eine offene Kirche zu bieten." So könnten „die Armen das Eucharistiesakrament anbeten, das in dieser Zeit großer Schwierigkeiten der ganzen Welt Trost gibt", sagte er damals.

Der päpstliche Wohltätigkeitsdienst gehört zu den ältesten Einrichtungen der Kirche. In den ersten Jahrhunderten war er direkte Aufgabe der Diakone, später wurde er von Mitgliedern der päpstlichen Familie ausgeübt. Als festes Amt mit hierarchischer Würde ist er seit Innozenz III. (1198-1216) belegt.

Laut der jüngsten Kurienkonstitution soll das jüngste vatikanische Dikasterium die Verbundenheit und Nähe des Papstes gegenüber denen konkret machen, die in Not, Ausgrenzung oder Armut leben, oder die Opfer von schweren Katastrophen wurden (PE 80). Es versteht sich als Ausdruck der Barmherzigkeit, setzt die Option für die Armen, Schwachen und Ausgeschlossenen um, und leistet ihnen – in Abstimmung mit anderen zuständigen Dikasterien, etwa dem für Entwicklung – in allen Teilen der Welt Hilfe und Unterstützung im Namen des Papstes (PE 79).

Dazu ist die Behörde berechtigt, „freie Spenden für die Werke der Nächstenliebe, die der Papst gegenüber den Bedürftigen ausübt, entgegenzunehmen, zu suchen und zu erbitten" (PE 81,1). Und sie hat die Befugnis, den „Apostolischen Segen durch ordnungsgemäß beglaubigte Urkunden auf Pergamentpapier zu erteilen" (PE 81,2).

„Dein Konto steht gut, wenn es leer ist"

Im Dikasterium für den Dienst der Nächstenliebe sind rund 30 Mitarbeiter tätig. Sie bearbeiten schriftliche Hilfsanträge für konkrete Notfälle. Diese müssen den Stempel der jeweiligen Pfarrgemeinde tragen. Bei positivem Entscheid schicken sie einen kleinen Scheck an den Pfarrer, der das Geld dann weitergibt. 2021 gingen an 12.412 Bittsteller insgesamt 6,4 Mio Euro.

Diese Ausgaben bestreitet das Almosenbüro aus Spenden – und auch mit der obengenannten Ausstellung päpstlicher Segensdokumente. Solche Pergamente können beantragt werden (auch online) für Taufe, Erstkommunion, Hochzeit, für Priesterweihe oder Ordensprofess, für Jubiläen und runde Geburtstage. Je nach Aufmachung kosten die Urkunden zwischen 18 und 26 Euro; hinzukommen Versandkosten mit DHL-Express, je nach Bestimmungsort außerhalb Italiens zwischen 18 und 30 Euro. Das Amt versichert, dass „abzüglich der Kosten für die Ausstellung und den Versand der gesamte Betrag den karitativen Tätigkeiten zugutekommt, die das Amt im Namen des Papstes zugunsten der Armen ausübt".

Vertrieb und Handel mit diesen päpstlichen Segensformularen waren zuletzt nicht unumstritten. Leo XXIII. (1878-1903) hatte den Verkauf solcher Papst-Grüße zum Zwecke der Wohltätigkeit gestattet und ausgesuchten Händlern unter strengen Auflagen überlassen. In den Souvenir- und Devotionaliengeschäften rund um den Petersplatz konnte man – nach Vorlage bestimmter Nachweise – die mitunter kunstvoll gestalteten Segenswünsche, meist mit dem Bild des Papstes erwerben, zuletzt zum Preis von 8 bis 50 Euro. Eine festgelegte Summe zwischen 3 und 5 Euro floss an das Almosenamt, der Rest ging für Material, Kunstschreiber, Vertrieb und Porto drauf – und ermöglichte auch offensichtlich einen Profit.

Franziskus holte den „Handel mit dem Segen" aus dieser Grauzone. Zum 31.12.2014 entzog er den rund 50 Vertragshändlern die Konzession für die Erstellung und Verbreitung dieser Formulare. Italienische Medien hatten damals die reinen Sach- und Arbeitskosten für die Händler mit rund 10 Euro beziffert – was bei einer Auflagenhöhe von rund 340.000 verkauften Exemplaren im Jahr 2013 (es war das Jahr des Pontifikatswechsels) eine beachtliche Gewinnspanne erahnen ließ.

Seither sind die Dokumente nur noch direkt im Almosenamt nahe dem vatikanischen Sant'Anna-Tor erhältlich. 2021 wurden 115.969 solcher Segens-Urkunden ausgestellt. Die Pergamente werden von Ordensfrauen in Klausurklöstern angefertigt. Der Erlös fließt seither unmittelbar der Armenfürsorge zu. – Dass mancher hier dennoch ein Geschäft versucht, zeigte Ende 2015 eine italienische Schlagzeile: „Polizei beschlagnahmt 3.500 gefälschte Papstsegen".

Freilich legt Papst Franziskus Wert darauf, dass sein Almosenpfleger seine Einnahmen möglichst rasch an Arme und Bedürftige verteilt. „Dein Konto steht gut, wenn es leer ist und wenn das Lager geräumt ist. Dann kann man es auffüllen", verriet Krajewski einmal eine Order des Papstes.

Und Bedarf gibt es reichlich. Der Almosenier tut einen Dienst, den der Papst einmal für die Kirche als „Feldlazarett" einmahnte. Er organisiert mit seinen Helfern regelmäßig Essensausgaben an Bedürftige am römischen Bahnhof Termini. Oft steht der Kardinal selbst – meist in schwarzer Windjacke – am Tresen, verteilt Pasta oder Panini. Aber er organisiert für seine Bedürftigen im Sommer auch Ausflüge ans nahe Meer – mit anschließendem Pizza-Essen. Er führt sie durch die vatikanischen Museen, in den Zirkus oder ins Theater. Und auch in der Corona-Pandemie erwies sich der Almosenmeister als medialer Aktivposten: Er sorgte dafür, dass von den ersten Impfstoff-Lieferungen an den Vatikan 1.500 Dosen an Bedürftige verabreicht wurden. Als kurz später zwei römische Frauenklöster unter Quarantäne gestellt wurden, brachte er ihnen Frischmilch und Joghurt von päpstlichen Bauernhöfen vorbei. Das sei ein „Zeichen der Nähe und Zuneigung in dieser Zeit der Prüfung", hieß es in einer Mitteilung des Almosenamtes.

Dann verteilt das Almosenamt an Obdachlose in den Wintermonaten Schlafsäcke. Bei einem anhaltenden Regenwetter gab es 300 Regenschirme für Clochards aus, die von Besuchern der Vatikan-Museen liegengeblieben waren. Mehrfach organisierte Krajewski bereits eine Lotterie, bei der Geschenke an den Papst verlost wurden: Von der Kaffeemaschine über den Montblanc-Stift aus einer Sonderedition bis zum Opel-Kleinwagen. 2017 kostete ein Los zehn Euro; verkauft wurden einige Zehntausend.

Vor dieser Aufgabe war der aus Lodz stammende promovierte Liturgiewissenschaftler Krajewski im Amt für die päpstlichen Zeremonien tätig. In dieser Funktion begleitete er Papst Johannes Paul II. in dessen Todesstunde. Auch unter Benedikt XVI. assistierte er bei den Papst-Gottesdiensten – in Rom und im Ausland. Er gehörte zur offiziellen Begleitung bei dessen ersten Deutschlandbesuch 2005 zum Kölner Weltjugendtag, und wenig später in seiner polnischen Heimat.

Als Almosenmeister des Papstes ist Krajewski nicht nur in Rom im Einsatz. Er bringt persönlich vatikanische Hilfsgüter und die Solidarität des Papstes in Krisengebiete. Sofort nach dem russischen Einmarsch entsandte Franziskus ihn im März 2022 in die Ukraine. Er besuchte Geflüchtete und Helfer, traf in Lemberg den griechisch-katholischen Großerzbischof Schewtschuk – und telefonierte mit ihm gemeinsam mit dem Papst. Zuvor hatte er bereits in Bangui, der Hauptstadt der Zentralafrikanischen Republik, eine vom Papst angeregte Kinderklinik eröffnet.

Aber zu den Aufgaben des päpstlichen Almosenmeisters gehören auch traurige Pflichten, wenn er das Requiem für einen Obdachlosen feiert, der im Winter in Vatikannähe erfroren ist.

Wie jeder Kurienkardinal musste auch Krajewski in der vatikanischen Zentrale weitere Aufgaben und Verpflichtungen übernehmen. Und auch hier zeigte sich Papst Franziskus überraschend kreativ: Er entsandte seinen Almosenmeister 2020 in die zuständige Kardinalskommission – und damit in den Aufsichtsrat – der Vatikanbank IOR.

Dikasterium für die Orientalischen Kirchen

Reichtum in Verschiedenheit – Nicht wirklich katholisch ohne das Erbe der Ostkirchen
(PE 82-87)

Etwas abseits der großen Kurien-Gebäude am Petersplatz, einige Schritte in Richtung Engelsburg hat im Palazzo del Bramante das „**Dikasterium für die Orientalischen Kirchen**" seinen Sitz. Von dem einstigen Renaissance-Palast ist nichts mehr erhalten, seit Mussolini hier in den 1930er-Jahren eine breite Schneise für seine „Straße der Versöhnung", die Via della Conciliazione, schlagen ließ. Nur eine Tafel im Eingang des Nachbaus erinnert daran, dass an dieser Stelle das Haus von Donato Bramante, dem ersten Baumeister des neuen Petersdoms, stand, und dass hier der Maler Raffael seine letzten Lebensjahre verbrachte und am 6. April 1520 verstarb.

In dem Palazzo koordiniert der Vatikan die Arbeit für einen katholischen Sonderbereich: Für die mit Rom verbundenen Orientalischen Kirchen, früher auch (etwas unglücklich) als „Unierte" bezeichnet, die in Theologie und Liturgie östlichen Traditionen und Riten folgen, ihre eigenen alten Sprachen benutzen, in Gemeinschaft mit dem Papst stehen – und manche Eigenständigkeit und Sonderrechte genießen.

Die Behörde wurde erst 1917 von Benedikt XV. gegründet, zunächst als „Kongregation für die Orientalische Kirche" (Singular!). Allerdings hatte es im 16. Jahrhundert bereits eine „*congregatio de rebus Graecorum*" – für Belange der Griechen – gegeben, die später in die Missionskongregation einging. Aufgabe des Dikasteriums ist es, den Kontakt zu den verschiedenen katholischen Ostkirchen zu unterhalten, ihr Wachsen zu fördern, ihre Rechte zu sichern, ihre Eigenständigkeit zu respektieren und das reiche Erbe ihrer orientalischen christlichen Traditionen lebendig und vollständig zu erhalten – auch gegenüber einem latenten Latinisierungsdruck.

Das ist eine anspruchsvolle, ja existentielle Aufgabe. Die katholischen Ostchristen standen und stehen – ebenso wie ihre orthodoxen Glaubensgenossen – in ihren Stammländern unter teilweise dramatischem Druck und verlassen in einigen Gebieten in hohen Zahlen ihre Heimat. In der Türkei ist die Präsenz der Christen ab dem Ersten Weltkrieg von 30 Prozent auf heute 0,2 Prozent geschrumpft. Im Heiligen Land leiden sie in besonderer Weise unter den sozio-politischen Folgen des israelisch-palästinensischen Konflikts. In Syrien und Irak, wo sie lange als politischer Stabilitäts-Faktor galten, wurde ihnen in Dauerkonflikten, Kriegen und unter islamistischem Terror ein enormer Blutzoll abverlangt. Im Irak sank die Christenzahl in den letzten 20 Jahren von 1,5 Millionen auf offiziell 560.000 – oder noch weiter. Das „tragische Verschwinden der Jünger Christi" im ganzen Nahen Osten sei ein unermesslicher Schaden für die ganze Gesellschaft, beklagte Franziskus bei seinem historischen Besuch 2021 in den Ruinen der einstigen IS-Hochburg Mossul.

Ob der Christen-Exodus aus dieser Region irreversibel ist, dazu gibt es auch unter hohen Kirchenvertretern unterschiedliche Einschätzungen. Allerdings legte die Weltbischofssynode für Nahost 2010 Wert darauf, diese Ortskirchen nicht unter dem Schlüssel der „Minderheit" zu betrachten, sondern unter dem ihrer „uralten und dauerhaften Präsenz". Auf jeden Fall suchen aber immer mehr ostkirchliche Gläubige in Europa, Nord- und Lateinamerika oder Australien eine neue – auch geistliche – Heimat. Das stellt den Vatikan und seine Ostkirchen-Behörde vor neue Aufgaben.

Zwei Prozent der Universalkirche

Das Dikasterium ist für die 22 katholischen Ostkirchen mit rund 23 Millionen Mitgliedern zuständig, etwa zwei Prozent der katholischen Weltkirche. Diese Kirchen sind allesamt auf der globalen Ebene mehr oder weniger stark synodal organisiert und unterscheiden sich dadurch zum Teil erheblich von der „lateinischen" (römisch-katholischen) Kirche. Im Laufe der Jahrhunderte trennten sich orientalische Christen von ihren bisherigen Kirchen – oft in einem schmerzhaften Spaltungsprozess, oft unter Beeinflussung durch „westliche" Missionare bzw. durch römisches Werben, wobei mitunter auch politische und kulturelle Faktoren eine Rolle spielten. Zu den meisten orthodoxen und orientalischen Kirchen gibt es ein katholisches Pendant. Die katholischen Ostkirchen richten sich mit ihren Festen bis heute zum Teil – wie die orthodoxen und die orientalisch-orthodoxen Kirchen – nach dem julianischen oder dem neu-julianischen Kalender, der etwa Weihnachten am 7. Januar feiert. Ihre Belange werden durch ein eigenes Kirchenrecht, den ostkirchlichen Rechtskodex CCEO aus dem Jahre 1990, geregelt, für die übrige Kirche gilt der CIC von 1983. In der katholischen Kirche besteht damit eine gewisse Rechtspluralität. Die Synoden der Ostkirchen können ihre Bischöfe vielfach in Eigenregie wählen, sie genießen eine breite Autonomie in Kirchendisziplin und Verwaltung. Insbesondere den Oberhäuptern der alten Patriarchalkirchen solle zunehmend mehr Eigenständigkeit bei „Angelegenheiten der inneren Regierung" überlassen werden (PE 82). Und anders als in den Kirchen des Westens gilt bei ihnen die Zölibatspflicht nur für Bischöfe und Ordensleute, nicht aber für normale Gemeindepriester. – Ein Vergleich, der in den aktuellen Diskussionen um eine Zölibatspflicht immer wieder bemüht wird.

Allerdings waren manche dieser Sonderrechte lange Zeit nur auf die „Territorien" beschränkt, in denen „die orientalischen Riten seit alter Zeit vorherrschen" (PE 86). De facto auf das Gebiet des ehemaligen Osmanischen Reiches mit Libanon, Syrien, Jordanien, Israel, Palästina, Ägypten, Türkei, Griechenland, Bulgarien, Irak, Iran und Zypern, dazu auch Nordäthiopien, Eritrea und Osteuropa. Für die Gemeinden in der Diaspora, auch für die katholischen Ostkirchen in Indien gelten und galten einige dieser Sondernormen nicht. Ein Grund: In der Vergangenheit hatten sie wiederholt unter den westlichen Glaubensbrüdern für Irritationen gesorgt und böses Blut erzeugt.

Als Ende des 19. Jahrhunderts Tausende „unierte" Ruthenen aus ihren osteuropäischen Stammlanden in die USA auswanderten, kamen auch deren verheiratete Priester mit. Das verstörte die ortsansässigen Katholiken. Ihre Bischöfe protestierten in Rom, der Vatikan verbot 1890 verheirateten ruthenischen Geistlichen, sich in den USA niederzulassen. Das Verbot wurde später auf alle „Unierten" in Übersee ausgeweitet. Das Sonderrecht der ostkirchlichen Klerikerheirat sollte auf die „Territorien" beschränkt bleiben. Allerdings gab es schon immer Ausnahmegenehmigungen für Einzelfälle.

Drei Gruppen, fünf Riten

Aus dogmatischer Sicht lassen sich drei Kirchen-Gruppen unterscheiden:

- die **orientalisch-orthodoxe** Kirchenfamilie (auch „Altorientalen"), die sich nach dem Konzil von Chalcedon 451 von der Reichskirche trennte;
- die **Assyrische Kirche** des Ostens, die auf das Patriarchat von Seleukia-Ktesiphon (4.-8. Jh. am Tigris) zurückreicht und nach dem Konzil von Ephesus 431 eigene Wege ging;
- die **byzantinische Orthodoxie**, für die in den Geschichtsbüchern meist 1054 als Jahr der Trennung von Rom angegeben wird.

Liturgisch wird unterschieden in fünf Traditionen und Riten:
- Die **Alexandrinische Tradition** (das Patriarchat von Alexandrien gilt als Gründung des Evangelisten Markus, 42 n.Chr.). Dazu gehören die Koptisch-Orthodoxe Kirche, die Äthiopisch-Orthodoxe Kirche und die Eritreisch-Orthodoxe Kirche.

    In Gemeinschaft mit Rom stehen das Koptisch-Katholische Patriarchat von Alexandrien, die Äthiopisch-Katholische Metropolie von Addis Abeba und die Eritreisch-Katholische Metropolie von Asmara.
- Die **Antiochenische oder Westsyrische Tradition** (das Patriarchat von Antiochia gilt als Gründung des Apostels Petrus, 34 n.Chr.). Dazu gehören die Syrisch-Orthodoxe Kirche und die Malankarische Orthodox-Syrische Kirche (ein Teil der „Thomaschristen" in Indien).

    In Gemeinschaft mit Rom stehen das Maronitische Patriarchat mit Sitz in Bkerke bei Beirut, das in Beirut ansässige Syrisch-Katholische Patriarchat, sowie das Großerzbistum Trivandrum der Syro-Malankarischen Kirche im südindischen Kerala.
- Die **Armenische Tradition** (die Armenische Apostolische Kirche beruft sich auf Gründungen der Apostel Judas Thaddäus und Bartholomäus in der 2. Hälfe des 1. Jahrhunderts). Hierzu gehören das Armenische Katholikat von Etschmiadsin (Republik Armenien) und das von Kilikien (südliches Kleinasien).

    In Gemeinschaft mit Rom steht das Armenisch-Katholische Patriarchat von Kilikien, das seinen Sitz in Bzommar im Libanon hat.

- Die **Chaldäische oder Ostsyrische Tradition** (gilt als Gründung des Apostels Thomas). Hierzu zählen die Assyrische Kirche des Ostens (früher Nestorianer genannt) mit Sitz in Erbil (Nordirak) samt der Metropolie von Malabar und Ganz Indien, sowie die Alte Kirche des Ostens mit Sitz in Bagdad.

  In Gemeinschaft mit Rom steht das Chaldäische Patriarchat von Bagdad (bis 2022: Patriarchat von Babylon), sowie das Großerzbistum Ernakulam-Angamaly der Syro-Malabarischen Kirche im südindischen Kerala.

- Die **Östlich-Orthodoxe** (auch: **Konstantinopolitanische** oder **Byzantinische**) **Tradition** (Das Patriarchat von Konstantinopel beruft sich auf den Apostel Andreas). Zu ihr gehören 14 von allen anerkannte autokephale (unabhängige) Kirchen sowie die nur von einigen dieser Kirchen anerkannte autokephale Orthodoxe Kirche der Ukraine. Im Kreis der Oberhäupter dieser Kirchen stehen dem Patriarchen von Konstantinopel gewisse Privilegien zu. Traditionell sind diese Kirchen in Kirchengemeinschaft verbunden. (Im jüngsten Streit um die Autokephalie der Orthodoxen Kirche der Ukraine gibt es allerdings Risse in dieser Gemeinschaft – die sich freilich auch schon bei der Organisation des Panorthodoxen Konzils (2016) zeigten).

  In Gemeinschaft mit Rom befinden sich (laut ANP) 13 byzantinische Kirchen:
  - Die **Patriarchalkirche** der (griechisch-katholischen) Melkiten, in ganz Nahost beheimatet;
  - die **Großerzbistümer** der Ukrainer (Kiew-Halic) und der Rumänen (Fagaras und Alba Iuli);
  - die **Metropolitankirchen** der aus Galizien stammenden Ruthenen (mit Sitz in Pittsburgh/USA), der Slowaken und der Ungarn;
  - die **Kirchen** von Bulgarien, Griechenland, Kroatien und Serbien, Mazedonien, Russland und Harbin, Weißrussland, und von Italien.

Älteste katholische Ostkirche sind die Maroniten, die in der Kreuzfahrerzeit als Ganze die Union mit dem Papst schlossen – wobei umstritten ist, ob sie je von Rom getrennt waren. Jüngste ist die eritreisch-katholische Kirche, die sich im Januar 2015 im Zuge der politischen Entfremdung von der äthiopisch-katholischen Kirche löste.

Die zahlenmäßig größte katholische Ostkirche bilden die Ukrainer mit über sieben Millionen Mitgliedern. Ihre Kirche, die mit der Synode von Brest 1596 ihre Union mit Rom einleitete, wurde auf Drängen Stalins 1946 in der illegalen „Synode von Lemberg" von Rom getrennt und in die Orthodoxie zurückbeordert, bevor sie mit dem Ende der Sowjetunion wieder aus dem Untergrund stieg. Der Vatikan hat die seit Jahrzehnten vorgetragenen Gesuche der Ukrainer abgelehnt, ihre Kirche zum Patriarchat zu erheben – aus ökumenischer wie aus politischer Rücksichtnahme. Denn die Frage nach dem Status der griechisch-katholischen Ukrainer hat sich als Schwierigkeit im Verhältnis von Vatikan und Moskauer Patriarchat erwiesen – mit direkten Auswirkungen auf den Dialog mit der Orthodoxie insgesamt.

Vom Argwohn zur Wertschätzung

Lange Zeit waren die Traditionen, Privilegien und Sonderrechte der katholischen Ostkirchen den westlichen Teilkirchen ein Dorn im Auge. Sie galten als unbequeme und eher geduldete Ausnahme, ja als Fremdkörper. Überhaupt betrachtete man das ostkirchliche Erbe und die orientalischen Bräuche weniger als Reichtum denn als minderwertig gegenüber den lateinisch-abendländischen. Die Folge waren Argwohn und Misstrauen. Zeitweise waren die Ostchristen einem kräftigen Latinisierungsdruck ausgesetzt.

Spätestens das Zweite Vatikanische Konzil sorgte hier für eine neue Linie. Die katholische Kirche wurde sich ihres breiten theologischen, liturgischen und kulturellen Reichtums der Ostkirchen bewusst. Sie bekundete dem geistlichen Erbe der katholischen Ostkirchen höchste Wertschätzung und Respekt, sicherte ihm in der Universalkirche einen festen und ehrwürdigen Platz zu.

Papst Franziskus bekräftigte das zum 100. Gründungsjubiläum der Kongregation 2017: „Die Kirche von Rom wäre nicht wirklich katholisch ohne die unschätzbaren Reichtümer der Ostkirchen."

Bis zu solcher Wertschätzung war es freilich ein langer Weg. Vor der Gründung der Ostkirchenbehörde 1917 fiel dieser Bereich in die

Zuständigkeit der Missionskongregation. 1862 wurde dort eine Unterabteilung für Ostkirchenfragen gebildet. Bis zum Konzil war die Ostkirchenkongregation auch für den Kontakt zur Orthodoxie zuständig. Erst 1960 wurde für die Belange der Ökumene das Einheitssekretariat gegründet.

Freilich verbanden sich mit den katholischen Ostkirchen in der Vergangenheit unterschiedliche Interessen und Erwartungen. Der Uniatismus, der orthodoxe Christen oder Gemeinden durch intensive Missionsarbeit in die Einheit mit Rom „herüberholen" wollte, gilt längst als überholt. Das Zweite Vatikanum wollte die katholischen Ostchristen dann als Brücke zur Orthodoxie und den Orientalisch-Orthodoxen Kirchen sehen, die den Kontakt erleichtern und die Ökumene fördern sollte.

Allerdings blieb das weitgehend Wunschdenken. Teile der Orthodoxie betrachten die katholischen Ostkirchen weniger als Chance denn als Belastung für die Ökumene. Ein Vorbehalt, der insbesondere in den 1990er-Jahren nach dem Ende des Ostblocks wieder aufbrach und im kirchlichen Ost-West-Dialog eine längere Frostperiode auslöste.

Die Förderung der Ökumene und die Förderung der katholischen Ostkirchen erweisen sich oft als konkurrierende Interessen – mit Spannungspotential. Die katholischen Ostkirchen sind mitunter irritiert, wenn der Vatikan mit ausgesuchter Herzlichkeit orientalische Würdenträger empfängt, von denen sie selbst in der Heimat nicht immer nur freundlich behandelt werden. Vor diesem Hintergrund sind im Vatikan die Behörden für die Ostkirchen und für die Ökumene sowie die für den interreligiösen Dialog zur Zusammenarbeit „in gegenseitigem Einvernehmen" angehalten (PE 87). Das gilt gleichfalls für das Kultur-Bildungs-Dikasterium und den Kontakt zum (für politische Fragen zuständigen) Staatssekretariat, zumal die „Territorien" in einer politisch explosiven Weltregion liegen.

Kurie im Kleinen – transversale Kompetenzen

Für den Kontakt zu den katholischen Ostkirchen und für die vatikanische Betreuung ihrer Belange sorgt im Palazzo Bramante ein Stab von rund 30 Mitarbeitern. An der Spitze steht ein (Kardinal-)Präfekt, unterstützt von einem Sekretär (im Rang eines Erzbischofs), und einem Monsignore als Untersekretär. Die inhaltliche Kernarbeit leisten knapp 15 Referenten, allesamt Priester. In der Verwaltung sind auch sechs Frauen tätig, die sich etwa um das Stipendienwesen, um die Kollektenverteilung oder das Archiv kümmern. Dass der Präfekt bislang meist ein Lateiner war, sieht man nicht als Manko; im Gegenteil bedeute das eine gewisse Überparteilichkeit. Unter den Referenten sind unterdessen Geistliche verschiedener ostkirchlicher Traditionen.

Die Personaldecke der Behörde ist sehr dünn, zumal sie für ihre Kirchen und Gläubigen die Aufgaben (fast) aller Vatikan-Dikasterien erledigen muss. De facto stellt sie für die katholischen Ostkirchen eine „Kurie im Kleinen" dar.

Im Auftrag des Papstes ist sie für orientalische Bischofsernennungen zuständig, für die Struktur und Ordnung dieser Kirchen. Sie kümmert sich um Klerus und Ordensleute, um Liturgie und Bildungsfragen – allesamt Aufgaben, die für die Westkirche von eigenen Dikasterien begleitet werden. Nur die Dikasterien für die Glaubenslehre, für die Selig- und Heiligsprechungsprozesse und für die Gesetzestexte haben direkte Zuständigkeit auch bei den katholischen Ostkirchen, ebenso die drei kirchlichen Gerichtshöfe (PE 84,2). Und für Priester-Laisierungen im Osten ist – wie im Westen – eine Abteilung des Klerus-Dikasteriums zuständig.

Die Arbeit innerhalb des Dikasteriums ist nach Riten aufgeteilt. Jeder Sachbearbeiter hat die Zuständigkeit für eine oder mehrere der 22 katholischen Ostkirchen. Dazu kommen transversale Themen, etwa Liturgie, Kirchenrecht, Ökumene, interreligiöser Dialog oder die Ostkirchen-Hilfe. Die Bereiche werden den Referenten von den Oberen je nach Bedarf zugewiesen – und immer wieder verschoben. Natürlich hat die Behörde für die vielen Sachfragen auch externe Berater (ca. 50), die die römischen Mitarbeiter mit Expertisen unterstützen.

Den Löwenanteil der Arbeit macht die Vorbereitung von Bischofsernennungen aus. Freilich gelten hier unterschiedliche Regeln für die Territorien und die Diaspora. Maronitische Bischöfe für den Libanon, chaldäische für den Irak oder melkitische in Galiläa werden von der Patriarchal-Synode der jeweiligen Kirche gewählt und ernannt. Der Papst gibt anschließend seinen *„assenso"* – was nicht Ernennung oder Bestätigung bedeutet, sondern Zustimmung: Er macht sich die

Entscheidung der Synode zu eigen. Freilich kann der Papst seine Zustimmung auch verweigern, was jedoch sehr selten geschieht. Für die Diözesen (Exarchate) der katholischen Ostkirchen in der Diaspora ist dagegen generell der Papst zuständig. Als Besonderheit kommt hinzu, dass das Dikasterium auch Kompetenzen über die Lateiner in den „Territorien" hat, etwa für das Lateinische Patriarchat von Jerusalem.

Eine weitere Aufgabe gilt der Koordination von Vermögensfragen. Der Verkauf von Kirchengütern muss ab einer bestimmten Höhe vom Ostkirchen-Dikasterium genehmigt werden – für die westliche Kirche fällt diese „Rom-Grenze" (in Deutschland sind es fünf Millionen Euro) in die Zuständigkeit des Klerus-Dikasteriums. Freilich besteht im gesamten Nahen Osten für katholischen Kirchenbesitz ein generelles Verkaufsverbot. Papst Paul VI. hatte dies zunächst für Israel und Palästina verfügt. Es wurde später auf die übrigen Länder der Region erweitert und gilt dort bis heute für alle kirchlichen Immobilien, nicht nur für Gotteshäuser, sondern auch für Schulen und Gemeindezentren.

Dahinter steckt die Sorge, dass die Kirche unter politischem oder sozialem Druck oder durch unüberlegte oder undurchsichtige Aktionen ihre (materiellen) Grundlagen in der Region verlieren könnte. Welche Sprengkraft solche Vorgänge im spannungsgeladenen Nahen Osten haben können, zeigten jüngste Skandale im Orthodoxen Patriarchat von Jerusalem um umstrittene Immobilienverkäufe über Strohmänner an israelische Siedlerorganisationen. Sie führten zu Zerreißproben innerhalb der schrumpfenden Gemeinden.

Jüngst (Juni 2020) erteilte der Vatikan dem Lateinischen Patriarchat die Genehmigung für einen außerordentlichen Geländeverkauf bei Nazareth, um Schulden infolge der Gründung der katholischen Universität in Madaba (Jordanien) abzutragen.

Dann kümmert sich das Dikasterium um Ordensleute der Ostkirchen, um geistliche Gemeinschaften, um deren Konstitutionen, Dispensen oder auch um die Approbation von Regeln. Weiter muss es alle liturgischen Bücher überprüfen, die in den katholischen Ostkirchen benutzt werden. Aber promulgiert werden sie von den jeweiligen Ostkirchen selbst.

Ein weiteres wichtiges Aufgabenfeld ist der Bereich der Ausbildung, insbesondere des Klerus. Allein in Rom gibt es zehn Kollegien katholischer Ostkirchen: Für Maroniten, Armenier, Griechen, Äthiopier, Ukrainer etc. Sie unterstehen dem Dikasterium, die meisten sind auch finanziell von ihm abhängig. Das koordiniert zudem das ausgedehnte Stipendienwesen – zuletzt waren es rund 300 –, das insbesondere Doktorats- und Lizenziatsstudien von Priestern fördert. Die Ausbildung der Führungsebene für diese Kirchen ist existentiell, und Rom möchte sie angemessen unterstützen.

Auch das Schul- und Ausbildungswesen vor Ort gehört zu den großen Anliegen der Behörde: die christlichen Schulen in Jerusalem und anderen Städten der Region, vor allem auch die vom Brüderorden der Lasallianer getragene Universität Bethlehem.

Wenige Monate nach Errichtung der Kongregation wurde 1917 in Rom auch ein wissenschaftliches Lehr- und Forschungszentrum für Ostkirchen gegründet, das „Orientale". In diesem hochangesehenen, von den Jesuiten geleiteten Institut absolvieren jeweils rund 400 Studierende ein Aufbaustudium. Nicht nur Katholiken: Zu den Studenten gehörte auch der orthodoxe Patriarch Bartolomaios von Konstantinopel.

Von besonderer Bedeutung ist schließlich das Feld der *Assistenza*, der Hilfe und Unterstützung für die Kirchen in der Region. Den Grundstock liefert die Kollekte, die in fast der ganzen Weltkirche am Karfreitag für das Heilige Land gesammelt wird – in Deutschland bereits am Palmsonntag. 2019 erbrachte sie 19,8 Millionen US-Dollar, 2021 corona-bedingt 6,1 Millionen. Zwei Drittel gehen direkt an die Jerusalemer Kustodie der Franziskaner, ein Drittel verteilt das Dikasterium an die verschiedenen katholischen Kirchen im Nahen Osten. – Eine zweite finanzielle Säule bildet die Kollekte zum Weltmissionssonntag im Oktober. Sie wird vom Missions-Dikasterium gesammelt, ein Anteil von 4,85 Prozent geht an die Ostkirchenbehörde – aus Traditionsgründen: Die Missionsbehörde war (s.o.) lange Zeit auch für die Ostkirchen zuständig. Dieser Betrag, zuletzt rund 5 Millionen Euro, fließt insbesondere an neugegründete Diözesen oder Eparchien.

Einen dritten Assistenz-Bereich stellt die Versammlung der katholischen Ostkirchen-Hilfswerke ROACO dar, der 28 katholische Hilfsorganisationen angehören. Dazu zählen die Grabesritter, der deutsche Caritas-Verband, Misereor, Missio, Renovabis oder die Sternsinger. Und weiter der Deutsche Verein vom Heiligen Lande, „Kirche in Not" und aus der Schweiz die Kinderhilfe Bethlehem. Bei ihren im halbjährlichen Turnus stattfindenden Konferenzen legt das Dikasterium die ihm zugeleiteten Anträge für Hilfsprojekte (Kirchbauten, Schul- und Sozialhilfen, Stipendien) vor, oft bis zu 20 – und hofft, dass eines der ROACO-Mitglieder zugreift. Denn die ROACO selbst verfügt über keine eigenen Mittel.

Neue Aufgaben – Zukunft der Diaspora

Die jüngsten Konflikte in den christlichen Ursprungsländern von Nahost haben innerhalb kurzer Zeit die kirchliche Landschaft verändert. In Scharen flohen die Christen der Ostkirchen in die Nachbarländer, aber auch weiter nach Europa oder Übersee. Viele Bleibeappelle der Kirchenführer verhallten ungehört.

Auch wenn die Kämpfe abflauen und die Geflüchteten teilweise wieder zurückkehren konnten: Ein beachtlicher Teil denkt (noch) nicht an Rückkehr. Sie suchen im Ausland Sicherheit – und auch eine geistliche Heimat. Erleichtert wird dieser Schritt, wenn sie bereits Angehörige in Übersee haben.

Mancherorts können die Geflüchteten dort in katholische Ostkirchen-Strukturen eintreten, die bereits seit dem Ende des 19. Jahrhunderts in der Diaspora entstanden waren. Oder sie können versuchen, neue Gemeinden zu gründen. Freilich assimilieren sich nicht wenige Christen und finden Anschluss in einer örtlichen lateinischen Gemeinde.

Der Vatikan bestärkt und unterstützt die katholischen Ostchristen, auch in der Diaspora ihr orientalisches Erbe und ihre Traditionen zu bewahren. Er „sorgt für ihre geistlichen Bedürfnisse durch Visitatoren und, soweit möglich, auch durch eine eigene Hierarchie, wenn die Zahl der Gläubigen und die Umstände dies erfordern" (PE 85). In den letzten Jahren ist der Ausbau ostkirchlicher Strukturen mit der Errichtung neuer Exarchate in Bereichen der lateinischen Kirche (Europa, Amerika) deutlich vorangeschritten. Wo solche Strukturen bestehen, können die Ostkirchen inzwischen ihre liturgischen, rechtlichen und disziplinären Traditionen und Besonderheiten weitgehend beibehalten.

Für eine kleine Sensation hatte der Vatikan bereits vor einigen Jahren gesorgt – die zunächst fast ein Jahr lang unentdeckt blieb, weil sie nicht auf dem üblichen Weg publiziert wurde. Mit Datum vom 14. Juni 2014 gestattete der Papst den katholischen Ostkirchen, dass nicht nur in den „Territorien" verheiratete Männer zu Diakonen und Priestern geweiht werden können. Die Zölibatsbefreiung gilt seither auch für ihre Gemeinden in der Diaspora.

Freilich nicht überall. Die Erlaubnis zur Priester-Ehe besteht nur in Gebieten mit eigener ostkirchlicher Struktur: Nur dort, wo Metropolien oder Exarchate der Chaldäer, Maroniten, Melkiten oder Ukrainer in Amerika, Australien oder Europa mit eigenem Ordinarius bestehen. In München etwa gibt es ein eigenes Exarchat für die griechisch-katholischen Ukrainer in Deutschland und Skandinavien. In manchen Ländern ist ein lateinischer Ortsbischof zugleich auch Ordinarius für die orientalischen Katholiken seines Landes. Das gilt etwa für Österreich oder Frankreich, wo die Erzbischöfe von Wien oder Paris verheiratete Kandidaten dieser Kirchen zu Priestern weihen können.

In Gebieten, wo Katholiken des östlichen Ritus keine eigene Kirchenstruktur haben und von den lateinischen Ortsbischöfen mitbetreut werden (etwa in Deutschland, mit Ausnahme der Ukrainer) gilt diese Sonderreglung nicht. Zuständig bleibt dann das Ostkirchen-Dikasterium, das nach Abstimmung mit der jeweiligen Bischofskonferenz im Einzelfall entscheidet. – Allerdings ist das Nebeneinander mehrerer katholischer Bischöfe unterschiedlicher Riten in einer Stadt nicht unumstritten, weil es Verwirrung stiften kann: In Sydney oder Lemberg gibt es drei, in Beirut oder Jerusalem sogar sechs katholische Oberhirten.

In letzter Zeit gab es auch weitere Formen der Zusammenarbeit. Wiederholt traten Synoden katholischer Ostkirchen auf Einladung des Dikasteriums oder auch des Papstes zu wichtigen Konferenzen in Rom zusammen, auch zur Patriarchenwahl. Mitunter machte die Sicherheitslage eine Verlegung nach Rom sinnvoll. In manchen Fällen waren aber auch innerkirchliche Differenzen ausschlaggebend – etwa zwischen chaldäischen Bischöfen aus dem Irak und aus der Diaspora. Sie wählten schließlich ihren Patriarchen im Januar 2013 in der Ewigen Stadt, ähnlich die katholischen Syrer. Im September 2021 traten auf Betreiben des Papstes auch die katholischen Armenier in Rom zusammen, nachdem ihre Katholikos-Wahl im Libanon zuvor ergebnislos verlaufen war. Bei den katholischen Kopten dagegen erfolgte die

Wahl des Kirchenoberhaupts in der Heimat. Und für andere, etwa die stark auf Eigenständigkeit pochende Patriarchatskirche der Melkiten, kämen solche Konferenzen in Rom kaum in Frage. Sie wählten ihr neues Oberhaupt im Juni 2017 im Libanon.

Dikasterium für den Gottesdienst und die Sakramentenordnung

Wo der Mensch mit Gott in Berührung kommt
(PE 88-97)

Das Zweite Vatikanum wollte seine Arbeit mit einem scheinbar einfachen und überschaubaren Thema beginnen, und stellte die Liturgie an den Anfang seiner Agenda. Als erstes Konzilsdokument wurde am 4.12.1963 die Konstitution über die heilige Liturgie *„Sacrosanctum Concilium"* (SC) verabschiedet, gleichzeitig mit dem Medien-Dekret. Sie war die Grundlage des ersten großen Erneuerungsprojekts des Kirchengipfels: der Liturgiereform. Diese sorgte bereits in der Konzilsaula für Kontroversen, deren Folgen die Kirche bis heute beschäftigen. Der Streit um die „alte Messe" war einer der Auslöser für den Bruch zwischen Rom und den Traditionalisten um den französischen Erzbischof Marcel Lefebvre im Sommer 1988.

Für die „Förderung der heiligen Liturgie" ist im Vatikan das **„Dikasterium für den Gottesdienst und die Sakramentenordnung"** zuständig. Es sorgt sich darum, dass die Liturgiereform gemäß der vom Konzil gewünschten Erneuerung durchgeführt wird. Eine Aufgabe, mit der immer wieder auch der Erneuerungskurs des Konzils insgesamt auf den Prüfstand kam. Und die von den Päpsten und ihren Liturgie-Beauftragten mit je eigenen Vorgaben und Akzenten geprägt wird. Mit der Kurienreform PE erhielt die Behörde ihre aktuelle Ordnung – und einige neue Aufgaben.

Das Dikasterium betreut den innersten Bereich des katholischen Glaubens, sein geistliches Zentrum. Die Liturgie steht im Mittelpunkt des kirchlichen Lebens, sie ist das „wertvollste Gut, das die Kirche auf ihrem Weg durch die Geschichte haben kann". Sie ist „der Höhepunkt, dem das Tun der Kirche zustrebt, und zugleich die Quelle, aus der all ihre Kraft strömt", hatte das Konzil in SC10 betont. In der Liturgie, insbesondere in der Eucharistie, „vollzieht sich das Werk unserer Erlösung", sie ist der Akt, in dem der Mensch mit Gott in Berührung kommt, sie „verbindet Himmel und Erde". Sie ist, wie die übrigen Sakramente, hingeordnet auf die Heiligung des Menschen, den Aufbau der Kirche und die Gott geschuldete Verehrung. Sakramente sind von Christus selbst gestiftete sichtbare Zeichen einer unsichtbaren Wirklichkeit.

Die heilige Liturgie der ganzen Kirche ordnen

Ihren Sitz hat die Behörde in einem der ockerfarbenen Klinker-Palazzi am Rand des Petersplatzes. Die inhaltliche Arbeit leisten rund 20 Mitarbeiter, meist Priester, aber auch einige Laien aus allen Kontinenten und mit vielen Sprachen.

Ihre Hauptaufgabe ist es, die heilige Liturgie der Kirche „im Sinne der vom Zweiten Vatikanum angestoßenen Erneuerung" zu regeln, zu fördern und darauf zu achten, „dass die kirchlichen Gesetze und die liturgischen Normen überall getreu eingehalten werden", schreiben übereinstimmend Kirchenrecht und die jüngste Kurienordnung (PE 88). Das Dikasterium „unterstützt die Diözesanbischöfe und die Bischofskonferenzen dabei, mit wirksamen und angemessenen Mitteln die liturgische Pastoral zu fördern, insbesondere im Hinblick auf die Feier der Eucharistie und der anderen Sakramente und liturgische Handlungen, damit die Gläubigen immer tätiger daran teilnehmen können" (PE 89,3). Gemeinsam mit den Bischofskonferenzen regt sie zum Nachdenken „über mögliche Formen inkulturierter Liturgien an und begleitet deren Ausgestaltung." Weiter fördert es die liturgische Ausbildung auf verschiedenen Ebenen, etwa durch überregionale Konferenzen (PE 92).

Dabei wird der Vatikan vor allem subsidiär tätig: Das Dikasterium „unterstützt" die Diözesanbischöfe als verantwortliche Liturgen ihrer Diözesen, auch um etwaige Missbräuche zu verhindern und zu beseitigen (PE 96). Die römische Behörde gehe nicht ihrerseits investigativ vor; sie verstünden sich nicht als „Sakramentenpolizei" oder als „Oberliturgen", heißt es. Aber wenn ihr Verstöße gemeldet werden, leite man sie an den zuständigen Ortsbischof in seiner Funktion als Leiter, Förderer und Wächter des gesamten liturgischen Lebens in seiner Ortskirche weiter (PE 96).

Das Dikasterium ist für die Herausgabe, die Überarbeitung und Aktualisierung der liturgischen Bücher in ihrer *Editio Typica* zuständig, in der lateinischen Urfassung (deren copyright beim Vatikan liegt) (PE 89,1). Es bestätigt die von den Bischofskonferenzen angefertigten Übersetzungen – die hierfür das copyright behalten. Und es erteilt für tiefer gehende Anpassungen an die lokalen Kulturen die Anerkennung (*recognitio*) – nach Genehmigung durch die jeweilige Bischofskonferenz (PE 89,2).

Denn bei der Herausgabe der liturgischen Bücher geht es nicht nur um eine technische Überprüfungs- und Übersetzungsarbeit, sondern in manchen Fällen auch um weiterreichende Adaptionen für den jeweiligen Kulturraum. Sie sollen den Originalen treu bleiben und zugleich den kulturellen Bedingungen Rechnung tragen. So kennt und nutzt das Koreanische nicht das Wort „Du/Dich" – ein Problem etwa für die Absolutionsformel „Ego te absolvo" – Ich spreche dich (von deinen Sünden) los. Man verständigte sich darauf, hier die dritte Person Singular wiederzugeben. Oder: In der japanischen Kultur wird Küssen in der Öffentlichkeit als vulgär empfunden. Der Friedenskuss wird durch eine tiefe Verbeugung ausgedrückt, beim Altarkuss des Priesters wird dieser mit der Stirn berührt.

Die Behörde ist weiter für die offizielle Anerkennung von „himmlischen Patronen" zuständig (PE 94). Sie prüft, wenn etwa der als „Influencer Gottes" gelobte selige italienische Teenager Carlo Acutis (1991-2006) zum „Patron des Internet" vorgeschlagen wird. Ferner kümmert sie sich um die liturgischen Kalender für die verschiedenen Länder. Ihr obliegt zudem der „Schutz der Reliquienverehrung" (während die Echtheit von Reliquien vom Dikasterium für Heiligsprechungsverfahren überprüft wird). Außerdem fällt die Aufwertung von Kirchen, etwa eines Wallfahrtszentrums, zur Basilika (minor) in ihre Verantwortung – was an eine bestimmte Ausstattung und eine vorbildliche liturgische Praxis gebunden ist.

Seit der Kurienreform kümmert sich das Dikasterium auch um die internationalen Eucharistischen Kongresse (PE 91), für die es zuvor ein eigenes Päpstliches Komitee gab; zudem bietet es seine Mithilfe für die Feier der nationalen Kongresse an. Ebenfalls neu ist seit PE die Zuständigkeit des Dikasteriums für Ordnung und Disziplin der heiligen Liturgie nach dem vorkonziliaren Ritus, die zuvor bei der für den Dialog mit den Traditionalisten verantwortlichen Kommission „Ecclesia Dei" lag (PE 93).

Vom „Sakramentar" Gregors I. zum Römischen Messbuch Pius' V.

Die Römische Liturgie hatte sich bereits im frühen Verlauf der Kirchengeschichte weitgehend entwickelt. Der Kanon der Messe erhielt schon zwischen dem 4. und 5. Jahrhundert eine feste Form. Das „Gregorianische Sakramentar" (nach Gregor den Großen, 590-604) enthält im Wesentlichen die Ordnung für den heutigen Gottesdienst.

Seit dem elften Jahrhundert verstärkte sich in der westlichen Kirche ein Zentralisierungsdruck für eine einheitliche Liturgie. Freilich hielten sich manche lokalen Liturgien, bis heute in Mailand der „Ambrosianische Ritus", in Toledo der „Altspanische", oder die Riten einiger Orden.

Nach dem Trienter Konzil, mit dem die katholische Kirche nach der Reformation wieder Tritt zu fassen versuchte, gab Pius V. 1570 das bis zum Zweiten Vatikanum verbindliche Römische Messbuch heraus. Fast 400 Jahre lang war es die feste Grundlage für die Feier des katholischen Gottesdienstes. Allerdings wirkte es zuletzt angestaubt. Zu Beginn des 20. Jahrhunderts wuchs insbesondere in Frankreich und Deutschland eine liturgische Bewegung, die einen Reichtum der Liturgie sah, der gleichsam im Römischen Messbuch des Priesters verschlossen schien.

Vor dem Konzil gab es praktisch zwei parallellaufende Liturgien, erinnerte Benedikt XVI. bei seiner letzten Begegnung mit dem Klerus Roms Ende Februar 2013: der Priester mit den Messdienern, der die Messe nach dem Messbuch feierte, und die Laien, die in der Messe zugleich mit ihren Gebetbüchern beteten. Es war zu wenig, wenn nur ein kleiner Messdiener dem Priester *„Et cum spiritu tuo"* (Und mit deinem Geiste) antworten durfte, so der Papst; es sollte vielmehr ein Dialog zwischen Priester und der ganzen Gemeinde erfolgen.

Die Liturgiereform des Konzils

Eine ebensolche Stimmung hatte die Konzilsdebatte 1962/63 geprägt. Der Messritus sollte so überarbeitet werden, dass der eigentliche Sinn der einzelnen Teile und ihr wechselseitiger Zusammenhang deutlicher hervortreten. Die Teilnahme der Gläubigen sollte erleichtert, die

Riten einfacher werden – unter treulicher Wahrung ihrer Substanz. Doppelungen oder unglückliche Einschübe sollten wegfallen, manches zwischenzeitlich Verlorengegangene wieder eingeführt werden. Der gemeinschaftliche Charakter sollte vor allem im Bußakt, im Glaubensbekenntnis, in den Fürbitten und dem Vater-unser-Gebet deutlich werden, aber auch in den verschiedenen Wechselrufen. Neben dem Latein sollten im Gottesdienst wie in der Sakramentenspendung die Landessprachen zunehmend mehr Raum bekommen – und die Ortskirchen mehr Freiheit zur Inkulturation.

Die Konzils-Konstitution über die Liturgie wurde im Dezember 1963 mit 2.147 Stimmen bei nur 4 Gegenstimmen angenommen. Schon 13 Monate später, Anfang 1965 ersetzte eine vorläufige Messordnung den letzten vorkonziliaren Ritus von 1962.

Damit ging die Ära der „alten", der tridentinischen Messe von Pius V. zu Ende. Der Altar wurde von der Wand gerückt, der Priester zelebrierte nicht mehr mit dem Rücken zum Volk, sondern mit Blick auf die Gemeinde. Diese wurde aktiv in das Messgeschehen einbezogen, ist mit Lektoren oder Kommunionhelfern direkt beteiligt. Schrittweise ersetzten die Landessprachen das Latein. Mit der Konstitution *„Missale Romanum"* vom 3.4.1969 führte Papst Paul VI. das erneuerte Römische Messbuch ein. Die Liturgiereform erhielt ihre Gestalt, der Gottesdienst seinen neuen Ordo. Die heute gültige Dritte Edition gilt seit 2002 und wurde 2008 ergänzt.

Die Bestimmungen traten zum ersten Adventssonntag 1969 in Kraft – unter Aufhebung entgegenstehender Konstitutionen und Verordnungen. Der Übergang erfolgte rasch, vielleicht zu abrupt, Übergangsregelungen gab es kaum. Es formierte sich mancher Widerstand gegen die „neue Messe". Paul VI. sah dahinter eine grundsätzliche Ablehnung des Konzils und seiner Öffnung. Daher blieb er entschlossen bei seinem Kurs.

Das Konzil (SC 22) hatte festgelegt: „Das Recht, die heilige Liturgie zu ordnen, steht einzig der Autorität der Kirche zu": Dem Apostolischen Stuhl, dann auch „nach Maßgabe des Rechtes, beim Diözesanbischof", und innerhalb festgelegter Grenzen auch bei den Bischofskonferenzen. Ansonsten darf niemand – auch der Priester nicht – „nach eigenem Gutdünken in der Liturgie etwas hinzufügen, wegnehmen oder ändern."

Genutzter Freiraum und gesteckte Grenzen

Die Anfänge der Liturgiereform verliefen lebhaft bis stürmisch. In den ersten Jahren wurde manches kreativ erprobt und experimentiert – auch als Reaktion auf den Formalismus der Zeit zuvor. Neben Ängstlichkeit auf der einen Seite, die sich gegen jede Neuerung wehrte, kam es auf der anderen auch zu Übertreibungen: Die Lesungen der Bibel wurden mitunter durch Texte anderer Autoren ersetzt, Riten anderer Religionen eingefügt, Gebete wurden ausgetauscht, gekürzt oder nach Belieben ergänzt. Die Liturgie sei bisweilen „kaputtzeitgemäßt" worden, klagten damals Kritiker.

Die Kongregation erließ schon 1964 und dann nochmal 1967 erste Ausführungsbestimmungen, um die Liturgiereform in geregelten Bahnen zu halten. 1970 erklärte der Vatikan die Phase des freien Experimentierens für beendet; künftig sei für Ausnahmen eine Vatikan-Genehmigung einzuholen.

Auch Papst Johannes Paul II. schaltete sich wiederholt ein. Die Liturgie sei „niemals Privatbesitz von irgendjemandem, weder des Zelebranten noch der Gemeinde", stellte er 2003 in der Enzyklika *„Ecclesia de Eucharistia"* klar. Er forderte eine Reinigung der Liturgie. Er und seine Liturgiebeauftragen beklagten Stil-Verwischungen, ungepflegte Ausdrucksformen und schlampige Melodien und Texte.

Daraus entwickelte die Kongregation 2004 die Instruktion *„Redemptionis sacramentum"* mit dem Untertitel: „Was bei der Heiligsten Eucharistie zu beachten oder zu vermeiden ist". Aufgrund der inzwischen gesammelten Erfahrungen schrieb das Dokument detailliert und bis heute kaum verändert die Normen der Liturgie fest.

So wurde die zwischenzeitliche Erlaubnis zur Laienpredigt innerhalb der Messe wieder aufgehoben – es ist fraglich, ob das so bleibt. Leiter der Eucharistie könne nur der Priester sein, nicht der Diakon, der weder ein Priester zweiten Grades noch ein besserer Messdiener sei. Der Dienst der Pastoralassistenten sollte nicht zu sehr dem pastoralen Dienst der Kleriker angeglichen werden. Das Glaubensbekenntnis könne nur in einer offiziell zugelassenen Form gebetet werden. Die Messe dürfe nicht mit politischen oder weltlichen Ereignissen oder mit Umständen in Verbindung gebracht werden, die dem Lehramt der Kirche nicht voll entsprechen. Die sonntägliche Messe dürfe nicht durch ökumenische Wortgottesdienste oder interkonfessionelle Gebetstreffen ersetzt werden. Und es sei wichtig, dass das Sakrament der Eucharistie vor jeder Art von Ehrfurchtslosigkeit und Missachtung bewahrt wird, fasste die Instruktion zusammen.

Schon vorher hatte die Kongregation mit der Erklärung „*Liturgiam authenticam*" (2001) die Zulassung liturgischer Bücher und die Approbation von Übersetzungen durch den Heiligen Stuhl minutiös geregelt. Die Bischofskonferenzen mussten ihre Übersetzungen der liturgischen Bücher aus der lateinischen Urfassung der Vatikan-Kongregation vorlegen. Diese erteilte nach entsprechender Überprüfung die „*recognitio*" – als Garantie einer authentischen Übersetzung, ohne die liturgische Texte nicht gedruckt werden durften.

Dabei sollte die Übersetzung den Urtext „soweit möglich ganz vollständig und genau übertragen, ohne Auslassungen und inhaltliche Zusätze, ohne Paraphrasen oder Erklärungen", und ohne Anleihen an eine *inclusive language*. Die Vatikan-Kongregation griff stark in die vorgelegten Übersetzungen ein. Das Ergebnis: Die aus Rom zurückgesandten Texte und Gebete klangen in manchen Sprachen allzu wörtlich, hölzern und holperig bis unverständlich. Zudem war die Überprüfung der Übersetzungen sehr zeitaufwändig.

Nachdenken über eine „Reform der Reform"

Papst Benedikt XVI. machte die Sorge um eine ehrfürchtige Liturgie zu einem starken Anliegen seines Pontifikats. Schon als Kardinal hatte Ratzinger aus seiner Wertschätzung für die alte Liturgie keinen Hehl gemacht. Beobachter rechneten mit einer „Reform der Reform". Unter dieser Parole hatten sich bereits seit Jahren Konservative zusammengefunden, die auf eine teilweise Rücknahme der Liturgiereform hofften.

Und der Papst handelte: Mit dem Schreiben „*Summorum Pontificum*" vom 7.7.2007 ließ er die Feier der „alten" tridentinischen Messe in der Form von 1962 als „außerordentlichen Ritus" der katholischen Kirche wieder in breiterem Rahmen zu. Allerdings stehe dieser nicht gleichberechtigt neben der „ordentlichen Form" von 1970, die die Normalform bleibe, enttäuschte der Papst die Verfechter einer entschiedeneren Rücknahme. Aber „was früheren Generationen heilig war, …

kann nicht plötzlich rundum verboten oder gar schädlich sein", hob er hervor. Er wertete den Schritt als Beitrag zu innerer Versöhnung und Einheit der Kirche. Dennoch wurde Kritik laut: Der Papst sei den getrennten Traditionalisten unnötig entgegengekommen, hieß es.

Klärungen unter Franziskus

Bald nach dem Pontifikatswechsel entstand der Eindruck, Franziskus bringe für liturgische Fragen und festliche Zeremonien nicht die gleiche Aufmerksamkeit auf wie sein Vorgänger. Liturgie-Experten wiesen das von Anfang an zurück. Franziskus habe durchaus Interesse an und Gespür für Liturgie und ihre Bedeutung. Der Brite Roche, seit Sommer 2021 Präfekt der Behörde, erkannte bei Franziskus „einen mystischen Zug in der Art, wie er die Messe feiert": sehr aufmerksam in den Worten wie in der Predigt.

Immerhin kamen unter Franziskus etliche Liturgie-Dekrete heraus. Im Januar 2021 öffnete er viele liturgische Dienste auch für Frauen – und machte mit einem Federstrich im Codex die an der Kirchenbasis bereits verbreitete Praxis auch rechtlich offiziell. Schon zuvor hatte er den (mitunter bremsenden) damaligen Kongregations-Präfekten Sarah beauftragt, per Dekret die Zulassung von Frauen zur Fußwaschung im Abendmahlgottesdienst von Gründonnerstag zu verfügen. Diese liturgische Geste hatte der Papst selbst an weiblichen Strafgefangenen schon in seiner ersten römischen Karwoche praktiziert. Weiter stufte er im Römischen Generalkalender die liturgische Feier für Maria Magdalena (22. Juni) von einem üblichen Gedenktag in den Rang eines Apostelfestes hoch; ein starkes liturgisches Signal.

Von Anfang an machte Franziskus aber deutlich, dass die Liturgiereform des Zweiten Vatikanums unumkehrbar sei, dass es für ihn keine Rückkehr zur alten lateinischen Messe gebe, keine „Reform der Reform". Die Messe nach dem vorkonziliaren Ritus von 1962 bleibe eine außerordentliche Form des Ritus, also ein begrenztes Zugeständnis, eine Ausnahme.

Um für weitere Klarheit zu sorgen, beauftragte er 2020 die Glaubenskongregation mit einer Untersuchung im Weltepiskopat über Rolle und Akzeptanz der alten Messe. In Deutschland etwa wurde in gerade 150 Kirchen oder Kapellen wöchentlich oder monatlich eine Messe nach dem außerordentlichen Ritus gefeiert, hörte man – neben 10.000 Gemeinden mit der „ordentlichen Form".

Die Sondierung registrierte manche „Missbräuche": die von Benedikt XVI. erhoffte Versöhnung und größere Einheit in der Kirche sei nicht eingetreten. Im Gegenteil würden die von ihm angebotenen Erleichterungen verwendet, um „die Unterschiede zu verhärten, Gegensätze aufzubauen, welche die Kirche verletzen" und der Gefahr der Spaltung aussetzten. Das ursprünglich seelsorgliche Anliegen sei instrumentalisiert und zu einer Ideologie geworden.

Auf dieser Grundlage erklärte Franziskus mit dem Motu proprio *„Traditionis custodes"* vom Juli 2021 den ordentlichen Messritus nach dem Konzil zur „einzigen Ausdrucksform" des Römischen Ritus. Der von seinem Vorgänger Benedikt XVI. 2007 umfangreicher erlaubte außerordentliche Ritus dürfe nur noch mit Erlaubnis des Ortsbischofs an den von diesem genehmigten Orten und Zeiten und durch von ihm autorisierte Priester gefeiert werden. Dabei müsse sichergestellt sein, dass niemand „die Gültigkeit und die Legitimität der Liturgiereform, der Bestimmungen des Zweiten Vatikanischen Konzils und des Lehramtes der Päpste" ausschließe. Das Gottesdienst-Dikasterium muss über die Beachtung dieser Bestimmungen wachen.

Später rief Franziskus auch in dem meditativen Apostolischen Schreiben „Desiderio desideravi" (29.6.2022) dazu auf, in der gesamten Kirche die Einheit des römischen Ritus wiederherzustellen und die Streitereien zu beenden. Denn bei den Spannungen gehe es weniger um unterschiedliche Empfindungen gegenüber rituellen Formen, sondern um das Kirchenbild. „Ich verstehe nicht, wie man sagen kann, dass man die Gültigkeit des Konzils anerkennt […] und nicht die Liturgiereform akzeptieren kann". Und Franziskus stellte klar: „Deshalb können wir nicht zu jener rituellen Form zurückkehren, die die Konzilsväter *cum Petro und sub Petro* für reformbedürftig hielten". Es gehe dabei auch darum, die „Schönheit und Wahrheit des christlichen Feierns" wiederzuentdecken und zu pflegen, schrieb der Papst.

Übersetzungen – Anpassungen

Zuvor hatte Franziskus bereits im Rahmen der Kurienreform (mit der Verfügung „*Magnum principium*", 2017) die Zuständigkeit für die Herausgabe der liturgischen Bücher von Rom aus stärker in die Ortskirchen hinein verlagerte. Er revidierte die strengen Normen von „*liturgiam authenticam*" (s.o.) – und änderte dazu auch das Kirchenrecht (CIC 838).

Für Übersetzungen biblischer und liturgischer Texte in ihre Landessprachen sind nun die Bischofskonferenzen zuständig, freilich im Dialog mit Rom. Der Vatikan muss die von der Bischofskonferenz approbierte Fassung bestätigen (*confirmatio*), er braucht also keine alternative Wort-für-Wort-Übersetzung anzufertigen. Aber die Übersetzungen müssen den Urtext „voll und getreu" (*fideliter*) wiedergeben – unter der Wahrung der Eigenart jeder Sprache und der Verständlichkeit in der Zielgruppe. Sie müssen „immer die Einheit des Römischen Ritus widerspiegeln", können jetzt aber verständlicher und sprachlich glatter sein.

Hingegen sind tiefer gehende Anpassungen – für rituelle Praxis, Symbole oder Gesten – nur bei zwingenden kulturellen Gründen erlaubt. Hier braucht eine Bischofskonferenz für ihre Vorlagen „zwingend" die *recognitio* des Dikasteriums. Die Übersetzung sakramentaler Formeln muss sogar vom Papst persönlich genehmigt werden.

Inwieweit das nun eine Arbeitsentlastung für das Dikasterium bedeutet, muss sich zeigen. Bislang ist die Behörde weiterhin gut mit der Sichtung und Prüfung von liturgischen Büchern beschäftigt, die insbesondere junge Kirchen Afrikas in Rom eingereicht haben. Diese verfügen, anders als die gut ausgestatteten Bischofskonferenzen in Deutschland oder Italien in der Regel nicht über den großen liturgischen Expertenstab; oft fertigt der Bischof selbst die Übersetzungen für seine Region an. Zudem ist die Behörde auch für die Orden und deren liturgische Bücher zuständig. „Wir haben die letzten 50 Jahre mit Übersetzungen verbracht, die nächste Phase steht vor der Anpassung", sagte Präfekt Roche in einem Interview. Die Arbeit in der Behörde reiße nicht ab, die vom Zweiten Vatikanum eingeleitete Erneuerung der heiligen Liturgie durch neue Impulse zu fördern.

Dikasterium für die Selig- und Heiligsprechungsprozesse

Heroen aus der „Heiligenfabrik"
(PE 98-102)

Auf die scheinbar einfachste Frage gibt es keine klare Antwort: Wieviele Heilige und Selige die katholische Kirche zählt, dazu bestehen nur Mutmaßungen – mit beträchtlicher Spannweite. Der Vatikan führt in seinem offiziellen Verzeichnis (im Martyrologium Romanum von 2004) rund 6.700 Heilige und Selige auf. Aber die Zahl der Märtyrer aus den ersten drei Jahrhunderten, die als Blutzeugen für Christus ihr Leben ließen und damit unmittelbar als Heilige gelten aber nicht erfasst wurden, lässt sich nicht ermitteln. Kirchenhistoriker sprechen von mehreren Tausend, vielleicht bis zu 10.000 Opfern, manche vermuten mehr.

Seit ihren Anfängen schätzt und ehrt die Kirche ihre Heroen. Sie lebt nicht nur von Lehren und Vorschriften, sondern auch von Vorbildern, die Glauben und Gebote beispielhaft gelebt haben. Von Personen, die Christus in besonders enger Weise nachgefolgt sind – und daher von den Gläubigen verehrt und als Fürsprecher bei Gott angerufen werden (können). Das waren zunächst die Gottesmutter Maria, die Apostel, und von Anfang an die Märtyrer. Später kamen dazu auch Gläubige, die durch ein tugendhaftes Leben zu Vorbildern wurden. Die strenge, mitunter jahrzehntelange Prüfung, wer zum Kreis der Seligen und Heiligen hinzukommen kann, obliegt im Vatikan dem „**Dikasterium für die Selig- und Heiligsprechungsprozesse**". Die letzte Entscheidung trifft der Papst.

Jede Epoche hat und sucht ihre Heiligen und Seligen, nicht nur entrückte Gestalten einer fernen Vergangenheit, sondern auch zupackende, bunte, ja sperrige Figuren ihrer Zeit: Bischöfe und Könige, Ordensgründer und Eremiten, Provokateure und Friedensprediger, Menschen, die gefielen oder die bewusst anecken wollten. Freilich war und ist manche Ehrung überraschend – und nicht immer für jeden nachvollziehbar.

Zuletzt kamen zu dieser himmlischen Schar die Friedensnobelpreisträgerin Mutter Teresa, die Päpste Johannes XXIII., Johannes Paul II., Paul VI. und Johannes Paul I. hinzu. Auch der am Altar ermordete Befreiungstheologe Erzbischof Oscar Romero von San Salvador und Opus-Dei-Gründer Escriva de Balaguer. Erhoben wurden der populäre süditalienische Wunderheiler Padre Pio und Pius IX., der Papst des untergehenden Kirchenstaats und des Unfehlbarkeitsdogmas. Weiter die KZ-Opfer Maximilian Kolbe und Karl Leisner, der NS-Gegner Kardinal von Galen, der vom polnischen Geheimdienst ermordete Soldarnosc-Priester Popieluszko (+1984). Schließlich der sizilianische Anti-Mafia-Märtyrer Don Puglisi (+1993) oder die 2006 bei islamischen Protesten nach der „Regensburger Rede" des Papstes in Mogadischu erschossene italienische Ordensfrau Leonella Sgorbati.

Die Kriterien und Normen zur Findung von Seligen und Heiligen haben sich im Laufe der Jahrhunderte entwickelt. Zuletzt führte Papst Franziskus im Rahmen der Kurienreform als dritten Tatbestand neben „Martyrium" und „heroischen Tugenden" auch die „heroische Hingabe des Lebens" ein. Sie berücksichtigt jene Christen, die „frei und freiwillig" ihr Leben aus Nächstenliebe für andere Menschen hingaben und deshalb einen verfrühten Tod starben.

Von der „vox populi" zur alleinigen Sache des Papstes

Prototyp der Heiligen waren, wie schon erwähnt, die Märtyrer. Sie galten als heilig, ohne dass ein Kult, etwa die Verehrung ihres Grabes durch ein Verfahren festgestellt werden musste. Nach dem Toleranz-Edikt von Mailand 313, mit dem Kaiser Konstantin im Römischen Reich Religionsfreiheit verfügte, dehnte sich die Heiligenverehrung vom blutigen Martyrium auf das unblutige Zeugnis der Bekenner und Asketen aus. Auf Personen, die für den Glauben und gegen Irrlehren auftraten, oder denen Wunder zugeschrieben wurden. Auf Gestalten, die sich durch Werke christlicher Nächstenliebe und durch Verdienste für die Kirche geradezu übernatürlich hervortaten. Ausschlaggebend war in den ersten Jahrhunderten die *vox populi*, der Ruf der Heiligkeit, den eine Person in der Bevölkerung genoss.

Ab dem 7. und 8. Jahrhundert wurden Heiligsprechungen immer mehr zur Angelegenheit der Bischöfe. Jeder Bischof war autorisiert, in seiner Diözese, oder auch im Rahmen einer Diözesansynode die Heiligkeit einer Person festzustellen und zu proklamieren. Auch in Deutschland war dies verbreitet, wie etwa die Kapitularien Karls des Großen zeigen.

Die offizielle Wende kam 1234 mit den Dekretalen von Gregor IX., in denen er Heiligsprechungen zur alleinigen Sache des Papstes erklärte. Seither kann niemand ohne das Placet des Papstes selig oder heilig genannt – und als solcher verehrt werden. Gregor IX. selbst erhob schon 1228 Franz von Assisi per Bulle zum Heiligen. Vier Jahre danach proklamierte er Antonius von Padua, dann den Ordensgründer Dominikus und 1235 Elisabeth von Ungarn und Thüringen.

Mit der ersten Kurienordnung von 1588 übertrug Sixtus V. diese Aufgabe der Riten-Kongregation, die zugleich auch für Liturgien und Gottesdienste zuständig wurde. Erst Paul VI. wies die Aufgaben 1969 zwei getrennten Behörden zu.

Freilich hielten manche Bischöfe weiterhin daran fest, den kirchlichen Kult um herausragende Personen aus ihrem Bereich zu bestätigen. Daraus entwickelte sich später die Unterscheidung zwischen der Heiligsprechung, die eine Verehrung für die gesamte Weltkirche bedeutet, und der Seligsprechung, die diese auf den Bereich einer Ortskirche beschränkt.

Johannes Paul II. hat 1983 die Verfahrensnormen präzisiert und erleichtert, später auch Benedikt XVI. (2007). Schon die Reform von 1983 brachte eine starke Beschleunigung der Erhebungsverfahren. Mit der Folge, dass auf einmal viele Prozesse rascher zu einem Abschluss kamen. Das Pontifikat von Johannes Paul II. verzeichnete eine regelrechte Flut von Selig- und Heiligsprechungen, insgesamt 1.800 neue Heroen. Was der Behörde den Ruf einer *„Fabbrica dei Santi"* – Heiligenfabrik – einbrachte.

Grund war kein neues Verständnis von Heiligkeit – sondern ein geändertes Verfahren. Die Prüfungen auf Ortsebene wurden vereinfacht, zudem brauchte man nicht mehr 50 Jahre nach dem Tod eines Kandidaten bis zur Eröffnung eines Verfahrens zu warten. Somit galten viele Lokal-Verfahren bereits als abgeschlossen, wurden nach Rom weitergereicht – und schütteten die Kongregation mit Arbeit zu.

Von der Ortsebene nach Rom

Das Procedere beginnt heute in der Regel mit der Einleitung eines Seligsprechungsverfahrens auf Ebene des Bistums, in dem der Kandidat gestorben ist. Zuständig ist der Diözesanbischof, bei Ordensleuten der Ordensobere. Sie können auf Bitten aus dem Bistum oder dem Orden oder auf eigene Initiative hin für eine Person, die im Ruf der Heiligkeit steht, ein Verfahren einleiten. Zunächst aber muss in Rom das „Nihil obstat", das Einverständnis eingeholt werden, dass dieser Überprüfung „nichts entgegensteht".

Beginnen darf ein solcher Prozess heute frühestens fünf Jahre nach dem Tod des Kandidaten. Man will sicherstellen, dass der „Ruf der Heiligkeit" nicht von flüchtigen Gefühlen oder einer ungeklärten Nostalgie bestimmt ist, sondern über die erste Phase der Trauer und Emotionen hinaus Bestand hat. Ständig frische Blumen am Grab allein gelten nicht als Indiz, schon eher, dass Menschen regelmäßig dort beten.

In besonderen Fällen kann der Papst von der Fünf-Jahres-Frist entbinden. Das tat er bei Mutter Teresa (1910-1997) – zwei Jahr nach dem Tod, ebenfalls bei dem 2016 von Islamisten während der Messe ermordeten französischen Priester Jacques Hamel. Zum Prozess für Johannes Paul II. (1978-2005) gab Benedikt XVI. drei Monate nach dessen Tod grünes Licht. Schon bei dessen Totenmesse hatten Plakate und Sprechchöre eine sofortige Heiligsprechung („*santo subito*") gefordert – auf die der Vatikan freilich nicht reagierte.

Zu Beginn eines jeden Verfahrens wird auf der Ortsebene ein Postulator bestellt, der das Leben des Kandidaten gründlich durchleuchtet. Dokumente werden gesammelt, Schriften geprüft, persönliche Aufzeichnungen gesichtet, Zeugen befragt. Bei Personen der Vergangenheit – die seit mehr als 50 Jahren tot sind – werden zudem Historiker herangezogen. Getrennt von den Erhebungen zu Martyrium, Tugendhaftigkeit oder heroischer Hingabe des Lebens werden behauptete Wunder untersucht.

Neben dem Postulator wird neuerdings auch ein eigener „Güter-Verwalter" ernannt, der die Finanzierung des Verfahrens begleitet und eine strikte Ausgabenkontrolle nachweisen muss. Der Vatikan hatte 2016 nach früheren Ungereimtheiten die Regeln verschärft.

Die Dauer des ersten Verfahrensteils hängt von der Diözese oder dem Orden ab, von der Entschlossenheit zur Heiligsprechung, auch den Kapazitäten der Promotoren, von der Bedeutung der Person und der Klarheit der Argumente und Indizien. Entscheidend ist in dieser Etappe die Befragung von Zeugen. Wenn eine Diözese etwa 50 Zeugen beruft und systematisch zwei pro Tag vorlädt, kann dieser Teil bereits in zwei Monaten abgeschlossen sein, rechnet ein Experte vor. Aber es kann auch Jahre oder Jahrzehnte dauern. Gelegentlich – etwa bei Gründern von Orden oder kirchlichen Gemeinschaften – versuchen Unterstützergruppen flankierend Nachdruck zu schaffen: durch wissenschaftliche Vor- und Zuarbeit, durch Gebetsinitiativen, oder auch durch eine rege Lobby- und Öffentlichkeitsarbeit.

Nach positivem Abschluss der Erhebungen vor Ort werden die Akten in zweifacher Ausfertigung samt einem theologischen Gutachten über die Publikationen des Kandidaten versiegelt und nach Rom geschickt. Von da ab ist allein das vatikanische Dikasterium für das Verfahren zuständig.

Der Untersekretär der Behörde prüft zunächst, ob die Dokumentation vollständig und korrekt geliefert wurde. Dann erhält das Verfahren das „Dekret der juridischen Gültigkeit". Der Vorgang wird nun einem der fünf Relatoren zugewiesen. Diese gehören nach dem Präfekten, dem Sekretär und dem Untersekretär zu den maßgeblichen Mitarbeitern des Dikasteriums. Zur Leitungsebene der Behörde zählt ferner der Glaubensanwalt – früher auch scherzhaft als „Advocatus diaboli" (Teufelsanwalt) bezeichnet –, der die theologischen Gutachten erstellt.

Der römische Stab des Dikasteriums umfasst rund 20 weitere Mitarbeiter, die die „Superiori" unterstützen – zur Hälfte Priester, aus allen Kontinenten. Neben der unmittelbaren Zuständigkeit für die Selig- und Heiligsprechungsverfahren kümmert sich die Behörde auch noch um die Überprüfung von Reliquien; sie legt das Verfahren fest (PE 101), um deren Echtheit festzustellen und ihre Erhaltung zu gewährleisten. Der Schutz des Reliquienkultes fällt dagegen in die Kompetenz des Dikasteriums für den Gottesdienst. Weiter befindet es – in Abstimmung mit der Glaubensbehörde – über die Verleihung des Titels eines *Kirchenlehrers* (PE 102).

Das Heiligsprechungs-Dikasterium arbeitet in sechs amtlichen Sprachen: Italienisch, Englisch, Französisch, Spanisch, Portugiesisch und Latein. Deutsch oder auch Polnisch zählen nicht dazu, ganz gleich, ob in der Behörde gerade deutsche, polnische oder Schweizer Mitarbeiter tätig sind. Was bedeutet, dass die Causen etwa für Adolph Kolping oder Hildegard von Bingen ins Italienische übersetzt werden mussten. Man könne gewisse Deutsch-Kenntnisse bei Wissenschaftlern erwarten, etwa bei den 30 theologischen und den 20 historischen Beratern, nicht aber unbedingt bei den 35 Kardinälen und Bischöfen, die das Beschlussgremium der Behörde bilden, lautet die blasse Begründung. Letztere werden für jeweils fünf Jahre vom Papst ernannt. Sie treten alle 14 Tage (außer in den Sommermonaten) zusammen, rund 20-mal im Jahr und behandeln dabei bis zu 100 Vorgänge.

Von der Positio zum Papst-Dekret

Der zuständige Relator erstellt nun, unterstützt von weiteren Mitarbeitern des Dikasteriums, aus dem von der Diözese erarbeiteten Material einen Schriftsatz, die *„Positio"*. Er muss entscheiden, ob ein Martyrium, ob Tugendhaftigkeit oder die heroische Hingabe des Lebens zu untersuchen sind.

Beim Beweisgang für das *Martyrium* muss bestätigt werden, dass der Kandidat für den Glauben starb und nicht für eine politische Idee. Dass der Verfolger aus Hass gegen den Glauben handelte, und nicht aus räuberischer Habgier. Zudem gehört dazu der Nachweis, dass der Märtyrer selbst seinen Tod akzeptiert hat, für Christus und den Glauben. Texte, Briefe oder sonstige Dokumente sind daraufhin zu überprüfen. Falls nicht alle Bedingungen für ein Martyrium gegeben sind, war eventuell viel investierte Arbeit umsonst.

Auch für den Weg der *Tugendhaftigkeit* gelten klare Normen. Nicht jeder, der aufopferungsvoll den Armen hilft, ist damit ein kanonischer Heiliger. Zwingende Voraussetzung ist, dass er dies im Namen Christi tat und als Dienst in dessen Nachfolge verstand. Wird einem Kandidaten der heroische Tugendgrad zugesprochen, oder seine *„heroische Hingabe des Lebens"* bestätigt, ist vor einer Seligsprechung zusätzlich noch ein Wundernachweis erforderlich. Nach der Bestätigung des Martyriums entfällt dieser Schritt (in der Regel).

Falls bei der Ausarbeitung der Positio Fragen oder Zweifel auftauchen, kann der Relator sich an die Diözese oder den Postulator wenden. Mitunter fehlen Dokumente, oder wurden bestimmte Jahre oder Lebensaspekte ungenügend erforscht. Unlängst stellte sich bei der Causa für einen mitteleuropäischen Ordensmann heraus, dass zwar seine Befolgung der Tugenden (Glaube, Hoffnung, Liebe) überprüft wurde, nicht aber die der Ordensgelübde (Armut, Keuschheit, Gehorsam). Bei einem Ordensmann ein nicht unwesentlicher Aspekt. Die Anfangs-Instanz musste nachliefern.

Wenn alles glatt läuft, kann der Relator die Positio in einem Jahr fertigstellen, hört man aus der Behörde. Es kann aber auch zwei oder drei Jahre dauern, wenn die Sachlage kompliziert, das von der Diözese gelieferte Material umfangreich ist und noch aufwändige Untersuchungen erfordert. Die Positio kann drei, fünf, acht Volumi (Bände) von je 800 bis 1.000 Seiten umfassen, aber auch mehr. Man will juristische Sicherheit, wie bei jedem Prozess. Jede Seite wird einzeln geprüft, gestempelt und unterschrieben.

Diese Positio wird dann gedruckt und zunächst von den Konsultoren des Dikasteriums beraten. Die jeweils sechsköpfige Historikerkommission – falls der Kandidat bereits über 50 Jahre tot ist – muss prüfen, ob die Dokumentation korrekt, das vorgelegte Material authentisch und Manipulation ausgeschlossen ist. Und ob sich daraus tatsächlich und zwingend der Ruf der Heiligkeit und die Bestätigung der Tugendhaftigkeit ergibt. Bei der Diskussion der Theologen-Kommission – hier werden zu jedem Vorgang neun Berater herangezogen – geht es nur um die eine Frage: Hat der Kandidat die Tugenden praktiziert?

Bei den Wunderprozessen muss zunächst eine Gruppe von Medizinern – in der Regel geht es um Heilungswunder – und dann eine Theologen-Crew ermitteln, dass Heilung und Genesung wissenschaftlich nicht zu erklären sind. Dieser Nachweis kann ein Verfahren mitunter in die Länge ziehen, vor allem wenn man nach einem ergebnislosen Anlauf ein weiteres Wunder untersuchen – oder auf ein neues Wunder warten muss.

Am Ende entscheidet der Papst

Wenn ein Verfahren all diese Untersuchungsschritte durchlaufen hat, kommt es schließlich vor die obengenannte „*Ordinaria*", die Kardinals- und Bischofsversammlung des Dikasteriums. Diese muss entscheiden, ob eine Person dem Papst zur Kirchenehrung vorgeschlagen werden soll. Dabei treffen nicht selten unterschiedliche Positionen zum Kandidaten und zur Zweckmäßigkeit seiner Erhebung aufeinander.

Der Papst studiert die Akten und bittet etwa alle zwei Monate den Präfekten zur Audienz. In den meisten Fällen stimmt der Papst den Vorschlägen zu. Er unterzeichnet die Dekrete, über die das Presseamt sofort eine Nachricht verbreitet. Aber er kann auch aus Gründen der Opportunität die Approbation eines Dekrets stoppen oder herauszögern – was selten, vielleicht in einem Prozent der Fälle geschehen soll. Etwa bei Pius XII. – aus politischen Erwägungen, mit Blick auf breite Vorbehalte aus Israel und die bis 2020 verschlossenen Vatikan-Archive seines Pontifikats. (Freilich war für ihn zunächst noch kein Wunder anerkannt). Auch für Märtyrer aus China sind solche Verfahren nach Rücksprache mit dem Staatssekretariat auf Eis gelegt. Zuletzt wurde der Heiligsprechungsprozess für den seligen kroatischen Kardinal Stepinac (1898-1960) nach serbischer Kritik nicht vorangetrieben.

Etwa zwei Drittel der Causen untersuchen den heroischen Tugendgrad und ein Drittel ein Martyrium. Der dritte Weg der „heroischen Hingabe" wird wegen des engen Rechtsrahmens bislang nur auf wenige Fälle angewandt. Zur ersten Gruppe gehören im Pontifikat von Papst Franziskus viele Ordensgründerinnen und -gründer, Bischöfe, Missionare, vereinzelt katholische Laien, neuerdings auch Ehepaare, ja sogar Kinder – wie die Seherkinder von Fatima. Als Märtyrer werden häufig Opfer des Faschismus oder des Kommunismus anerkannt. Darunter sind bis heute viele Opfer des Spanischen Bürgerkriegs (1936-1939). Dann Geistliche wie Laien, die durch die Konzentrationslager der Nazis oder die Gulags der Kommunisten umkamen. Neuerdings betreffen diese Dekrete auch ermordete Bischöfe, Missionare oder Katecheten aus Afrika, Asien, Ozeanien oder Lateinamerika. Zuletzt (Oktober 2020) galten sie zwei Ordenspriestern, die 1915 und 1917 während des Genozids in der Türkei getötet wurden, weil sie der armenischen Bevölkerung Hilfe leisteten.

Wenn nach der Seligsprechung für eine Person ein erneutes Wunder bestätigt wird, ist damit deren Heiligsprechung möglich. Vor dieser höchsten Kirchenehrung beruft der Papst die in Rom anwesenden Kardinäle eigens zu einem Konsistorium ein, um deren Meinung zu hören. Ein feierlicher, aber eher formaler Akt. Benedikt XVI. nutzte 2013 ein solches Konsistorium, um seinen Amtsverzicht anzukündigen.

Derzeit stauen sich in der Behörde rund 3.000 Verfahren; nicht alle dürften erfolgreich sein. Über die Reihenfolge der Bearbeitung entscheidet die Kardinals-Versammlung, wobei oft einzelne Mitglieder, prominente Bischöfe, Konferenzen oder Orden Einfluss zu nehmen versuchen. Etwa 30 Fälle sind pro Jahr in der Endphase – für sie ist die Positio im Druck. Jeder der fünf Relatoren bearbeitet gleichzeitig fünf bis sieben Fälle – von höchst unterschiedlicher Dauer. Pro Jahr gelangen etwa 10 Vorgänge zur Seligsprechung, die mitunter auch ganze Gruppen umfassen können. Die Hälfte von ihnen kommt später nach einem zweiten Verfahren – und nach einem zweiten Wunder-Nachweis – zur Heiligsprechung.

Sündhaft hohe Kosten?

Hartnäckige Vermutungen kreisen um angeblich astronomische Kosten von Selig- und Heiligsprechungsverfahren. Ausgaben fallen an für Prozessgebühren, für wissenschaftliche Forschungsarbeiten, Übersetzungen und Druckkosten. Vergleiche man die Ausgaben des Dikasteriums mit Honoraren für säkulare Experten-Gutachten oder für Politiker-Referate, so nähmen sich die Kosten bescheiden aus, betont man in Kurienkreisen.

Allerdings hat es durchaus Verfahren mit beachtlichem Recherche- und Forschungsaufwand gegeben, die die Kosten drastisch in die Höhe trieben. Und mitunter fehlte es in der Tat an Transparenz. Die Finanzen einiger Verfahren waren Gegenstand von Enthüllungen in der zweiten „Vatileaks"-Affäre. Woraufhin seit 2016 für jedes Verfahren der oben genannte „Güter-Verwalter" vorgeschrieben ist.

In der Phase des Diözesanprozesses bleiben die Kosten vor Ort. Aber auch bei der Bearbeitung im Vatikan fallen Kosten an. Nach den neuen Normen kommt dafür der Heilige Stuhl auf, aber der Antragsteller – das Bistum oder der Orden – sollte einen Beitrag leisten. Für die Ausstellung jedes Dekrets (etwa die *validita giuridica*) betragen sie 150 Euro. Dann erhalten die sechs Mitglieder der jeweiligen Historiker-Kommission jeweils 400 Euro für die Lektüre einer Positio und die Abgabe ihres Gutachtens. Der gleiche Satz gilt für die neun Mitglieder der Theologen-Kommission. Die Kardinäle erhalten 500 Euro für die gleiche Aufgabe. Diesen Satz bekommen auch die Mediziner für ihr Votum in einem Wunder-Prozess. Weitere Kosten entfallen auf die liturgische Feier, für die großen Wandteppiche mit dem Porträt der neuen Seligen oder Heiligen, für Blumenschmuck oder den Druck der Texthefte.

Größter Posten ist freilich die Erstellung der Positio, zumal wenn hier noch umfangreiche Recherchearbeiten notwendig werden und der Relator auswärtige Experten hinzuzieht. Allerdings hat die Behörde für die Positio nach früherer Kritik eine Deckelgrenze von 20.000 Euro festgelegt. Mehrausgaben oder ein höheres Honorar müssen nachgewiesen, begründet und vom Generalrelator eigens autorisiert werden. Aber zusätzliche Kosten können auch entstehen, wenn für den Wundernachweis mehrere Anläufe unternommen werden, die wieder neue Untersuchungen und klinische Dokumentationen erfordern. Und häufig kommen Übersetzungskosten hinzu.

Was kann ein Prozess also insgesamt kosten? Bei der Benediktiner-Äbtissin Hildegard von Bingen (1098-1179) beliefen sich die Ausgaben der römischen Behörde für die Kanonisierung und ihre Anerkennung als Kirchenlehrerin im Jahr 2012 auf 65.000 Euro. Davon gingen allein 20.000 Euro in die Übersetzung der rund 800-seitigen Positio. Etwa 15.000 Euro kostete deren Druck. Hier war die Auflage höher als üblich, denn etliche Klöster ihres Ordens wollten und sollten ein eigenes Exemplar erhalten.

Nach der erfolgten Kirchenehrung für die deutsche Äbtissin bot der damalige Vorsitzende der Deutschen Bischofskonferenz der Kongregation eine Kostenbeteiligung an. Als er freilich den Preis erfuhr – er hatte mit einer höheren Summe gerechnet – übernahm er die gesamten Ausgaben.

Papst Franziskus hat in seinen ersten neun Amtsjahren 880 neue Heilige kreiert. Schon bei seiner ersten Kanonisierungsfeier erhob er 800 Märtyrer, die 1480 im süditalienischen Otranto von osmanischen

Soldaten enthauptet worden waren. Zudem wurden bei rund 100 Kirchenfeiern knapp 1.000 Selige in ihren Heimatorten geehrt, darunter eine Gruppe von 522 Märtyrern des Spanischen Bürgerkriegs und 124 koreanische Märtyrer des 18. und 19. Jahrhunderts. Der Papst selbst beschränkt sich meist auf die Erhebung neuer Heiliger in Rom, manchmal auf Reisen. Seligsprechungen nimmt dagegen ein Kardinal vor – in der Heimat des Kandidaten.

Schon Johannes Paul II. brachte gerne Selig- oder Heiligsprechungen als „Gastgeschenk" bei Pastoralreisen mit: für Edith Stein in Köln, Pater Rupert Mayer in München, Bernhard Lichtenberg und Karl Leisner in Berlin, Schwester Restituta in Wien, Damian de Veuster in Brüssel, und für Juan Diego, die legendäre Zentralfigur lateinamerikanischer Volksfrömmigkeit, in Mexiko-City.

Benedikt XVI. setzte diese Praxis fort. Er sprach in Birmingham John Henry Newman selig, und in Sao Paulo als ersten Brasilianer den Franziskaner Frei Galvao heilig. Ebenso Franziskus, der in Korea 124 Märtyrer des 19. Jahrhunderts, in Sri Lanka den Missionar und Kirchenretter Joseph Vaz (1651-1711) und in den USA den nicht ganz unumstrittenen Missionar Junipero Serra (1713-1784) ins Album der Seligen eintrug. Für letzteren (dessen Statue bei den Rassismus-Unruhen 2020 in den USA mancherorts vom Sockel gestoßen wurde) musste die Behörde Überstunden machen, um den Wunsch des Papstes rechtzeitig und in juristisch gesicherten Bahnen zu erfüllen.

Weiter zeigt Franziskus auffallend Interesse an heiligen Evangelisatoren, wie etwa dem vergessenen Jesuiten-Mitbegründer Peter Faber (1504-46).

Mitunter taucht die Frage auf, ob der Nachweis eines Wunders noch zeitgemäß ist. Denn für manche Heilungen, die vor Jahrzehnten noch medizinisch unerklärlich waren, hat man heute neue Antworten – oder neue Fragen. Franziskus hat bei einem Treffen mit der Kongregation 2019 weiterhin den Nachweis eines Wunders verlangt. Das Wirken des Übernatürlichen soll weiterhin mit den Heroen der Kirche verbunden bleiben – als „Fingerzeig Gottes", dass der Himmel in einer Person gewirkt hat. Allerdings hat Franziskus bei Heiligsprechungen mehrfach vom Nachweis eines zweiten Wunders dispensiert, etwa bei Johannes XXIII. – weil der Ruf der Heiligkeit auch ohne diesen neuen Nachweis überwältigend sei.

Dikasterium für die Bischöfe

Headhunter für kirchliches Führungspersonal
(PE 103-112)

Mit 1,36 Milliarden Mitgliedern (ASE 2020) sind die Katholiken die größte christliche Konfession und – in etwa gleichauf mit dem sunnitischen Islam – die größte religiöse Gemeinschaft. Anders jedoch als die anderen Weltreligionen bildet die katholische Kirche eine Einheit mit fester hierarchischer Struktur und Ordnung.

Geleitet und zusammengehalten wird sie vom Papst, der als Bischof von Rom und als Nachfolger des Apostels Petrus „das immerwährende und sichtbare Prinzip und Fundament für die Einheit der Vielheit von Bischöfen und Gläubigen" ist, wie das Zweite Vatikanum (*Lumen gentium* LG 23) ausführte. Er hat „kraft seines Amtes als Stellvertreter Christi und Hirt der ganzen Kirche volle, höchste und universale Gewalt über die Kirche und kann sie immer frei ausüben" (LG 22). Aber bei dieser Ausübung steht der Papst in Gemeinschaft mit den übrigen Bischöfen. Denn Christus hat seine Vollmacht dem Kollegium der 12 Apostel – mit Petrus an ihrer Spitze – übertragen.

Die Bestellung von Bischöfen gehört somit zu den existentiellen Aufgaben für die Kirche und den Fortbestand der katholischen Milliarden-Gemeinschaft. Der Papst „ernennt die Bischöfe frei – oder bestätigt die rechtmäßig Gewählten", schreibt das Kirchenrecht (CIC 377,1). Letzteres gilt etwa für Deutschland, wo aufgrund von Konkordaten die Domkapitel ein Wahlrecht haben.

Franziskus widmet der Auswahl der Bischöfe und der Errichtung von Kirchenbezirken viel Zeit und intensives Aktenstudium. Vorarbeiten leistet das „**Dikasterium für die Bischöfe**". Als Lehrer, Priester und Hirte der Kirche obliegt es dem Bischof, kraft seiner sakramentalen Weihe das Evangelium zu verkünden, die Sakramente zu spenden, insbesondere der Eucharistie vorzustehen, und die Gemeinde zu leiten. Das Zweite Vatikanische Konzil (1962-1965) hat diese Aufgabe als „Dienst" bezeichnet, mit dem keine innerweltliche Ordnungsmacht oder Herrschaft über andere verbunden sei.

Das Kollegium der Bischöfe nimmt an der höchsten Leitungsgewalt der Kirche teil, weil seine Mitglieder (als Nachfolger der Apostel) sowohl mit dem Papst (dem Nachfolger des Petrus) als auch untereinander verbunden sind. Ein Bischof ist also nicht einfach eine Art Filialleiter des Papstes für eine einzelne Ortskirche und erst recht nicht sein „Ober-Messdiener". Jeder Diözesan-Bischof hat zugleich auch eine gesamtkirchliche Verantwortung. Er ist eine „Brücke zur Weltkirche", wie der frühere Mainzer Kardinal Lehmann bei der Synode 2001 über das Bischofsamt sagte. Freilich kann er diese Autorität „nur unter Zustimmung des Bischofs von Rom" ausüben (LG 22).

Nach letzten Vatikan-Angaben (ANP 2022) gibt es 5.125 Bischöfe, davon 2.596 Diözesanleiter, 1.449 Emeriti (Ruheständler) und 1.080 Titularbischöfe. Zu letzten zählen Weih- oder Hilfsbischöfe in den Diözesen, sowie leitende Kleriker der römischen Kurie oder Botschafter im diplomatischen Dienst des Heiligen Stuhls.

Die Anforderungen an das kirchliche Leitungspersonal sind hoch, die Auswahlkriterien streng. Das Berufungsverfahren für Bischöfe unterliegt nach wie vor einer strikten Geheimhaltung – was daher immer wieder zu Spekulationen führt, und auch Änderungswünsche auslöst. Es gibt keine öffentliche Ausschreibung, keinen Wahlkampf mit Programmen oder Versprechen. Und jede Form von Eigenkandidatur oder Eigenwerbung wäre kontraproduktiv.

Auffallend ist, dass Franziskus besonderen Wert auf pastorale Bischöfe legt. Die Kirche brauche nicht Fürsten und nicht Funktionäre, sagte er vor Vatikan-Diplomaten (17.9.2016). Auch Theologie-Professoren werden von ihm seltener als von seinen Vorgängern zu Bischöfen ernannt. Franziskus schätzt ausgewiesene Seelsorger, Hirten, die auf die Menschen zugehen können, die den „Geruch der Schafe" haben, wie er einmal sagte. Die Folge ist, dass manche vermeintlichen Außenseiter auf wichtige Bischofssitze oder in Schlüsselpositionen gelangen, und angebliche Favoriten zurückbleiben.

An der Spitze des Bischofs-Dikasteriums steht der Präfekt, mit dem Sekretär und dem Untersekretär. Ihnen arbeiten rund 30 Referenten in sieben Sprachabteilungen zu: für Italienisch, Spanisch, Englisch, Französisch, Deutsch, Portugiesisch und Slawisch. Die deutschsprachige Abteilung, die auch die Niederlande und Skandinavien betreut, ist die kleinste und hat traditionell eine Planstelle.

Die Referenten der Sprachgruppen leisten ihre Arbeit vom vatikanischen Schreibtisch aus – mit Telefon, Fax, E-Mail und sonstigen Kommunikationsmitteln. Recherchereisen durch die Welt oder Findungsexkursionen kommen nicht in Frage. Das setzt voraus, dass sie ihre Region gut kennen und das Vertrauen der jeweiligen Bischofskonferenzen haben.

Nuntius – Informativprozess – Terna

Hauptakteur bei der Kandidatensuche und damit Headhunter für kirchliches Führungspersonal ist der Nuntius, der Papst-Botschafter eines Landes. Nach dem Kirchenrecht (CIC 364,4) gehört es zu seinen Aufgaben, dem Heiligen Stuhl für die Ernennung von Bischöfen die Namen von Kandidaten vorzuschlagen sowie den Informativprozess durchzuführen. Wird ein Bischofsstuhl in seinem Zuständigkeitsbereich vakant, sei es durch Tod des Amtsinhabers, durch dessen altersbedingten und vom Papst angenommenen Rücktritt oder aus einem anderen schwerwiegenden Grund, startet er die Suche nach einem Nachfolger.

Er braucht dabei meist nicht bei Null anzufangen. Jede Kirchenprovinz oder jede Bischofskonferenz muss alle drei Jahr eine Liste von geeigneten Bischofskandidaten geheim erstellen und (samt Abstimmungsergebnissen) nach Rom schicken. Mit diesen Triennal-Listen verfügt der Vatikan immer über ein Reservoir mit Namen für Leitungsaufgaben.

Diese Liste bildet eine der Grundlagen für die Sondierungsmission des Botschafters. Laut Kirchenrecht muss er nun Personen aus verschiedenen Bereichen des Bistums nach geeigneten Bischofskandidaten befragen – im Klerus, im Domkapitel, bei Kollegsleitern, aber auch bei „Laien, die sich durch Lebensweisheit auszeichnen" (CIC 377,3). Hinzu kommen Vorschläge der Bischöfe aus der jeweiligen Kirchenprovinz und des Präsidiums der Bischofskonferenz. Diese schon bislang geltenden Vorgaben zur Einbindung der Ortskirche in die Bischofssuche werden mit PE bestätigt.

Aus der Reihe der Namen filtert der Nuntius dann drei bis fünf Favoriten heraus, über die er einen Informativprozess startet. Dazu verschickt er Fragebögen an 20 bis 30 Personen, die sich zur Eignung eines Kandidaten äußern sollen. Nach dem Kirchenrecht (CIC 378) muss sich ein Bischof auszeichnen „durch festen Glauben, gute Sitten, Frömmigkeit, Seeleneifer, Lebensweisheit, Klugheit sowie menschliche Tugenden, und die übrigen Eigenschaften ..., die ihn für die Wahrnehmung des Amtes ... geeignet machen". Dazu gehören Kommunikations- und Dialogfähigkeit, Leitungs- und Verwaltungsgeschick, Ausgewogenheit von Handeln und Reflexion. Und auch gesundheitlich sollte es stimmen.

Vorgeschrieben ist weiter, dass er den Doktorgrad oder zumindest das Lizentiat in Theologie an einer vom Vatikan anerkannten Hochschule erworben hat – oder „wenigstens in diesen Disziplinen wirklich erfahren ist". Letzteres wird etwa für Weihbischöfe zugrunde gelegt, die nicht alle promoviert sind. – Der Kriterienkatalog und der Fragebogen werden im Laufe der Jahre immer wieder aktualisiert und für die verschiedenen Weltregionen und unterschiedlichen kulturellen Anforderungen spezifiziert, auch noch im Pontifikat von Franziskus (PE 105,2). Das Thema Missbrauch wird schon seit längerem abgefragt, was die Person des Kandidaten selbst wie auch seinen Umgang mit Verdachtsfällen angeht – nicht erst seit dem Eklat um US-Kardinal McCarrick 2018, versichert man im Vatikan.

Als Ergebnis seiner Suche schickt der Nuntius dem Vatikan eine Liste mit drei Namen, die „Terna", samt seinem Recherche-Material. Die zuständige Sprachabteilung überprüft nun ihrerseits die Eignung der Kandidaten. Sie schaltet dabei auch andere Vatikan-Behörden (für Glaubens-, Bildungs- und Klerusfragen) ein, ob Einwände bestehen oder Verstöße bekannt sind. Im Extremfall kann die Terna bereits auf dieser Ebene abgelehnt und zurückgeschickt werden – was jedoch sehr selten vorkommen soll. Häufiger bittet Rom – etwa in einem Drittel der Vorgänge – um Ergänzungen oder Klärungen (etwa ob der Zweitplatzierte nicht besser sei als der erste?). Aus dem Material des Nuntius und der eigenen Überarbeitung entsteht ein Dossier, das zur weiteren Sichtung an den Präfekten geht. Der setzt dann den Vorgang auf die Tagesordnung einer der nächsten Mitgliedersitzungen.

Denn Entscheidungsorgan des Dikasteriums ist auch hier nicht der römische Mitarbeiterstab, sondern die „Ordinaria", die Versammlung der rund 25 Kardinäle und Bischöfe – und neuerdings auch Laien, die vom Papst für jeweils fünf Jahre berufen werden. Seit Juli 2022 gehören dazu drei Frauen, zwei Ordensschwestern, darunter Raffaella Petrini, die Generalsekretärin des Governatorats der Vatikanstadt, sowie die argentinische Soziologin und Präsidentin der Weltorganisation der katholischen Frauenorganisationen, Maria Lia Zervino.

Die Ordinaria tritt alle 14 Tage jeweils donnerstags – mit Ausnahme der Sommermonate – zu einer drei- bis vierstündigen Sitzung zusammen, 19-mal pro Jahr. Daran müssen die in Rom lebenden Mitglieder (derzeit 18) teilnehmen; die übrigen reisen an, wenn ein Fall sie besonders betrifft oder interessiert. Ihre Voten können sie auch schriftlich abgeben. Bei jeder Sitzung werden vier bis fünf Vorgänge behandelt, meist Bischofsernennungen, aber auch Rücktritte, Entpflichtungen, manchmal Neugründungen, Auflösungen oder Fusionen von Bistümern. Zuletzt etwa (Herbst 2021) die Errichtung einer Kirchenkonferenz für Amazonas.

Vor der Sitzung wird jeweils ein Mitglied zum Präsentator („*Ponens*") bestimmt, der das gesamte Material vorab erhält und es in der Sitzung seinen Kollegen erläutert. Am Ende wird aus der Terna ein Kandidat für den Bischofsstuhl vorgeschlagen. Der Präfekt, der als „*Primus inter pares*" die Sitzung leitet, muss das Votum dem Papst bei der nächsten Audienz – alle 14 Tage, meist samstags – vorlegen und erläutern. Dieser hat das Material bereits vorher erhalten. Mitunter verlangt er Bedenkzeit. In der Regel werden die Vorschläge des Dikasteriums angenommen.

Wenn der Papst positiv entschieden hat, wird das Ergebnis dem Nuntius mitgeteilt. Der informiert zunächst den Betreffenden. Dabei gibt es mitunter Überraschungen. Nicht immer wusste ein Neubischof, dass ein Informativprozess über ihn lief. Mitunter erbittet ein Kandidat Bedenkzeit, manche sagen ab. Dieser Anteil betrug lange Zeit um die 10 Prozent, ist aber zuletzt auf fast ein Drittel angestiegen. Dahinter wird eine allgemeine Verunsicherung im Zuge der Missbrauchsskandale und wegen möglicher „Altlasten" in den Diözesen vermutet. Wenn ein Kandidat zustimmt, vereinbart der Nuntius mit ihm einen Veröffentlichungstermin. Zudem erscheint im „Osservatore Romano", meist auf der letzten Seite rechts unten in der Rubrik „Nomine" (Ernennungen) die offizielle Mitteilung: „*Il Santo Padre ha nominato ...*" – der Heilige Vater hat zum Bischof von NN den hochwürdigsten Herrn NN ernannt.

Sonderregelungen in Deutschland, Österreich, Schweiz

Dieses Procedere gilt für die meisten Länder der Weltkirche – nicht aber für Deutschland, für die drei deutschsprachigen Bistümer der Schweiz und das Bistum Salzburg. In Deutschland haben die Domkapitel auf der Grundlage besonderer Konkordate – mit Bayern 1924, mit Preußen 1929, mit Baden 1932 und bestätigt im Konkordat mit dem Deutschen Reich 1933 – ein Wahl- bzw. Mitspracherecht.

Nach dem Preußenkonkordat (Artikel 6) erstellen das Domkapitel sowie die (deutschen) Bischöfe der früheren preußischen Kirchenprovinz sowie auch weitere Instanzen (etwa der Vorsitzende der Bischofskonferenz) Kandidatenlisten. Aus ihnen bildet der Nuntius, nachdem er mittels des obengenannten Fragebogens Informationen über die Kandidaten eingeholt hat, eine Dreierliste. Diese wird im römischen Dikasterium weiterbearbeitet, mit dem Staatssekretariat abgestimmt und dann dem betreffenden Domkapitel zugeleitet. Das muss in „freier, geheimer Abstimmung" einen Namen auswählen und – nachdem es die politische Unbedenklichkeit von Seiten der jeweiligen Landesregierung(en) eingeholt hat – dem Papst zur Ernennung zuleiten.

Nach dem Badischen Konkordat (gültig für Freiburg, Dresden-Meißen, Rottenburg-Stuttgart und Mainz), muss dabei mindestens einer der Kandidaten aus dem Bistum stammen. Nach dem Bayerischen Konkordat hat das Domkapitel kein Wahlrecht, aber der Kandidat muss auf der Triennal-Liste stehen.

Zwischen sechs Monaten und mehreren Jahren

Eine Bischofs-Suche dauert meist sechs bis neun Monate. Es hängt vielfach vom Nuntius, seinem Arbeitsstil und der Situation des Landes ab. Wenn dieses in einer Krise steckt, wenn der Papst-Botschafter gerade mit der Regierung einen Staatsvertrag aushandelt, oder auch wenn der Nuntiatur-Sekretär gewechselt hat, kann es länger brauchen. Und natürlich entstehen Verzögerungen, wenn ein Antrag unvollständig war oder ein ausgewählter Kandidat absagt. Dann muss das Verfahren notfalls ganz neu aufgerollt werden. Zumindest kommt es beim

Dikasterium in eine Warteschleife. Und da Absagen prinzipiell nicht mitgeteilt werden, entstehen rasch Spekulationen.

Schneller geht es meist, wenn ein Kandidat von einer Diözese in eine andere wechselt, wie Reinhard Marx von Paderborn nach Trier und dann nach München. Zügiger kann es auch gehen, wenn ein Kandidat bei einer früheren Ordinaria der römischen Behörde positiv bewertet, aber ein anderer ernannt wurde. Und scheinbar schneller läuft ein Verfahren, wenn ein Bischof ein halbes Jahr vor seinem 75. Geburtstag dem Papst den Rücktritt anbietet, den dieser *„nunc pro tunc"* – jetzt, aber für einen späteren Zeitpunkt – annimmt. In diesen Fällen kann der Nuntius den Informativprozess über einen Nachfolger sofort einleiten. Zum Stichtag erfolgen gleichzeitig die Mitteilung über den Rücktritt des Amtsinhabers und die Ernennung des Nachfolgers.

Dieser Weg wird in der Weltkirche häufig begangen, kommt für Deutschland aber nicht in Frage. Hier darf der Nuntius mit der Kandidatensuche erst beginnen, wenn der Bischofsstuhl vakant ist. Will und soll ein Bischof bis zur Ernennung seines Nachfolgers weitermachen, besteht die Möglichkeit, ihn zum Apostolischen Administrator (Interimsverwalter) zu bestimmen – wie dies etwa bei Erzbischof Zollitsch in Freiburg 2013/14 der Fall war. Diesen Rang – mit allen Rechten eines Diözesanbischofs – erhielt 2020 auch der designierte Augsburger Bischof Bertram Meier, als seine Bischofsweihe corona-bedingt verschoben werden musste.

Neues Verfahren – alte Geschichte

Vor der Kurienreform wurde die Forderung laut, das Prüf- und Auswahlverfahren für Bischöfe stärker in die einzelnen Länder oder Regionen zu verlagern – im Sinne der Dezentralisierung – und weiter zu öffnen. Auch beim synodalen Weg in Deutschland kamen basisdemokratische Elemente für Bischofsfindungen ins Gespräch, etwa ein paritätisches Anhörungs- und Mitspracherecht für Laien, das durch eine Selbstverpflichtung der Domkapitel erleichtert werden sollte. In der Kurienreform hat das keinen neuen Niederschlag gefunden – jeder Bischof habe aufgrund seines sakramentalen Weiheamtes auch eine gesamtkirchliche Funktion, betont man in Rom. Zudem sei in den

Konkordaten das Domkapitel als das Wahlorgan festgelegt, und eine Öffnung der Vertragswerke dürfte kaum in kirchlichem Interesse sein. In einer Erklärung (21.7.2022) mahnte das Staatssekretariat ausdrücklich „die Freiheit ... der Ausübung des bischöflichen Amtes" an und wandte sich gegen neue Leitungsformen.

Laut PE 110 übt das Dikasterium für die Bischöfe „seine Tätigkeit im Geiste des Dienstes und in enger Zusammenarbeit mit den Bischofskonferenzen und ihren regionalen und kontinentalen Zusammenschlüssen aus". Das gesamte Ermittlungs- und Ernennungsverfahren von Bischöfen erfolgt „unter Berücksichtigung der Vorschläge der Teilkirchen, der Bischofskonferenzen und der Päpstlichen Vertretungen und nach Konsultation der Mitglieder des Präsidiums der jeweiligen Bischofskonferenz und des Metropoliten. In diesen Prozess bezieht sie in geeigneter Form auch die Mitglieder des Gottesvolkes der betreffenden Diözesen ein" (PE 105).

Das heutige Findungs- und Berufungsverfahren für Bischöfe ist relativ jung, es gilt seit gerade 200 Jahren. In der frühen Kirche wurden Bischöfe vom Volk gewählt, sollten zumindest dessen Zustimmung haben. Das Recht ging später an den Klerus und an die Kapitel über. Allerdings versuchten zunehmend auch die politischen Mächte, Könige oder Landesherren Einfluss zu nehmen – um den Bischöfen politische Aufgaben übertragen zu können. Im Mittelalter gab es darüber heftigen Streit zwischen Päpsten und Kaisern, zwischen geistlicher und weltlicher Macht. Der „Gang nach Canossa" (1077), wo der deswegen gebannte Kaiser Heinrich IV. die Absolution von Papst Gregor VII. erbat, ging in die Schulbücher ein.

Für Klarheit sorgte 1563 das Konzil in Trient: Die Diözesankapitel können Rom Kandidaten vorschlagen, die Entscheidung aber trifft der Papst. Freilich gewannen mit Beginn der Neuzeit die großen Monarchien für ihren Bereich das Nominationsrecht, etwa in Frankreich und Spanien, oder auch im Habsburgerreich. Dort sei Kaiserin Maria Theresia es aber leid gewesen, Bischofsernennungen zu unterschreiben, und sie habe dieses Recht an den Vatikan abgetreten, erinnerte Franziskus einmal vor Journalisten.

Mit dem Kirchlichen Gesetzbuch CIC von 1917, und bestätigt im aktuellen Kodex von 1983, wurde die freie Wahl von Bischöfen durch den Papst endgültig zur offiziellen Regel erhoben. Andere Wahlmöglichkeiten wurden zur genehmigungspflichtigen Ausnahme – und bilden praktisch ein Auslaufmodell. Die Zahl der wenigen Konkordate mit Sonderprivilegien soll laut CIC 377,5 nicht mehr ausgeweitet werden. Will heißen: Andere Autoritäten sollen keine neuen Rechte für die Wahl, Nomination, Präsentation oder Designation von Bischöfen erhalten. Allerdings wurden nach der deutschen Wiedervereinigung die Sonderrechte auch auf die neuen (Erz-)Diözesen ausgeweitet. Und sie dürften auch bei der „provisorischen Vereinbarung" mit China gelten.

Mitunter greift der Papst auch direkter in die Ernennung von Bischöfen ein. Unter Johannes Paul II. war der Episkopat in Polen weitgehend Chefsache. Franziskus nimmt sich persönlich gerne der argentinischen Diözesen an.

In Polen bedeutete das nach dem Tod von Johannes Paul II. für die Bischofskongregation neue Anlaufprobleme. Zudem waren im Kalten Krieg Belange der Kirche hinter dem Eisernen Vorhang generell Sache des Staatssekretariats – sogar bis 2005. Bei der Suche nach einem Nachfolger für den Warschauer Kardinal Jozef Glemp fiel die Entscheidung im Dezember 2006 auf Stanislaw Wielgus. Dieser war 1999 nach der üblichen vatikanischen Prozedur zum Bischof im kleinen westpolnischen Bistum Plock ernannt worden, und tat dort seither unbeanstandet Dienst.

Da es bei seiner Ernennung für Warschau „nur" um die Versetzung in eine andere Diözese ging, galten für den Vatikan einfachere Prüfnormen. Dagegen schauten Staat, Behörden, Medien und Kritiker umso genauer hin, zumal es um das Hauptstadtbistum ging. Dabei wurde Wielgus von seiner Vergangenheit als Geheimdienst-Kontaktmann eingeholt. Am Tag der geplanten Amtseinführung trat er zurück, wie die Warschauer Nuntiatur in einer hochnotpeinlichen Erklärung mitteilte. Der feierliche Einführungsgottesdienst wurde in einen Dankgottesdienst umgewandelt – für den alten und neuen Warschauer Erzbischof Glemp.

Freilich kann der Papst einen Bischof in schwerwiegenden Fällen auch aus seiner Diözese abberufen oder versetzen. Und wenn er trotz Empfehlung nicht von sich aus ein Rücktrittsgesuch einreicht, kann der Papst ihn auch des Amtes entheben. Mit dem *Motu proprio „Come una madre amorevole"* von 2016 ist das inzwischen klarer geregelt und leichter möglich. Das gilt, wenn einem Bischof schwere Amts- und Aufsichtsverletzungen nachgewiesen werden, auch ein allzu lascher Umgang mit möglichen Missbrauchstätern. Mit Fällen, wo einem

Geistlichen direkt ein Missbrauch vorgeworfen wird, ist zunächst das Glaubens-Dikasterium befasst.

Zuständig nur für zwei Drittel der Diözesen

Das Bischofs-Dikasterium ist freilich nicht für alle 2.904 Bischofssitze (ANP 2022) zuständig, sondern nur für rund zwei Drittel. Die Bischofsernennungen in Asien (außer Nahost und den Philippinen), in den meisten Ländern Afrikas und Ozeaniens sowie einigen (latein-)amerikanischen Bistümern fallen in die Verantwortung des Evangelisierungs-Dikasteriums (rund 1.100 Kirchenbezirke). In diesen Fällen schickt der Nuntius seine Dreierliste zur Weiterbearbeitung an die Missionsbehörde. Bei den katholischen Ostkirchen ist das entsprechende Dikasterium zuständig.

Für einige Regionen mit besonderen Konkordaten wie Deutschland, Österreich und die Schweiz muss sich das Bischofs-Dikasterium zusätzlich mit dem Staatssekretariat in Verbindung setzen (PE 50,2). In wenigen Ländern mit besonderer politischer Situation – etwa Russland und weitere Staaten der ehemaligen Sowjetunion, oder auch China – hat die für Diplomatie zuständige Sektion des Staatssekretariats die Ernennung von Bischöfen komplett an sich gezogen (PE 50,1).

Pro Jahr werden über das Dikasterium rund 180 bis 200 Bischöfe vom Papst ernannt. An dem Kurs, zu dem die Behörde jedes Jahr alle neuernannten Oberhirten über theologische, administrative und rechtliche Fragen nach Rom einlädt, nehmen zwischen 100 und 120 Exzellenzen teil. Zwischen 40 und 50 Bischöfe werden jedes Jahr von einer Diözese in eine andere versetzt. – Neuerdings bietet die Behörde auch einen Kurs für Bischöfe an, die seit fünf Jahren im Amt sind. Die inhaltliche Leitung haben hier aber einige emeritierte Bischöfe; die angeschlossenen Exerzitien werden von Jesuiten geführt.

Zudem ist die Behörde zuständig für die „Fünf-Jahres-Berichte" der Bischofskonferenzen und die Organisation von deren *Ad-limina*-Besuchen, bei denen sie sich alle 5 bis 7 Jahre mit dem Papst und den Kurienbehörden über ihre Ortskirchen austauschen. Franziskus hat die früheren kurzen Einzelbegegnungen mit jedem Bischof durch ein ausführliches Gespräch mit der gesamten Besuchergruppe ersetzt.

Große und kleine Diözesen – Vikariate – Prälaturen – Missionen

Das Bischofs-Dikasterium ist nicht nur für Personalentscheidungen zuständig, sondern auch für die Errichtung, Aufteilung oder die Aufhebung von Teilkirchen. Vollform der Teilkirche ist die Diözese, die in Pfarreien und Dekanate unterteilt und (in der Regel) in eine Kirchenprovinz eingegliedert ist. Sie muss bestimmte Voraussetzungen für ein autonomes kirchliches Leben erfüllen. Wenn in einem Gebiet diese Voraussetzungen (noch) nicht gegeben sind – wegen niedriger Katholikenzahlen oder aus politischen oder seelsorglichen Gründen – kann der Papst als Vorstufen ein Vikariat, eine Gebiets-Prälatur oder Gebiets-Abtei, eine Präfektur oder Administratur errichten (CIC 368). Unterste Stufe ist die „Mission eigenen Rechts". Geleitet werden letztere Kirchenbezirke meist von Prälaten und nicht von Bischöfen. Das Dikasterium ist für die Errichtung von Militärordinariaten und neuerdings auch von Personalordinariaten für anglikanische Gläubige zuständig, die in volle Gemeinschaft mit Rom eintreten (PE 104). Gleichzeitig hat es die Zuständigkeit für die Personalprälatur „*Opus Dei*" an das Klerus-Dikasterium abgegeben.

Für die Größe von Diözesen gibt es keine Normen. Die katholische Kirche Deutschlands mit rund 22 Millionen Mitgliedern ist in 27 Diözesen unterteilt. In Italien (57 Mio. Katholiken) waren es bis vor wenigen Jahren über 300, jetzt sind es rund 220 – wobei die Diözesen Mittelitaliens selten größer sind als ein deutsches Dekanat, mit einer Fläche von weniger als 1.000 Quadratkilometern. Unterdessen musste der (inzwischen emeritierte) Schweizer Franziskanerbischof Paul Hinder das Vikariat Südarabien mit einer Ausdehnung von über 3 Millionen Quadratkilometern (das 8-fache Deutschlands) betreuen. Und das „Bistum Sankt Josef in Irkutsk" erstreckt sich gar über 10 Millionen Quadratkilometer. Es gibt Kirchenbezirke mit wenigen hundert Mitgliedern – die unabhängige Mission Afghanistan zählt 200 Katholiken, die von Tadschikistan 150. Dagegen meldete das Erzbistum Mexiko-Stadt 8.128.630 Katholiken – bevor es im September 2019 mehrfach unterteilt wurde, und die Katholikenzahl in der Rumpf-Diözese sich auf heute 4,95 Millionen nahezu halbierte.

Dikasterium für den Klerus

Gemeindeleiter, Seelenhirte, Manager – Für alle Fragen rund ums Priesterleben (PE 113-120)

Bei den Seminaristen war der Trend bereits 2013 gekippt – und kündigte damit den Rückgang auch bei der Zahl der Priester an: Statt 120.616 bereiteten sich nur noch 118.251 Kandidaten auf das Priesteramt vor, zuletzt (2020) waren es 111.855. Ob das die seit längerem befürchtet Wende einleitete oder eine statistische Delle infolge der Missbrauchsskandale war, die etwa durch einen Franziskus-Effekt o. a. wieder ausgebügelt werden könnte? Auch in der Vergangenheit wurden solche Einbrüche später wieder ausgeglichen, beruhigten Kommentatoren.

Inzwischen sinkt auch die Zahl der katholischen Priester, von 415.792 im Jahr 2014 auf 414.065 drei Jahre später und 410.219 in 2020. Dabei betrifft der Rückgang den Ordensklerus stärker als den der Diözesen. Und während der Diözesanklerus 2020 in Afrika (+1.084) und Asien (+500) zunahm, sank er in Nordamerika (-386) und v. a. in Europa (-2.817). Unterdessen stieg zwischen 2014 und 2020 die Zahl der Ständigen Diakone von 43.195 auf 48.635 und die der Laienmissionare von 362.488 auf 413.561, während die der Katecheten von 3.170.643 auf 2.883.049 sank.

Diese Daten bilden eine Grundlage für das vatikanische „**Dikasterium für den Klerus**". Es „befasst sich mit allen Angelegenheiten, die die Priester und Diakone des Diözesanklerus in Bezug auf ihre Person, ihren pastoralen Dienst und das, was für dessen fruchtbare Ausübung erforderlich ist, betreffen. In solchen Angelegenheiten bietet es den Bischöfen die angemessene Unterstützung an" (PE 113).

Die Vatikan-Behörde soll die Ortskirchen darin unterstützen, dass der Seelsorge weiterhin genügend gutausgebildete Priester zur Verfügung stehen: Menschlich reife und ausgeglichene Persönlichkeiten, die theologisch beschlagen sind, spirituellen Tiefgang haben, die Sorgen der Menschen in der Pastoral empathisch aufgreifen und auch auf „Fernstehende" zugehen können. Denn das Priesteramt mit sakramentaler Weihe ist und bleibt konstitutiv für die katholische Kirche. Eine Kirche ohne geweihtes Priesteramt, wie es gelegentlich in die Debatte kam, ist „nicht denkbar", wie der neue Präfekt des Dikasteriums, der koreanische Kardinal Lazarus You Heung-sik, gegenüber Vatikan-Medien betonte (24.6.2022).

30 Priester für den Weltklerus

Rund 30 Priester und eine Handvoll Laien bilden den festangestellten Mitarbeiterstab des Klerus-Dikasteriums, das seine Amtsräume in einem der hellen Palazzi am Rand des Petersplatzes hat. Erwartet wird von ihnen ein Kirchenrechtsstudium, zumindest gute juristische Kenntnisse, da die Behörde viele Rechtsfragen bearbeitet. An ihrer Spitze steht ein Präfekt, der von einem Sekretär und einem Untersekretär unterstützt wird. Die Führungsriege wurde komplett ausgetauscht, als der langjährige Präfekt (und Papst-Vertraute) Stella 2021 mit 80 Jahren ausschied. Wie neuerdings im Vatikan üblich, nahm der Vatikan auch diesen Leitungswechsel zum Anlass für einen Funktions-Check in der Behörde.

Das Dikasterium bearbeitet vier große Sachbereiche und ist in entsprechende *Uffici* (Büros) unterteilt: Klerus, Seminare, Administratives, Dispensen; dazu gehört eine Spezialfakultät für den strafrechtlichen Ausschluss von Geistlichen aus dem Priesterdienst. Organisiert sind die Mitarbeiter in sieben Sprachabteilungen: Für Englisch, Französisch, Spanisch, Portugiesisch, Italienisch, Polnisch und Deutsch. Für die deutschsprachige Abteilung ist ein Geistlicher zuständig, der alle vier Sachbereiche bearbeitet.

Die Tätigkeit der Behörde besteht zum einen in Beratung und Information. Bischöfe und Bischofskonferenzen wenden sich mit verschiedensten Anfragen an Rom: zur Priesterausbildung, zu Verwaltungs-, Personal- oder Finanzdingen. Das geschieht schriftlich oder durch viele Telefonate, und konzentriert bei den alle fünf bis sieben Jahre anstehenden „*Ad-limina*-Besuchen" der Bischofskonferenzen im Vatikan.

Zum anderen muss die Behörde Entscheidungen in unterschiedlichsten Verwaltungsbelangen treffen. Wenn rund um den Klerus Fragen oder Probleme auftauchen und bis Rom kommen, ist prinzipiell dieses Dikasterium gefordert. Es prüft Beschwerden, reagiert auf Anfragen und Unterstützungsgesuche von Bischöfen und Geistlichen, äußert sich zu Rekursen, kümmert sich um disziplinarische Vorgänge. Allerdings verweist man auch hier auf das Subsidiaritätsprinzip, also die vorrangige Kompetenz des Ortsbischofs. Das Klerus-Ministerium schalte sich in der Regel nicht von sich aus ein. Es befasse sich mit Vorgängen, die nicht vor Ort geklärt werden konnten und aus den Diözesen an Rom herangetragen wurden.

I. Ufficio clero –
Für (fast) alle Fragen des Priesterlebens

Größtes und wichtigstes Büro des Dikasteriums ist das für den Klerus. Es befasst sich mit allem, was Leben, Disziplin, Rechte und Pflichten von Priestern und Diakonen wie auch deren ständige Weiterbildung betrifft (PE 115,1). Dazu gehören alle Belange von Pfarreien, Pfarrgemeinderäten, Kirchenverwaltungen, Domkapiteln. Jährlich gelangen mehr als 5.000 Vorgänge an dieses Büro, die nicht auf Lokal- oder Landesebene gelöst werden konnten. Im Vordergrund stehen dabei Fragen zum Profil und den Aufgaben des Priesters. 1990 widmete sich eine Weltbischofssynode vier Wochen lang diesem Thema. Ihr Schlussdokument *„Pastores dabo vobis"* ist bis heute eine Fundgrube für fast alles, was zu Leben, Ausbildung, Selbstverständnis und Dienst der Priester zu sagen ist – im weiten Geflecht von Gemeindeleiter und Moderator, von Seelenhirte und theologischem Experten, von Glaubenslehrer, Manager und Stellvertreter Christi, zwischen Predigtdienst und Zölibat, von Kommunionunterricht bis Gemeindekasse.

Neben dem Priester-Profil ist das *Ufficio Clero* für unterschiedlichste Einzelfragen zuständig. Ein heißes und zeitaufwändiges Thema – zunächst für Nordamerika, später auch in Mitteleuropa – ist die Zusammenlegung von Pfarreien. Aufgrund von Priestermangel und sinkender Kirchenbeteiligung müssen in Diözesen mitunter 300 Gemeinden auf 50 reduziert werden. Ein schmerzhafter, dramatischer Einschnitt, der oft Ein- und Widersprüche auslöst. Nicht selten wehren sich Priester und Gläubige gegen solche Entscheidungen ihres Bischofs. Und wenn der keine Klärung herbeiführen kann, kommen diese Beschwerden schließlich nach Rom an die Klerusbehörde – wie unlängst aus dem Bistum Trier, wo die Reform inzwischen (aber) modifiziert wurde. Antragsteller können der Bischof oder auch dessen Priester oder Gemeindemitglieder sein. Und es bedeute keinesfalls, dass der Bischof immer oder eher Recht bekomme als ein Pfarrer oder ein Laie, meinte ein Kurialer.

Für Aufsehen und Diskussionen gesorgt hatte die Behörde im Sommer 2020 mit einer Instruktion „Die pastorale Umkehr der Pfarrgemeinde im Dienst an der missionarischen Sendung der Kirche". Sie legte Normen für das Vorgehen bei Strukturreformen vor, bei der Zusammenlegung oder Aufhebung von Pfarreien. Unter anderem wandte sie sich gegen eine Aufgabe von Kirchengebäuden wegen Finanzknappheit oder Bevölkerungsrückgang. Dabei bekräftigte sie die herausgehobene Stellung des Pfarrers als Hirte, Leiter und Moderator der Gemeinde, als ihr „grundlegender Bezugspunkt", der sie bei allen Rechtsgeschäften vertritt – auch unter den erschwerten Bedingungen des Priestermangels. Und sie nannte auch die Einsatz- und Beteiligungsmöglichkeiten von Nichtpriestern in der administrativen und pastoralen Pfarrarbeit.

Auch die Diözesan- und Pfarrgemeinderäte fallen in die Zuständigkeit des Klerus-Dikasteriums – und nicht in das der Laien. Nach dem Kirchenrecht (CIC 536) führt der Pfarrer den Vorsitz im Pastoralrat einer Pfarrei. Deutschland geht dabei einen Sonderweg: der Pastoralrat gilt hier nicht nur als Vertretung der Pfarrei, sondern auch als Gremium der Laien, wie es das Konzil auf „pfarrlicher, zwischenpfarrlicher und interdiözesaner Ebene", national wie international, empfohlen hat. Hier können auch Laien den Vorsitz führen. Die Klerus-Behörde kümmert sich im Streitfall um deren Statuten, die jede Diözese erstellen und die der jeweilige Bischof in Kraft setzen muss.

An die Abteilung gelangen auch strittige Fragen, etwa zum Unterhalt oder zur sozialen Absicherung für Priester, besonders bei solchen, die in einer anderen Diözese oder in der Mission tätig oder mit überdiözesanen Aufgaben betraut waren (PE 115). Gelegentlich muss sie bei Verwaltungsbeschwerden und Konflikten zwischen Priestern und Bischöfen vermitteln. Oder bei Problemen von Domkapiteln, wenn deren Statuten, Zusammensetzung, Rechte und Aufgaben unklar sind.

Priestermangel – Ungleiche Verteilung

Zudem untersucht die Sektion die Probleme, die sich aus dem Priestermangel ergeben, der vielerorts den Gläubigen die Teilnahme an einer Messfeier nimmt und zudem die sakramentale Struktur der Kirche selbst untergräbt, wie PE 115,3 hervorhebt. Dabei ermutigt sie die Bischöfe und die Bischofskonferenzen zu einer angemesseneren Verteilung des Klerus.

Tatsache ist, dass die Verteilung des Klerus in der katholischen Weltkirche mit ihren 1,36 Milliarden Mitgliedern (2020) – 17,7 Prozent der Erdbewohner – sehr ungleich ist. In Europa, das seit Jahrzehnten besonders laut über einen Priestermangel klagt, sind immerhin noch 40,0 Prozent der weltweit 410.219 Priester tätig; aber dort leben nur (noch) 21,1 Prozent aller Katholiken. Statistisch gibt es auf dem Alten Kontinent einen Priester für 1.746 Katholiken. Dagegen ist auf dem katholikenreichsten Kontinent Amerika ein Kleriker für 5.434 Kirchenmitglieder zuständig – in Nordamerika einer für 2.086, im Süden einer für 7.401. In der Amazonas-Region ist es einer für 15.000 – und das in einem riesigen Gebiet. Günstiger sind die Relationen in Asien, wo es einen Priester für 2.138 Katholiken gibt, in Afrika einen für 5.089.

Dahinein spielt auch die Frage nach einer angemesseneren Verteilung des Klerus, zu dem das neue Kurienstatut ermutigt. Ein nicht ganz unproblematisches Thema. Benedikt XVI. hatte im Januar 2013 die dafür zuständige Vatikan-Kommission aufgelöst. Denn zwar lassen sich in Regionen mit Priestermangel, etwa in Westeuropa, manche Lücken mit Geistlichen aus Polen oder Indien füllen, wo es regional noch mehr Nachwuchs gibt. Aber ein solcher Austausch funktioniert nicht automatisch. Es beginnt bei Problemen mit der Sprache und hört bei der Mentalität nicht auf. Umgekehrt ist fraglich, ob afrikanische Bischöfe gut beraten sind, ihre Jungkleriker ins Ausland „auszuleihen". Natürlich hilft die finanzielle Vergütung dem Heimatbistum, die Priester selbst sammeln Erfahrungen, und der Austausch gilt als Beleg für die erlangte „Reife" der Missionskirchen. Aber die Kleriker entfremden sich von ihrer Heimat und lassen sich nach einer Rückkehr oft nicht mehr problemlos in der normalen Gemeindeseelsorge einsetzen.

Letztlich ist es aber auch eine Frage der Ehrlichkeit, warum der Austausch gerade den (finanziell) gut ausgestatteten Kirchen im Westen zugutekommt, wo der Priestermangel längst (noch) nicht so dramatisch ist wie in weiten Teilen Lateinamerikas.

Interessant ist ein Blick in die Statistik (2020). Von den 10.030 deutschen Diözesanpriestern waren 195 im Ausland tätig, in der Mission, in der Auslandsseelsorge, im Vatikan. Gleichzeitig arbeiteten 1.111 ausländische Geistliche in deutschen Gemeinden. Noch höher ist dieser Anteil in Frankreich, wo zu 8.817 einheimischen Diözesanpriestern 1.762 auswärtige kamen, in Österreich waren es 1.940 und 447. Unterdessen „leihen" manche afrikanische Staaten bis zu einem Drittel ihres Klerus ins Ausland aus, an Nachbarstaaten, aber auch nach Übersee; einige gehen zum Weiterstudium.

Freilich ist das Klerus-Dikasterium nicht für alle Priester zuständig. Die 129.698 Ordenspriester (2020) fallen in die Kompetenz des Dikasteriums für die Institute des geweihten Lebens. Und um Kleriker in den Missionsgebieten oder in den katholischen Ostkirchen kümmern sich die entsprechenden Vatikanbehörden. Allerdings ist auch für sie in etlichen Teilbereichen das Klerus-Dikasterium zuständig, etwa für die „Laisierung" von Geistlichen in den Missionsgebieten oder den Ostkirchen, oder generell für den „Status" von Ordensleuten. Neu ist unterdessen die Zuständigkeit der Behörde für die Personalprälaturen, etwa das *Opus Dei*, die bislang beim Dikasterium für die Bischöfe lag (PE 117). Der „Prälat" an der Spitze der Vereinigung soll künftig nicht mehr die Bischofswürde erhalten; bei Leitungsfunktionen sei das Charisma wichtiger als „hierarchische Autorität", hielt Franziskus am 22.7.2022 in einem Erlass fest.

II. Ufficio seminari – Für Aus- und Fortbildung

Die Verantwortlichkeit für die Seminare, in denen sich Kandidaten (vor allem) geistlich-spirituell auf das Priesteramt vorbereiten, kam erst Anfang 2013 zur Kleruskongregation. Die Entscheidung von Benedikt XVI. löste insbesondere bei der Bildungskongregation Kopfschütteln aus, die diesen Bereich zuvor betreut hatte. Denn die vatikanische Zuständigkeit für die Ausbildung würde damit auseinandergerissen. Gerade in Deutschland funktioniert die duale Ausbildung – in staatlicher Fakultät und im Priesterseminar. Allerdings ist in weiten Bereichen der Weltkirche das Seminar auch für die wissenschaftlich-theologische Ausbildung des Priesternachwuchses zuständig.

Die Klerusbehörde begrüßte die Neuregelung, auch wenn sie mit Anlaufproblemen und Mehrarbeit verbunden war. Sie betrachtet die Priesterausbildung als selbstständige Angelegenheit in der Kompetenz des Bischofs, durchgeführt im Priesterseminar. Und eine Erneuerung des Glaubens sei „nur möglich, wenn wir gut ausgebildete Priester haben", betonte Franziskus.

Das Dikasterium unterstützt die Bischöfe, damit die Studenten in den Seminaren eine solide menschliche, spirituelle, intellektuelle und pastorale Ausbildung erhalten (PE 114,1).

Die Abteilung ist für die Grundordnung der Priesterausbildung zuständig, die „*Ratio fundamentalis*", die in letzter Fassung 2016 fertig wurde. Sie regelt die verschiedenen Etappen des Wegs zum Priestertum, von der Berufungspastoral über die Ausbildung in den Kleinen und Großen Seminaren, deren akademische Kontrolle, und sie äußert sich zu den theologischen Ausbildern und geistlichen Begleitern.

Um angesichts niedriger Nachwuchszahlen die Qualität „der Priesterausbildung zu sichern und zu verbessern, fördert das Dikasterium die Errichtung von interdiözesanen Priesterseminaren" und ihrer Statuten (PE 114,4f). Das gilt, wenn Diözesanseminare nicht die Ausbildung mit einer ausreichenden Zahl von Kandidaten durch qualifizierte Ausbilder, Dozenten und geistliche Begleiter gewährleisten können.

Zur Aus- und Weiterbildung gehört seit 2013 auch ein *corso formativo*, ein gutbesuchter Kurs für (künftige) Ausbilder in den Seminaren und für Nachwuchskräfte, den die Behörde in jedem Studienjahr für jeweils zwei Semester anbietet. Die meisten Teilnehmer sind junge Priester, die in Rom weiterstudieren. Ein Reservoir für künftige Leiter von Priesterseminaren.

III. Ufficio amministrativo – Güterverwaltung und „Rom-Grenzen"

Dieser dritte Bereich des Dikasteriums kümmert sich vor allem um Fragen der Vermögens- und Güterverwaltung der juristischen Personen in der Kirche (PE 119). Er ist für deren Kontrolle in den Diözesen, Bischofskonferenzen, Pfarreien, Domkapiteln, Seminaren oder Stiftungen zuständig – unbeschadet der Zuständigkeit der Missions-, der Ostkirchen- und der Ordens-Dikasterien. Die Sektion muss prüfen – in der Regel auf Anfragen oder Anzeigen hin – ob die geltenden Normen beachtet werden und alles ordnungsgemäß funktioniert, oder ob Fehlleistungen oder gar Betrug vorliegen. Sie wird tätig bei strittigen Fällen von Veräußerungen, Erwerb, Schenkungen an Dritte, Stiftungen, Erbschaften und Vermächtnissen. Hin und wieder kontrolliert die Behörde durch ad-hoc-Visitationen die korrekte Verwaltung von Kirchengütern vor Ort.

Konkret betrifft das auch die Einhaltung der sogenannten „Rom-Grenzen". Sie beträgt fünf Millionen Euro für Deutschland, ebenso für Skandinavien, für Österreich drei Millionen, für die Schweiz 2,5 Millionen Franken. Wenn ein Bistum eine Investition (oder eine Veräußerung) plant, die diesen Betrag übersteigt, muss der Bischof das Projekt in Rom melden und vom Dikasterium genehmigen lassen. Das gilt auch, wenn aus dem Besitz eines bischöflichen Stuhls eine gewisse Vermögensmasse ausgelagert werden soll, um eine Stiftung zu gründen. Wenn das Bistum dafür eine Begründung und eine saubere Finanzierung vorlegt, Statuten erstellt, und nachweist, dass sein festes Vermögen nicht in eine finanzielle Schieflage gerät, erteilt die Behörde normalerweise ihr Einverständnis. – Freilich kann eine solche Nachfrage auch durch die Aufteilung in mehrere Einzelposten umgangen werden.

Aber es kann natürlich auch passieren, dass alle Kontrollmechanismen versagen und es zum Bankrott einer Diözese kommt. Dann muss das Dikasterium das traurige Resultat erfassen, und prüfen, wie dem Bistum geholfen werden kann. Innerhalb Europas machte hier vor wenigen Jahren ein spektakulärer Fall in slowenischen Diözesen Schlagzeilen. Betroffen waren aber auch manche US-Bistümer, denen nach Missbrauchsfällen mit Gerichts- und Anwaltskosten oder Entschädigungszahlungen nur noch ein kleiner Rest zum Überleben blieb.

IV. Ufficio dispense – Für die gnadenweise Entlassung aus dem Klerikerstand

Erst 2007 wurde die Kleruskongregation für die „Dispensen" von Geistlichen zuständig, auf Deutsch „Entlassungen aus dem Priesterstand", auch „Laisierungen". Zuvor kümmerte sich 25 Jahre lang die

Sakramentenkongregation um diese Fälle, vor 1980 waren sie Sache der Glaubenskongregation (PE 116,2).

Es ist eines der Beispiele, wie im Vatikan eine Kompetenz zwischen verschiedenen Behörden gewandert ist. Zunächst sah man im Ausscheiden aus dem Priesterdienst eine Glaubensfrage. Dann legte man den Akzent auf die Priesterweihe, von deren Verpflichtungen ein Kandidat sich lösen wollte. Schließlich sagte man, es handelt sich um einen Vorgang im Leben der Priester, und so kam er an die Klerusbehörde.

Die Zahl der Priesterlaisierungen hat sich nach einem Höchststand in den Konzilsjahren und nach einer weitgehenden Drosselung solcher Anträge unter Johannes Paul II. in den letzten Jahren auf rund 800 eingependelt. Sie dürfte sich für die Behörde jetzt verdoppeln, da sie nach PE auch für die Anträge aus der bisherigen Missionskongregation zuständig ist.

Ein Ausscheiden aus dem priesterlichen Dienst kann auf zwei Wegen erfolgen: auf dem „Gnadenweg" (durch eine Dispens des Papstes) oder im Zuge von Strafmaßnahmen.

Voraussetzung für eine Entlassung auf dem Gnadenweg ist, dass der Priester von sich aus tätig wird und einen entsprechenden Antrag stellt, der auch von seinem Bischof unterstützt wird. In diesem Fall kann der Papst ihn in einem Gnadenakt von seinen Rechten und Pflichten entbinden und aus dem Priesteramt entlassen. Bei der Überprüfung im Dikasterium wird jeder Fall einzeln und individuell behandelt.

Franziskus hat die „Laisierungs"-Verfahren in seinem Pontifikat deutlich vereinfacht und beschleunigt. Zuvor wurden in der Behörde drei, in Sonderfällen sogar fünf „Kommissare" mit einem Vorgang betraut. Dazu steht ihr ein Pool von besonders geschulten Priestern und Ordensleuten zur Verfügung, die einen Vorgang überprüfen und dem Papst ihre Entscheidung vorlegen.

Dieser Weg gilt inzwischen nur noch für komplizierte Fälle. Für eindeutige Situationen ist neuerdings der Gnadenweg im Sinne einer *pratica diretta* möglich. Danach wird die Akte vom Dikasterium geprüft und – wenn die Sachlage klar belegt ist – nach der ersten Durchsicht direkt dem Papst zur Entscheidung zugeleitet.

Kriterium für eine „Dispens" ist, dass die Lebenssituation des Priesters so irreversibel ist, dass er nach menschlichem Ermessen nicht mehr in sein Amt zurückkehrt. Davon geht man aus, wenn er zivilrechtlich verheiratet ist, Kinder hat, einen weltlichen Beruf ausübt und über ein eigenes, nichtkirchliches Lebenseinkommen verfügt. Als weitere Kriterien für eine Dispens gelten die „Ungeeignetheit" eines Klerikers, (der im priesterlichen Dienst nicht einsetzbar ist) sowie besondere „Fallumstände".

Zugenommen hat in letzter Zeit allerdings die Zahl der Priester, die auf strafrechtlichem Weg aus dem Priesteramt entlassen werden, insbesondere im anglophonen Raum. Die entsprechende Sonderfunktion hatte das Klerus-Dikasterium noch von Benedikt XVI. in dessen letzten Amtswochen erhalten. Dabei geht es um Geistliche, die zivil geheiratet oder es zumindest versucht haben, die sich aber weigern, einen Antrag auf ein Gnadengesuch zu stellen. Das gilt weiter für Priester, die sich „schwerwiegender äußerer Sünden gegen das sechste Gebot schuldig gemacht haben". Die Zuständigkeit bezieht sich schließlich auf Kleriker, die sich über einen Zeitraum von fünf Jahren unerlaubt vom Dienst entfernt haben. Der strafrechtliche Weg kommt derzeit bei einem Drittel der „Laisierungen" zur Anwendung.

„Kirche in Not" und „Vereinigung der Exorzisten"

Dem Dikasterium ist das Hilfswerk „Kirche in Not" unterstellt. Ansonsten ist es auch für Priestervereine (PE 118,2) zuständig. Deren Bedeutung ist in den vergangenen Jahrzehnten zurückgegangen. Es gibt Priestervereinigungen von Ars, die sich am Vorbild des „Pfarrers vor Ars" orientieren. Verstärkt sind Kleriker heute aber in neue geistliche Gemeinschaften eingebunden, stehen etwa der Fokolar-Bewegung oder den Neokatechumenalen nahe, oder gehören zu den Freunden von Sant'Egidio.

Ansonsten gibt es noch die weltweite Vereinigung der Exorzisten. Sie haben sich auf Vereinsbasis zusammengeschlossen, um miteinander kommunizieren zu können und organisiert zu sein. Sie wandten sich an die Klerusbehörde, legten Statuten vor, die gebilligt wurden. Seither können sie als Priesterverein auftreten.

Dikasterium für die Institute des geweihten Lebens und die Gesellschaften des apostolischen Lebens

Avantgarde der Kirche und Seismographen der „Zeichen der Zeit" – Nicht Weltflucht sondern prophetische Mission (PE 121-127)

Orden und Ordensleute sind die Avantgarde der katholischen Kirche, bilden den harten Kern ihrer Gläubigen. Sie leben in Gemeinschaften, stellen ihr Leben mit evangeliumsgemäßer Radikalität in die Nachfolge Christi und den Dienst der Kirche – und prägten und prägen diese maßgeblich mit. Sie haben prophetisch gleichsam als Seismografen „die Zeichen der Zeit" immer etwas früher als die übrige Kirche erkannt und kreativere Antworten gefunden. Sie seien „Experten der Gemeinschaft" und wirkten als „vitale Vorhut" inmitten einer Kultur der Ungerechtigkeit für eine bessere Welt, bestätigte ihnen Papst Franziskus.

Diesen Idealen folgen männliche wie weibliche Ordensgemeinschaften, Ordensleute und weitere Formen des geweihten Lebens, indem sie entweder ihr ganzes Leben innerhalb von Klostermauern der Kontemplation und dem Gebet für Kirche und Menschheit widmen. Oder indem sie hinaus in die Welt gehen, um an vorderster Front und an den Peripherien das christliche Gebot der Gottes- und Nächstenliebe zu leben, das Evangelium zu verkünden und den Armen und Schwachen zu helfen. Sie begeben sich an soziale Brennpunkte, leisten Pionierarbeit in kirchenfernen Milieus. Sie arbeiten in Mission und Medien, engagieren sich im Bildungs- und Erziehungswesen, in der Krankenpflege, in Sozialzentren und der Cityseelsorge.

Seit der frühen Kirchengeschichte haben sich verschiedenste Formen und Formate des Ordenslebens für Männer und für Frauen entwickelt, organisierte Verbände und Gemeinschaften, die von ihren

Gründern auf ein bestimmtes Ideal und konkrete Aufgaben ausgerichtet wurden. Sie leben nach festgelegten Konstitutionen, Regeln, Statuten und Ordnungen. Neben den für alle Christen geltenden Geboten verpflichten sie sich zu den „evangelischen Räten" von Armut, Gehorsam und eheloser Keuschheit. Damit ahmen sie die Lebensweise Jesu nach (Nachfolge Christi).

Betreut werden diese Gemeinschaften und Personen im Vatikan durch das **„Dikasterium für die Institute des geweihten Lebens und die Gesellschaften des apostolischen Lebens"**. Es ist für ca. 4.000 Gemeinschaften päpstlichen Rechts und ca. 2.000 Gemeinschaften bischöflichen Rechts weltweit zuständig, begleitet, fördert und ordnet ihr Leben und Wirken (PE 121). Es befasst sich mit allem, was die Ordensgemeinschaften und Ordensleute in Bezug auf Leitung, Disziplin, Studien, Güter, Rechte und Privilegien betrifft, ihm kommt es zu, die internationalen Konferenzen der höheren Oberen zu errichten und ihre Statuten zu approbieren (PE 125). Die römische Behörde wird insbesondere angerufen, wenn Fragen und Probleme nicht vor Ort zu lösen oder grundsätzliche Klärungen und Vorgaben nötig sind.

Dabei ist das Vatikan-Dikasterium nicht nur für die päpstlichen Gemeinschaften, sondern auch für die Errichtung von Instituten diözesanen Rechts zuständig, die in die Kompetenz des Ortsbischofs fallen (PE 122). Bevor eine neue Gründung anerkannt wird, wird sie zunächst als Vereinigung von Gläubigen mit Blick auf eine Ordensgemeinschaft errichtet (nach Genehmigung des Heiligen Stuhls). Wenn diese neue Gemeinschaft ausreichend Mitglieder hat und lebensfähig ist, dann kann sie – nach Genehmigung des Heiligen Stuhls – vom Ortsbischof als Gemeinschaft diözesanen Rechts errichtet werden. Wenn sie sich weiter verbreitet und andere Kriterien erfüllt, kann sie auch den Status des päpstlichen Rechtes erlangen.

Denn gottgeweihtes Leben gehe, auch wenn es lokal geerdet sei, immer die ganze Kirche an, betonte der Papst in einem Erlass von Ende 2020. Man muss die „Echtheit der inspirierenden Zielsetzung prüfen", es sollten „nicht voreilig unzweckmäßige oder kaum lebensfähige Institute entstehen". Es gelte eine übermäßige Vermehrung nahezu gleicher Institutionen und eine schädliche Aufsplitterung in zu kleine Gruppen zu vermeiden. Manche Neugründung oder Abspaltung hatte gerade ein Dutzend Mitglieder.

Rund 830.000 Katholiken – eins von 1.600 Kirchenmitgliedern – gehören einer Ordensgemeinschaft an, davon (lt. ASE 2020) 180.267 Ordensmänner (129.698 Priester und 50.569 Ordensbrüder) und 619.546 Ordensfrauen, sowie rund 31.000 Mitglieder von Säkularinstituten. In Deutschland gibt es rund 400 Ordensinstitute mit 3.436 Ordenspriestern, 1.388 Ordensmännern ohne Priesterweihe und 17.316 Ordensfrauen; in Österreich sind es 1.352 – 433 – 3.223 und in der Schweiz 672 – 176 – 4.150.

Hinzuweisen ist auf ein sprachliches Problem. Das Deutsche spricht pauschal (aber nicht korrekt) von „Orden" oder „Ordensleben" – und meint damit neben den alten Ordensgemeinschaften auch die jüngeren zentralgeführten Kongregationen, Säkularinstitute, Gesellschaften des apostolischen Lebens und weitere Formen geweihten Lebens. Der in anderen Sprachen benutzte Oberbegriff „Religiose" hat sich im Deutschen nicht eingebürgert. Ebenso nicht „vita consecrata" – (gott-)geweihtes Leben – was seit dem Zweiten Vatikanum die Lebensform nach den evangelischen Räten beschreibt. Bleibt der allgemeine Begriff „Institute".

Entwicklung, Strukturen, Geschichte

Der Heilige Stuhl unterscheidet (bei männlichen Gemeinschaften):
A Institute des geweihten Lebens
   a) „Religiosen"-Institute
      I. Orden: Regular-Kanoniker, Mönchsorden, Bettelorden, Regularkleriker
      II. Klerikale Kongregationen
      III. Laienkongregationen (Brüdergemeinschaften)
   b) Säkularinstitute
B Gesellschaften des apostolischen Lebens

A Institute des geweihten Lebens

a) „Religiosen"-Institute

I. Orden

Ihre Mitglieder leben in brüderlichen (analog in schwesterlichen) Gemeinschaften zusammen, in Klöstern und abgetrennt von der Welt. Die meisten tragen ein Ordensgewand; sie verzichten freiwillig darauf, Eigentum zu erwerben.
    Dazu gehören (in Klammern einige Mitgliederzahlen, nach ANP 2022):

1 Regular-Kanoniker/Chorherren
(bei weibl. Instituten „Chorfrauen")
Sie haben ihre Wurzeln in den Priestergemeinschaften, die wie Domherren mit dem Bischof lebten. Geprägt wurden sie vor allem ab Ende des 4. Jahrhunderts durch Augustinus.
    Hierzu zählen Prämonstratenser (1.127) (ihr Gründer Norbert von Xanten übernahm um 1120 die Augustinusregel), Augustiner-Chorherren, Deutsch-Ordens-Priester (knapp 100).

2 Mönchsorden (bei weibl. Instituten „Nonnen")
Ihre Tradition begann ab dem 4. Jahrhundert mit Einsiedlerkolonien in den Wüsten Ägyptens. Das abendländische Mönchtum breitete sich

(nach Anfängen im 4. Jh.) mit Benedikt von Nursia (480-543) aus. Mit seinem Programm „ora et labora" (bete und arbeite) wurde er zu einer prägenden Gestalt Europas – und zu dessen „Patron".

Das monastische Leben ist heute durch eine nicht-zentralisierte Organisationsform geregelt: Die Abteien, Klöster oder Priorate sind autonom, mit weitreichenden Vollmachten für den Abt oder Prior. Viele haben sich aber zu monastischen Kongregationen zusammengeschlossen, um sich gegenseitig zu helfen. Ihnen steht ein Abtpräses vor. Der Generalabt von weltweiten Zusammenschlüssen hat aber mehr eine koordinierende und subsidiäre Rolle inne. Das regelmäßige gemeinsame Chorgebet spielt eine zentrale Rolle. Ihren Lebensunterhalt bestreiten viele Klöster mit unterschiedlichsten Arbeiten und Tätigkeiten ihrer Mitglieder, Unterstützer und weiterer Mitarbeiter.

Dazu gehören u. a.: Benediktiner (6.667), Zisterzienser (1.600), Camaldolenser (66), sowie Trappisten (1.608) und Kartäuser (275).

3 Bettelorden

Sie entstanden ab Anfang des 13. Jahrhunderts neben den alten, mitunter elitären Mönchsorden. Bei ihnen kommt zu persönlicher Armut ursprünglich auch die gemeinschaftliche Armut hinzu. Anders als die Mönchsorden haben sie eine zentrale Leitung, mit einer Zentrale und Provinzen. Sie nehmen verschiedene Formen von apostolischer, missionarischer oder karitativer Tätigkeit wahr.

Hierzu gehören u. a.: Franziskaner (OFM 12.476), Minoriten (OfmConv 3.981), Kapuziner (OFMCap 10.335), Dominikaner (OP 5.545), Augustinerorden (OSA, 2.500), Karmeliten (OCarm 2.041), Unbeschuhte Karmeliten (OCD 3.978), Trinitarier (OSsT 612), Fratebenefratelli (OH 995)

4 Regularkleriker

Diese entstanden im 16. und Anfang des 17. Jahrhunderts im Zuge der Gegenreformation. Ihre Mitglieder tragen kein Ordensgewand, verrichten kein gemeinsames Stundengebet, das Gemeinschaftsleben ist nicht so streng normiert wie in den älteren Orden. Sie leisten Pastoral in unterschiedlichen Formen, auch wissenschaftlich-theologische Arbeit.

Hierzu gehören Jesuiten (14.839), Theatiner (161), Kamillianer (1.125).

II. Klerikale Kongregationen

Sie entstanden Ende des 16. und im 17. Jahrhundert. Es sind Vereinigungen von Klerikern (später auch Laien), die in Gemeinschaft leben und den evangelischen Räten folgen – ohne strenge Klausur, und ohne traditionelle Orden sein zu wollen. Sie widmen sich dem Apostolat und karitativen Aufgaben, Mission, Evangelisierung und Schuldienst.

Größte Kongregation sind die Salesianer (SDB 14.354), weiter Verbiten (SVD Steyler-Missionare, 5.965), Redemptoristen (CSsR 4.783), Oblaten (OMI 3.726), Spiritaner (2.729), Salvatorianer (SDS 1.137), Comboni-Missionare (MCCJ 1.576), Herz-Jesu-Missionare (MSC 2.189), Legionäre Christi (LC 1.432).

III. Laienkongregationen

Sie entstanden ab Ende des 17. Jahrhunderts und widmen sich vor allem der Erziehung (Schule und Katechese) von Kindern und Jugendlichen, aber auch dem Einsatz für Kranke, Gefangene oder Arbeitslose. Normalerweise ist die Priesterweihe für die Mitglieder ausgeschlossen; in manchen Instituten werden einige Kapläne für die Seelsorge unter den Mitgliedern zugelassen.

Hierzu gehören: Christliche Schulbrüder (3.329) oder Maristen (2.785).

Manche Aufgaben sozial-caritativer Männer- wie Frauen-Orden oder -Kongregationen haben sich inzwischen überlebt. Frühere Einsatzfelder wurden vom modernen Sozialstaat wahrgenommen, vor allem in der westlichen Welt. Manche Gemeinschaften mussten ihre Tätigkeiten modifizieren. Dennoch bleibt ein weites und einflussreiches Betätigungsfeld.

Und wo das Sozial- oder Bildungsangebot des Staates noch nicht flächendeckend funktioniert, in Afrika, Teilen Asiens oder Lateinamerikas, spielen die Orden weiterhin eine immense Rolle. Dort genießen die sozialen und karitativen Einrichtungen der Orden, deren Schulen und ganz besonders ihre Universitäten hohes gesellschaftliches Ansehen und haben Einfluss mitunter weit über den kirchlichen Bereich hinaus (s. auch Kapitel Bildung und Kultur S. 200).

Frauen-Institute

Vielfältiger (und weniger übersichtlich) als bei den Männerorden sind die Entstehungsgeschichten und Entwicklungen von weiblichen Gemeinschaften. Der Vatikan unterscheidet hier – und das ist eigentlich parallel zu den Männerorden – zwischen „Orden und Instituten mit autonomen Häusern" (also klassischen Orden) und „Zentralisierten Instituten" (Kongregationen).

Viele sind im Gefolge der Gründungen von Männerorden entstanden, als deren weiblicher Zweig. Klarissen oder Kapuzinerinnen führen sich als „zweite Orden" auf den Heiligen Franziskus und die Heilige Klara zurück. Ähnlich die Dominikanerinnen. In der Tradition des heiligen Augustinus sehen sich – als Pendant zu den Regular-Kanonikern – Gemeinschaften von Chorfrauen, etwa Birgitten oder Augustiner-Chorfrauen.

Neben diesen klassischen Orden von Frauen erlebten insbesondere im 19. Jahrhundert die Frauen-Kongregationen eine breite Gründungswelle. Sie führen sich zum großen Teil auf die „dritten Orden" der Heiligen Franziskus, Dominikus oder Augustinus zurück. Die Kongregationen sind in der Regel nicht an eine strenge Klausur gebunden, sind damit flexibler und großräumiger organisiert. Ihre besonderen Einsatzgebiete sind Sozialdienst und Caritas, wie auch der Schul- und Erziehungsbereich.

Die gesellschaftlichen Veränderungen ab Mitte des 19. Jahrhunderts hatten zu einem hohen Bedarf an Sozialleistungen geführt. Für Frauen eröffnete der Eintritt in eine Kongregation viele Berufsfelder mit Aufstiegsmöglichkeiten und Anerkennung in Kirche und Gesellschaft. Häufig geschah das freilich unter bedenklicher Ausnutzung gemäß der zeitbedingten Frauenrolle. Gerade Papst Franziskus hat das wiederholt thematisiert und Ordensfrauen aufgerufen „zu kämpfen", wenn sie ungerecht behandelt würden. „Dienst ja, Knechtschaft nein!", insistierte er 2019 bei einem Treffen mit 850 Ordensoberinnen im Vatikan. Ein Dienst als Katechetin, Theologin oder geistliche Begleiterin, als Verwalterin oder eine Tätigkeit in einem Sozialinstitut: ja. Aber „du bist nicht Ordensfrau geworden, um die Haushaltshilfe eines Geistlichen zu werden".

So unterschiedlich wie die Entstehungsgeschichten sind auch die Zuordnungen von Männer- und Frauen-Orden. Viele Frauengemeinschaften wurden von männlichen Instituten gegründet, entstanden als deren weiblicher Zweig und sind von ihnen abhängig, andere sind vollkommen selbstständig.

Das Statistische Jahrbuch 2020 gibt die Zahl der Ordensschwestern mit 619.546 an – zwölf Jahre zuvor waren es 722.000.

Davon leben rund 40.500 in 3.180 Klöstern *sui iuris*, also in eigenständigen Niederlassungen päpstlichen Rechts:
Birgitten (600), Augustiner-Chorfrauen; Benediktinerinnen (3.475), Zisterzienserinnen; Klarissen (6.056), Unbeschuhte Karmelitinnen (9.498), Dominikanerinnen (2.143).

In 68.054 Niederlassungen, die zu einem zentralisierten Institut gehören, leben (laut ASE 2020) 442.123 Schwestern:
Missionarinnen der Nächstenliebe (Mutter-Teresa-Schwestern 5.297), Canossianerinnen (2.274), Congregatio Jesu (Mary-Ward-Schwestern 1.525), Ingebohler Kreuzschwestern (2.958), Karl-Borromäus-Schwestern, Dernbacher Schwestern (Arme Dienstmägde Jesu Christi 563).

Die Zahlen für bischöfliche Institute und ihre Mitglieder werden von der Vatikan-Statistik nicht aufgeschlüsselt.

b) Säkularinstitute

Ihre Anfänge gehen aufs Ende des 16. Jahrhunderts zurück, aber erst 1947 erfolgte ihre rechtliche Anerkennung und Eingliederung in die von der Kirche anerkannten Stände des geweihten Lebens. Sie verpflichten sich zu den drei evangelischen Räten, aber die Mitglieder behalten ihre Stellung in der Welt und gehen weiterhin ihren Berufen nach, und leben in der Regel nicht in Gemeinschaft.
Hierzu gehören Priester-Institute (Schönstatt-Patres, Schönstatt-Diözesanpriester), und Laien-Institute (Bonifatius-Institut, Schönstätter Marienschwestern).
Die männlichen Institute hatten 2020 nach Vatikan-Angaben 583 Mitglieder, die weiblichen 29.608 Mitglieder.

B Gesellschaften des apostolischen Lebens

Es sind Gesellschaften, die ohne Ordensgelübde aber mit *Versprechen* in Gemeinschaft leben und ihre jeweiligen apostolischen Ziele verfolgen. Als Initiatoren und Gründerväter gelten Philip Neri für männliche und Vinzenz von Paul für weibliche Gesellschaften.

Dazu zählen Pallottiner (2.328), Oratorianer, Afrika-Missionare (Weiße Väter, 1.371), Lazaristen (3.166).

Vinzentinerinnen (13.519), Heilig-Geist-Schwestern (530).

Bleibende Bedeutung und zeitgemäße Erneuerung

Die Zahl der Ordensleute ist seit Jahren rückläufig, freilich regional unterschiedlich. In einigen jungen Kirchen Afrikas und Asiens erleben sie eine Blüte. Während in Europa Klöster schließen, werden andernorts neue gegründet. Der Vatikan weiß um die enorme Bedeutung der Orden und Institute für die Kirche, pflegt und fördert sie – und analysiert die Gründe ihrer Krisen.

Schon das Konzil hatte eine zeitgemäße Erneuerung des Ordenslebens zu seinem Anliegen gemacht. Am 28. Oktober 1965 wurde das Dekret *„Perfectae caritatis"* über die Bedeutung und Notwendigkeit dieser Gemeinschaften mit 2.321 Ja- gegen 4 Nein-Stimmen angenommen. Über keine Konzilsvorlage wurde zuvor so intensiv diskutiert; sie erhielt über 14.000 Änderungsvorschläge, mehr als jede andere.

„Zeitgemäße Erneuerung" bedeutet demnach eine „ständige Rückkehr ... zum Geist des Ursprungs der einzelnen Institute, zugleich aber deren Anpassung an die veränderten Zeitverhältnisse". Manche Aufgaben waren ohnehin hinfällig geworden, etwa der „Freikauf" von Gefangenen und Sklaven, dem sich die Trinitarier widmeten. Lebensweise, Gebet und Arbeit der Orden müssten den „körperlichen und seelischen Voraussetzungen der Menschen von heute" aber auch den Ansprüchen der Kultur, der sozialen und wirtschaftlichen Umwelt Rechnung tragen, so das Konzil. Folglich mussten die inneren Ordnungen und die offiziellen Gebräuche- und Gebetbücher reformiert werden.

In den Folgejahren wurde viel experimentiert, um sich neu an der Gründerfigur auszurichten, das Ordens-Proprium zu präzisieren und an das Heute anzupassen. Das begann bei einer einfacheren Ordenstracht und jährlichen Urlaubstagen oder Familienbesuchen für Patres und Schwestern, und hörte bei der Lockerung von Schweigenormen und Abschaffung von Schuldkapiteln nicht auf. Mancherorts wurde der Gemeinschaftscharakter neu herausgestrichen, andere versuchten den „Gehorsam" neu zu interpretieren. Dieser Umbruchs- und Erneuerungsprozess ist unterschiedlich weit fortgeschritten. Besonders in den Jahren nach dem neuen Kodex des kanonischen Rechtes 1983 wurden viele Rechtsordnungen und Konstitutionen angepasst und von der Kongregation geprüft und genehmigt. Dieser Prozess ist noch nicht abgeschlossen.

Johannes Paul II. hatte dem Ordensleben 1994 eine Weltbischofssynode gewidmet. Das Schlussdokument „*Vita consecrata*" unterstrich die bleibende Bedeutung und Unverzichtbarkeit der Orden für die Kirche. Besonders gefordert sei ihr Beitrag für Ökumene und interreligiösen Dialog, für Frieden, Gerechtigkeit und Bewahrung der Schöpfung. Wo die Welt von Rassenhass oder mörderischem Wahn zerrissen sei, sollten die Ordensleute den „Dialog der Liebe" eröffnen.

Insbesondere forderte die Synode mehr „Räume zur Mitwirkung" für die Ordensfrauen auf allen Ebenen. Sie müssten an Entscheidungsprozessen beteiligt werden, vor allem dort, wo es um sie selbst gehe. Sie sollten einen „neuen Feminismus" fördern, der jede Form von Diskriminierung, Gewalt und Ausbeutung von Frauen überwindet, unterstrich Johannes Paul II.

Neue Impulse erhielt das Ordensleben durch den Jesuiten-Papst Franziskus, den ersten Ordensmann an der Kirchenspitze nach 167 Jahren – seit dem Kamaldulenser Gregor XVI. (1831-1846). Er widmete dem Ordensleben ein eigenes Themenjahr (30.11.2014 bis 2.2.2016). Zwar ging die Initiative zwischen den Familiensynoden 2014/15 und den Planungen zum außerordentlichen Heiligen Jahr etwas unter. Aber Franziskus formulierte klare Botschaften und Erwartungen, wo und wie er seine Ordensleute sehen will.

„Weckt die Welt auf", appellierte er an seine Mitbrüder. „Verlasst eure Nester und geht an die Peripherie der Männer und Frauen von heute." Das Ordensleben sei keine Weltflucht, sondern eine prophetische Mission. „Ohne die Orden wäre die Kirche nicht das, was sie heute ist." Gelingendes Ordensleben beruhe auf drei Säulen: der prophetischen Mission in der Nachfolge Jesu, der Nähe zu Armen, Kranken und Bedürftigen und dem Wachhalten und Spenden von Hoffnung in einer oft verzagten und ängstlichen Menschheit.

Aufbau, Struktur und Zuständigkeit – Fünf Abteilungen

Das „Dikasterium für die Institute des geweihten Lebens und die Gesellschaften des apostolischen Lebens" hat seinen Sitz in einem der hellen Palazzi am Rand des Petersplatzes.

An der Spitze stehen ein Präfekt, ein Sekretär und zwei Untersekretäre, davon derzeit eine Ordensfrau. Ihnen arbeitet ein internationales Team von ca. 40 Referenten zu, ein Drittel Frauen. Durch regelmäßige Berichte erhält die Behörde einen breiten Überblick über das Ordenswesen in aller Welt und kann es entsprechend begleiten, fördern und auf Fragen und Probleme reagieren. Jährlich bearbeitet sie rund 10.000 Anfragen und Vorgänge – in fünf Abteilungen (zwei werden von Frauen geleitet) und derzeit sieben offiziellen Sprachen (Italienisch, Englisch, Französisch, Spanisch, Deutsch, Portugiesisch und Polnisch).

Das erste Büro kümmert sich um „Förderung und Bildung" der Gemeinschaften. Es verfolgt die Situation und die Arbeit der Orden in den verschiedenen Ländern, hält Kontakt zu den internationalen Konferenzen der Ordensoberen und Oberinnen, errichtet Oberen-Konferenzen, wo sie noch nicht bestehen, und entsendet Repräsentanten zu kontinentalen und wichtigen nationalen Ordenstreffen. Die Abteilung pflegt die Beziehungen zu den Bischofskonferenzen und bereitet deren *Ad-limina*-Besuche vor, bei denen stets Gespräche in der Ordens-Behörde auf dem Programm stehen. Eine eigene Abteilung ist für die Gründung und die Statuten von interkongregationalen Ausbildungszentren zuständig. Als wichtiges Instrument gilt der „Rat der 16" – je acht Generalobere und Generaloberinnen, die jährlich und nach Bedarf zu einem Austausch über Grundsatzfragen und Probleme zusammentreten.

Die zweite Abteilung ist zuständig für alle Bereiche des „monastischen Lebens". Sie überprüft (Rechts)Ordnungen, approbiert Ordens-Konstitutionen und Statuten, prüft Ordensregeln und deren Änderungen oder Neufassungen. Sie errichtet, vereint oder hebt Klöster auf. Sie betreut Apostolische Visitationen, bei denen das Leben und Wirken von Klöstern und Gemeinschaften – meist nach Auffälligkeiten oder besonderen Vorkommnissen – untersucht werden.

Die dritte Abteilung besorgt die „Ordentliche Leitung und Güterverwaltung" von Orden und Kongregationen. Sie bestätigt Konstitutionen sowie Änderungen von Konstitutionen, prüft (jährlich meist über 100) Berichte von Generalkapiteln. Zudem ist sie für Fragen der Güterverwaltung zuständig, für die Genehmigung von Darlehen und Veräußerungen – soweit sich der Heilige Stuhl um Güterbelange von Klöstern und Orden kümmern muss. Die aktuelle „Rom-Grenze" beläuft sich für Deutschland auf 5 Millionen Euro, für Österreich auf 3 Millionen Euro und für die Schweiz auf 2,5 Millionen Franken.

Zwar gehören Armut, Teilen, Schenken und Unentgeltlichkeit zum Wesen des Ordenslebens. Aber da nicht wenige Klöster und Gemeinschaften ihren Unterhalt auch mit kommerzieller Tätigkeit und aus ihrem materiellen Besitz bestreiten – dazu gehören große Werke wie Krankenhäuser, Schulen oder Pflegeeinrichtungen, aber auch Pilgerbetrieb und Gästebetreuung, Landwirtschaft und Bierbrauerei – müssen Grundregeln wirtschaftlichen Handelns gelten. Man achte darauf, dass das Kirchengut nicht in weltliche Bereiche transferiert, sondern im Sinne der Gemeinschaften und der Gesamtkirche verwendet wird. In einem Appell von 2014 rief Franziskus die Orden auf, ihre kirchlichen Güter mit Sorgfalt und Transparenz zu verwalten, bedacht auf Nachhaltigkeit. Sie dürften nicht leichtfertig ihre Ressourcen verschwenden.

Nach den Richtlinien der Ordens-Behörde muss jedes Institut einen Haushaltsplan nach internationalen Standards erstellen und von auswärtigen Fachleuten prüfen lassen. Das Dikasterium hat das Recht, unklare Finanztransaktionen zu verweigern. Für größere Projekte müssen Kostenvoranschläge erstellt und wirksame Kontrollmechanismen eingebaut werden. Eine allzu leichtfertige Veräußerung (weit unter Wert), auf die sich manche Gemeinschaft nach dem Konzil um des Armutsideals willen einließ, entspreche nicht der katholischen Soziallehre. Denn es handelt sich nicht um das Eigentum der Gemeinschaften, sondern es ist Kircheneigentum und dient damit einem weiteren Horizont. Die Orden müssten ihre „charismatisch-geistliche Dimension mit einer wirtschaftlichen Dimension und mit Effizienz" verbinden.

Die vierte Abteilung ist für „Disziplinarfragen und besondere Rechtsfragen" zuständig, die nicht vor Ort geklärt werden können und bis nach Rom gelangen. Da geht es um die Erlaubnis für Ordensleute, sich länger beurlauben zu lassen, ihr Kloster oder ihre Klausur zu verlassen. Aber auch um Ordensaustritte, um Wechsel zwischen Gemeinschaften oder Wiedereintritte. Allerdings hat Franziskus per Erlass vom 15.2.2022 hier einige Kompetenzen der jeweiligen Ordensoberen erweitert. Weiter landen bei der Abteilung Streitigkeiten zwischen Klöstern oder zwischen Orden und Diözesen, und auch Streitigkeiten zwischen Ordensleuten und ihren Oberen. Sie kümmert sich um Beschwerden und begleitet auferlegte Maßnahmen. Sie wird auch zuständig, wenn finanzielle Unregelmäßigkeiten zu überprüfen sind. In diesem Kontext führt sie jährlich zwischen 20 und 50 Apostolische Visitationen in Ordenshäusern durch, wenn strittige oder ungeklärte Umstände das erfordern.

Das fünfte Büro befasst sich mit „Neue(n) Formen geweihten Lebens". Es ist für Errichtungen und Anerkennungen neuer Institute päpstlichen Rechts und deren Rechtsordnungen zuständig. Aber es kümmert sich auch um Unionen und Zusammenschlüsse, wenn einzelne Gemeinschaften eine Mindestzahl (5) unterschreiten oder Klöster ihre Autonomie verlieren und sich nicht mehr selbst verwalten können, auch um Teilungen und Aufhebungen von Gemeinschaften. Die Abteilung war in letzter Zeit immer häufiger mit der Auflösung von Klöstern oder Ordensgemeinschaften beschäftigt. Zudem fallen alle Fragen im Zusammenhang mit Säkularinstituten in ihre Zuständigkeit.

Wenn von Nachwuchsproblemen der Orden die Rede ist, von Reibereien mit Ortsbischöfen und der römischen Kurie oder von Unstimmigkeiten über ihren Auftrag und ihren Ort in Kirche und Welt, so berührt das einen Lebensnerv der Weltkirche, die ebenfalls in Krisen lebt. Aber zur Überwindung der Krisen, zur Neuevangelisierung, zur stärkeren Präsenz der Christen in der Welt, speziell an den Brennpunkten, setzt die Weltkirche besonders auf die Orden und geistlichen Gemeinschaften.

Dikasterium für die Laien, die Familie und das Leben

„Privilegierte Beobachtungsstation" für katholische Laienarbeit
(PE 128-141)

Effizienz, Dienstcharakter, Synodalität, Synergien und Kostenersparnis waren zentrale Kriterien für die Kurienreform von Papst Franziskus. Schwerfällige Strukturen, Doppelarbeit, Überschneidungen aber auch die angespannte Finanzlage drängten zu präziserer Aufgabenbeschreibung, sinnvollerer Aufstellung und engerer Koordinierung der Behörden. Daher kamen die kostenintensiven nachkonziliaren Räte sehr bald auf den Prüfstand. Ein knappes Dutzend neuer Behörden war in den 1960er und 70er Jahren entstanden, um die vom Konzil geforderten Aufgaben der Kirche in der Welt zu begleiten.

Auf Empfehlung des K9-Rates fasste Papst Franziskus 2016 sechs Behörden zu zwei neuen Einheiten zusammen. Vier Päpstliche Räte gingen ins neue Dikasterium für die „ganzheitliche Entwicklung des Menschen" (s. u. PE 20, Seite 212) ein. Und im Dikasterium für „Laien, Familie und Leben" wurden der Laienrat und der Familienrat zusammengeführt, die Akademie für das Leben ist mit ihm verknüpft. Allerdings ist diese Verbindung nicht komplett neu: Schon Paul VI. hatte 1976-1981 den Laienrat und das Familienkomitee unter einen gemeinsamen Präsidenten gestellt.

Der Umbau war in beiden Bereichen mühsamer und langwieriger als zunächst gedacht – und zu Redaktionsschluss noch nicht beendet. Insbesondere die Laienbehörde wollte sich daher zunächst noch nicht (näher) zu ihrem Neuanfang und ihren Strukturen äußern. Allerdings gab Präfekt Farrell Mitte 2021 in einem Interview mit vatikaneigenen Medien einige Einblicke in seine Behörde und ihre Arbeit.

Laien – Familie – Leben

Zum 1. September 2016 hat Papst Franziskus die Päpstlichen Räte für die Laien und für die Familie aufgelöst. Ihre Aufgaben, ihre Zuständigkeiten, aber auch ein Großteil des Personals gingen in das neue **„Dikasterium für die Laien, die Familie und das Leben"** ein. Zu den Aufgaben des alten Familienrates gehörte bereits der Schutz des Lebens. Die ebenfalls inzwischen erneuerte Akademie für das Leben wurde dem Dikasterium angegliedert.

Das Dikasterium ist laut PE 128 zuständig „für die Belange des Laienapostolats, die Jugendpastoral, die Pastoral für die Familien und ihre Sendung nach dem Plan Gottes, die Pastoral für die älteren Menschen sowie die Förderung und den Schutz des Lebens". Dazu steht es im Kontakt mit dem Ortskirchen und den Bischofskonferenzen, es fördert den Austausch und bietet seine Mitarbeit an. Dieser Dienst erfolgt durch Dokumente und Erklärungen, durch Großveranstaltungen wie die Welttage für Jugendliche, für Familien oder Senioren, mit Konferenzen, Kongressen und Vorträgen – unter Corona-Bedingungen mit Webinaren oder Videoschaltungen. Und auch diese Behörde steht unter dem großen Auftrag der *„Missionarità"*, der Evangelisierung.

Wichtige Impulse kamen von drei jüngsten Bischofssynoden, die die Arbeit des neuen Dikasteriums unmittelbar betrafen: Die Synoden zur Familienpastoral 2014 und 2015 sowie zu „Glaube und Berufungsentscheidung der Jugend" 2018. Zur Vorbereitung auf letzteres Treffen hatte die Laien-Behörde im Vorfeld eine viertägige Jugendsynode mit 250 jungen Teilnehmern aus aller Welt organisiert. Deren Schlusspapier fand starken Niederschlag im Arbeitsdokument des Bischofstreffens.

Komplett erneuert wurde die Leitungsebene des Dikasteriums. Es stiegen nicht, wie im Vatikan häufig der Fall, verdiente langjährige Mitarbeiter auf. Als neuen Präfekten holte Franziskus den verwaltungserfahrenen irisch-stämmigen US-Bischof von Dallas, Kevin Joseph Farrell. (Sein Bruder Brian Farrell ist zweiter Mann im Einheits-Dikasterium.)

Zum Sekretär berief Franziskus einen Vertrauten aus Tagen der CELAM-Konferenz 2007 in Aparecida, den brasilianischen Schönstatt-Priester Alexandre Awi Mello. Er gehörte damals zu Bergoglios Redaktionsteam für das Schlussdokument des großen Lateinamerika-Treffens. Als Untersekretäre nominierte Franziskus zwei Frauen, Professorinnen römischer Universitäten, die frischen Schwung und Knowhow einbrachten. Den *Superiori* arbeiten rund 20 höhere Beamte aus acht Ländern zu, größtenteils Laien, aber auch drei Priester und eine Ordensfrau (2021). Auffallend war, dass aus dem alten Familienrat mancher Geistliche in seine Heimatdiözese zurückbeordert wurde.

Themenbereich Laien

Das Dikasterium setzt laut PE und laut Statut die Arbeit der bisherigen Behörden in den drei Themenbereichen fort, aber mit aktualisierten Vorgaben. Es versteht sich als „privilegierte Beobachtungsstation" für die Förderung von katholischen Laien und Laienarbeit in Kirche und Welt, so Präsident Farrell im Vatikan-Interview. Es unterstützt die aktive und verantwortliche Teilnahme der Laien im Leben der Pfarrei und der Diözese und in den Beratungsorganen der Weltkirchen-Leitung. Es fördert ihre Mitwirkung am liturgischen und sakramentalen Leben, am missionarischen Wirken, in der Caritas- und Sozialarbeit, in der Katechese, der menschlichen Förderung, auch etwa der Ehevorbereitung. Denn verheiratete Laien könnten besser als jeder andere die Verantwortung für die Ehevorbereitung und die Begleitung anderer Paare übernehmen.

Zugleich begleitet die Vatikan-Behörde die Tätigkeit der katholischen Laien in der Welt, in Beruf, Familie, Arbeitsleben und Freundeskreis, ihr christliches Zeugnis in Gesellschaft und Kultur. Sie sollten in der Welt der Politik präsent sein, forderte Farrell, „um Regierungen anzuleiten, angemessene Maßnahmen zum Schutz des Lebens zu ergreifen, zugunsten von Familien, jungen und älteren Menschen, von Menschen mit Behinderung oder anderen Formen von Fragilität".

Vertiefen soll das Dikasterium auch das Verhältnis und „Fragen der Zusammenarbeit von Laien und geweihten Amtsträgern aufgrund der Taufe und der Vielfalt von Charismen und Ämter" (PE 132). Wiederholt hat der Papst vor der „Gefahr, die Laien zu klerikalisieren" gewarnt. Auch Diakone sind keine „verhinderten Priester", sie sollten sich „vom Altar fernhalten" und dafür ihren Dienst für die Gemeinde leisten, sagte er im März 2017 vor Priestern im Mailänder Dom; sie sollten weder zu Messdienern erster Klasse noch zu Priestern zweiter Klasse werden.

Dazu gehört, dass die Behörde die Einrichtung neuer Ämter und kirchlicher Dienste überprüfen soll, die in bestimmten Situationen Laien anvertraut werden könnten. Die Amazonien-Synode 2019 hatte vorgeschlagen, angesichts von schwierigen Seelsorgebedingungen auch die Laien stärker einzubeziehen. Entsprechende Vorschläge von Bischofskonferenzen sollen vom Dikasterium bewertet und approbiert werden, schreibt PE 133.

Kongresse – Weltjugendtage

Eine wichtige Rolle spielen für das Dikasterium die Förderung der katholischen Jugendarbeit und ganz besonders die Weltjugendtage (WJT), die inzwischen die zahlenmäßig größten Veranstaltungen der katholischen Kirche bilden (PE 130). Die Internationalen Treffen werden von der römischen Behörde zusammen mit der gastgebenden Ortskirche geplant und durchgeführt. Corona-bedingt wurde der WJT in Lissabon von 2022 auf den Juni 2023 verschoben. Die Behörde arbeitet daran, dass die Jugendtage von einem einmaligen Großereignis stärker zu einem kontinuierlichen Prozess der Ausbildung, der Evangelisierung und der Begleitung von Jugendlichen werden.

Im Aufgabenbereich für Laien gibt es, wie Farrell berichtete, ein eigenes Frauenbüro, das die kirchliche Reflexion über die Identität und die Sendung der Frauen in der Kirche und der Gesellschaft vertieft. Zudem nimmt die Behörde laut PE 131 intensiver das Verhältnis von Mann und Frau in den Blick, „in ihrer jeweiligen Besonderheit, Gegenseitigkeit, Komplementarität und gleichen Würde". Es fördert ihre Partizipation in Kirche und Gesellschaft. Und es arbeitet auch „Beispiele für Führungspositionen für Frauen in der Kirche" aus.

Ohne Konsequenzen für die Neuordnung blieb unterdessen ein früherer Vorschlag, die Ministrantenarbeit der Laienbehörde zuzuordnen. Immerhin handelt es sich – etwa für Deutschland – um einen wichtigen Akzent der Jugendarbeit. Und auch Überlegungen aus dem Vorfeld, in der Behörde eine eigene Struktur für Kinder zu schaffen, wurden nicht realisiert.

Unverändert blieb auch die vatikanische Zuständigkeit für die Pfarrgemeinderäte, die in der deutschen Kirche eine wichtige Rolle spielen. Um sie kümmert sich weiterhin das Klerus-Dikasterium. Denn nach dem Kirchenrecht wird der Pastoralrat einer Pfarrei vom Pfarrer geleitet (CIC 536). Deutschland geht dabei einen Sonderweg: Der Pastoralrat gilt hier zugleich auch als Organ der Laienvertretung, wie ihn das Konzil im Laien-Dekret (*Apostolicam actuositatem*, 26) empfohlen hat. Somit können dort auch Laien den Vorsitz führen.

Neue geistliche Gemeinschaften und Charismatiker

Die Behörde behält weiterhin eine Jurisdiktion über die internationalen Laienverbände und Gemeinschaften, zurzeit rund 110 – von Sant'Egidio über Neokatechumenalen Weg, „Communione e liberazione" bis zum Internationalen Kolpingwerk, dem Schönstatt-Frauenbund und der Charles-de-Foucauld-Gemeinschaft.

Gerade im Pontifikat von Johannes Paul II. war die Zahl der Anerkennungsanträge für internationale katholische Vereinigungen stark gestiegen und hatte die Behörde gut beschäftigt. Für nationale Verbände und deren Anerkennung ist dagegen die jeweilige Diözese oder die nationale Bischofskonferenz zuständig. Das gilt für den in Deutschland ausgeprägten Verbandskatholizismus, der damit weitgehend am römischen Raster vorbeigeht.

Das Dikasterium begleitet das Leben und die Entwicklung der Vereine von Gläubigen und der kirchlichen Bewegungen, es errichtet und anerkennt – in Abstimmung mit dem Staatssekretariat – neue internationale Vereinigungen, genehmigt Statuten, überprüft ihre Einhaltung und kann auch Visitationen veranlassen (PE 134). Zuletzt hatte der Vatikan eine solche Untersuchung bei der bekannten Laienvereinigung *„Memores Domini"* vorgenommen, nachdem Kritik an einer angeblich zu engen Verquickung von administrativer Leitung und seelsorgerischer Begleitung laut geworden war. Der Papst beauftragte Ende 2021 einen süditalienischen Bischof mit der vorübergehenden Leitung der Vereinigung.

Für Aufsehen hatte der Vatikan 2011 mit der Entscheidung gesorgt, der katholischen Weltunion der Presse UCIP die Bezeichnung

„katholisch" zu untersagen. Der Verband hatte seine Statuten zu Vorstandwahlen und Generalversammlungen über längere Zeit nicht eingehalten und es zudem an Transparenz und Kommunikation fehlen lassen, hieß es. Bei seiner letzten Vollversammlung waren weder der Präsident noch seine beiden Stellvertreter oder der Schatzmeister anwesend; unter den angeblich 1.000 Teilnehmern befanden sich gerade 14 stimmberechtigte Mitglieder. Der Vatikan deutete das als „mangelndes Interesse". Auf eine kurzfristige reine Namensänderung in „Internationale Organisation der Katholiken in den Medien" (ICOM) ließ sich Rom nicht ein.

Nach Einschätzung von Beobachtern genießen die neuen Geistlichen Gemeinschaften und Laien-Bewegungen unter Papst Franziskus nicht mehr die gleiche bevorzugte Stellung wie unter Johannes Paul II. Sie leisten für den Aufbau und die Mission der Kirche eine hervorragende Arbeit, aber manche entwickelten ein nicht unproblematisches Eigenleben. Schon Benedikt XVI. hatte etwa den Neokatechumenalen Weg stärker in das gesamtkirchliche Leben zu integrieren versucht.

Franziskus sieht die Laienarbeit offenbar stärker in den klassischen Strukturen der Pfarrgemeinden und Diözesen, in Einheit mit dem Bischof – und im Sinne der früher starken „Katholischen Aktion". Fokolar-Bewegung, Neokatechumenale oder „Communione e liberazione" sollen in den kirchlichen Territorialgemeinden und Diözesen mitarbeiten. Die Idee einer „Kirche in der Kirche" behage ihm nicht, ließ er erkennen. „Man geht gemeinsam, ohne sich zu isolieren und ohne anderen den eigenen Gang aufzuzwingen. Man geht vereint, als Kirche, mit den Hirten, mit allen Geschwistern, ohne Flucht nach vorn und ohne sich über jene zu beklagen, die langsamer gehen", sagte er dem Neokatechumenalen Weg zu seinem 50-jährigen Bestehen in Rom (5.5.2018).

In dem Kontext steht auch ein Dekret des Dikasteriums von Juni 2021, das die Amtszeit der Leitungsposten in internationalen Vereinigungen auf fünf Jahre begrenzt – mit der Möglichkeit einer einmaligen Verlängerung. Ein „gesunder Wechsel" und eine häufigere Rotation hätten Vorteile für die Vitalität der Vereinigungen. Er könnte Konflikte und Spannungen abschwächen, die den missionarischen Schwung in den Gruppierungen lähmten, hieß es. Es gelte der Gefahr einer Vereinnahmung des Charismas, der Gefahr von Selbstüberhöhung, Einseitigkeit, Machtgier und Amtsmissbrauch gegenzusteuern.

Auf den Erlass folgten bald prominente Rücktritte von langjährigen Leitungsfiguren. Die Freiheit der Laienverbände sei „zuletzt sehr groß, vielleicht zu groß gewesen, – mit negativen Folgen für persönliche Würde und Freiheit der Mitglieder", kommentierte dazu der *Osservatore Romano*. Und Franziskus erinnerte bei einem Treffen mit der Cursillo-Bewegung (Mai 2022), es habe leider oft negative Erfahrungen gegeben, wenn eine durchaus charismatische Gründungsfigur zu lange im Amt blieb. Damit eine Bewegung langfristig leben könne, brauche es eine ständige „Erneuerung gegen persönliche Ambitionen".Zuletzt drängte die Behörde auch auf faire Arbeitsbedingungen für Personen, die innerhalb ihrer Gemeinschaften tätig sind und dort mitunter als billige Arbeitskräfte ausgenutzt werden.

Hohe Wertschätzung genießen bei Papst Franziskus die Charismatischen Erneuerungsbewegungen. Auf seinen ausdrücklichen Wunsch hin entstand 2018 unter Regie des Laien-Dikasteriums aus zuvor zwei getrennten Organisationen der gemeinsame Dachverband „Charis". Franziskus gab ihm den dreifachen Auftrag: die Erfahrungen der „Taufe im Heiligen Geist" zu teilen, sich für die Einheit der Christen einzusetzen und den Armen zu dienen. Das geschieht durch Schulungen, Großveranstaltungen und Studien-Kolloquien.

Themenbereich Familie

Der Vatikan will mit dem Dikasterium die Rechte, die Verantwortung und die Anerkennung der Familie in der Kirche und der Zivilgesellschaft fördern und ihre Würde auf Grundlage des Ehesakraments schützen (Statut 10,1). Dazu gehört eine „Ehe- und Familienpastoral auf der Grundlage der Lehre des Lehramtes der Kirche" (PE 135). Die Kirche soll sich den Zeichen der Zeit stellen und die Stellung der Familie im christlichen Sinn fördern. „Es fördert auch in der Seelsorge und der Schulbildung Modelle der Inklusion" (PE 136). Dazu begleitet die Behörde die Aktivitäten der nationalen und internationalen katholischen Institute, Verbände, kirchlichen Bewegungen und Organisationen aus diesem Bereich.

Hier haben die beiden Bischofssynoden 2014/15 zur Familienpastoral mit dem zusammenfassenden Lehrschreiben *„Amoris laetitia"* Arbeit und Perspektiven erweitert. So benennt das Statut der Behörde klar die „pastorale Sorge der Kirche auch für sogenannte ‚irreguläre' Situationen" (AL 296-306).

Das neue Kurienstatut schreibt in 137,1: Das Dikasterium untersucht „die Vielfalt der anthropologischen, soziokulturellen und wirtschaftlichen Bedingungen des Zusammenlebens in Ehe und Familie. Es untersucht und prüft mit Unterstützung von Fachleuten die Hauptursachen für Krisen in Ehen und Familien", und widmet den vom Scheitern einer Ehe Betroffenen besondere Aufmerksamkeit, gerade den Kindern (PE 137,2). Es sammelt und empfiehlt „Modelle für die pastorale Begleitung, die Gewissensbildung und die Integration von zivil wiederverheirateten Geschiedenen", und auch von Menschen, die in polygamen Verhältnissen leben (PE 137,3).

Während des „Familienjahres" 2021 hatte der Papst die Behörde aufgefordert, Leitlinien für Ausbildungsprogramme zur Ehevorbereitung und zur pastoralen Begleitung junger Ehepaare anzubieten. Daraufhin brachte sie im Juni 2022 pastorale Orientierungen für das Eheleben heraus. Durch eine intensivere Begleitung von Paaren vor der Eheschließung sollen sie „vor dem Trauma der Trennung bewahrt werden". Ein Folgedokument soll sich den Familien widmen, „die das Scheitern ihrer Ehe erlebt haben und in einer neuen Ehe leben oder zivilrechtlich wiederverheiratet sind".

Ein neues Profil zeigte zuletzt auch der katholische Weltfamilientag. Anstelle eines Großevents mit Hunderttausenden Teilnehmern wie zuvor in Rio, Manila oder Mexiko fand das zehnte Treffen im Juni 2022 in Rom als internationaler theologisch-pastoraler Kongress mit 2.000 Delegierten statt, meist Multiplikatoren katholischer Familienverbände und Experten – auch corona-bedingt. Die zentralen Veranstaltungen und Gottesdienste in Rom wurden live in alle Welt gestreamt. Zusätzlich sollten sich die Bistümer weltweit unter dem Motto „Familienliebe: Berufung und Weg zur Heiligkeit" mit eigenen Initiativen beteiligen.

Und auch der älteren Generation will sich das Dikasterium stärker widmen, schreibt PE 128 (s. o.). Franziskus hat dazu einen „Welttag für Großeltern und Senioren" ins Leben gerufen, um den Dialog zwischen den Generationen zu fördern. Er soll jährlich am vierten Sonntag im Juli begangen werden, in zeitlicher Nähe zum liturgischen Fest der Heiligen Joachim und Anna (26.7.), der Eltern Mariens und der Großeltern Jesu.

Schließlich arbeitet das Dikasterium mit dem „Päpstlichen Theologischen Institut Johannes Paul II. für Ehe- und Familienwissenschaften" zusammen (PE 141,2), das 2017 von Franziskus – ebenfalls im Zuge der Familiensynoden – neu aufgestellt und in seinem Themenspektrum erweitert wurde. Die Kirche müsse heute auf die komplexen Herausforderungen für Eheleute und Familien „mit einem breitgefächerten analytischen Ansatz antworten, der sich nicht auf seelsorgliche und missionarische Konzepte der Vergangenheit begrenzen" könne, forderte dessen neues Gründungsdokument.

Themenbereich Leben

Dann soll das Dikasterium auch den Bereich des Lebensschutzes vertiefen. Es unterstützt und koordiniert „Initiativen zugunsten einer verantwortlichen Elternschaft und des Schutzes des menschlichen Lebens von der Empfängnis bis zu seinem natürlichen Tod" – unter Berücksichtigung der „Bedürfnisse der Person in den verschiedenen Entwicklungsstadien" (PE 138). Papst Franziskus hat unmissverständlich Abtreibung als „Mord" bezeichnet. Die Behörde soll Organisationen und Vereinigungen ermutigen, die Familien und Einzelpersonen helfen, das Geschenk des Lebens verantwortungsbewusst anzunehmen, vor allem bei schwierigen Schwangerschaften, um dem Rückgriff auf eine Abtreibung vorzubeugen (PE 138,2). Gleichzeitig fördert das Dikasterium kirchliche Programme und Initiativen, die zum Ziel haben, Menschen zu helfen, die an einer Abtreibung beteiligt waren.

Schließlich befasst sich die Behörde „im Dialog mit den verschiedenen theologischen Disziplinen und anderen einschlägigen Wissenschaften" mit Grundsatzfragen der Biomedizin und des Rechts in Bezug auf das menschliche Leben (PE 139). Es prüft – im Einvernehmen mit dem Glaubens-Dikasterium – „die sich entwickelnden Theorien über das menschliche Leben und die Wirklichkeit des Menschengeschlechts".

Außerdem arbeitet die Behörde mit der Päpstlichen Akademie für das Leben in Fragen des Schutzes und der Förderung menschlichen

Lebens zusammen (PE 141,1). Die Einrichtung hatte den klassischen Fokus auf Themen wie Abtreibung und Sterbehilfe zuletzt ausgeweitet. Lebensschutz müsse eine Kultur fördern, die dem Leben immer und überall hilft, sie müsse einer „Wegwerf-Mentalität" gegenüber Schwachen, Alten und Behinderten gegensteuern, sagte Präsident Paglia in einer Ansprache (2.10.2017). Sie müsse auch Fragen wie Todesstrafe, Waffenhandel oder auch die Gefährdung von Flüchtlingen einschließen. Franziskus hat inzwischen einen weiteren Schritt vollzogen, indem er die Todesstrafe komplett ächtete.

Das Nachdenken über das menschliche Leben muss sowohl neue Technologien als auch soziale Faktoren in den Blick nehmen. Und dazu gehört auch – wie die Corona-Krise schmerzhaft zeigte – ein global gerechter Zugang zur Gesundheitsversorgung und eine gerechte Verteilung von Medikamenten und Impfstoffen.

Gemeinsam hatten sich Paglia und Farrell auch zur Frage nach einer Grundversorgung von Koma-Patienten mit Nahrung und Wasser geäußert. Diese sei „ein natürliches Mittel der Lebenserhaltung und keine medizinische Behandlung". Im Unterschied zu einem Abbruch der Ernährung sieht die Kirche einen Verzicht auf Therapien unter gewissen Umständen als moralisch erlaubt an – und zwar wenn medizinische Maßnahmen „nur eine kurze und schmerzvolle Verlängerung des Lebens bewirken würden".

Dikasterium zur Förderung der Einheit der Christen

Fünfzehn Dialoge für die Einheit – Geistliche Brücken, theologische Dialoge, praktische Zusammenarbeit
(PE 142-146)

Von den neueren Vatikan-Behörden ist sie die älteste. Schon vor dem Zweiten Vatikanischen Konzil, am 5.6.1960 errichtete Johannes XXIII. für die Ökumene ein eigenes „Sekretariat" – heute „**Dikasterium zur Förderung der Einheit der Christen**". Zum ersten Präsidenten machte er den renommierten Bibelwissenschaftler Kardinal Augustin Bea (1881–1968), einen Jesuiten aus dem Südschwarzwald, seinen Beichtvater (und den von Pius XII.). Bea prägte maßgeblich die Konzilsdokumente zu Ökumene, Religionsfreiheit und interreligiösem Dialog. Und er setzte sich mit Erfolg für die Einladung von – zuletzt 103 – Konzilsbeobachtern anderer christlicher Konfessionen ein.

Das Konzil beendete die Abgrenzung und den Ausschließlichkeitsanspruch der katholischen Kirche und öffnete offiziell den Weg zur Ökumene. Johannes XXIII. hatte die Versammlung mit dem doppelten Ziel einberufen, die katholische Kirche zu erneuern und die Einheit der Christen wiederherzustellen. Schließlich wurde die Ökumene, zusammen mit der Liturgie eine der bedeutendsten Früchte des Konzils. Man sprach nicht mehr von Häretikern und Schismatikern, sondern bezeichnete die nichtkatholischen Christen als „getrennte Brüder". Aus Gegnern und Konkurrenten sollten (Dialog-)Partner werden. Die Spaltung der Christenheit widerspreche dem Willen Christi, sei ein Ärgernis für die Welt und ein Schaden für die Verkündigung des Evangeliums, so das Konzil.

Einheit nach innen und außen

Das Dikasterium zur Förderung der Einheit der Christen soll die Lehren des Zweiten Vatikanischen Konzils und des nachkonziliaren Lehramtes über die Ökumene „mit geeigneten Initiativen und Aktivitäten" umsetzen, um die Einheit unter den Christen wiederherzustellen (PE 142f). Für die Praxis bedeutet das: Innerhalb der katholischen Kirche soll es den Geist der Ökumene fördern und für die rechte Auslegung und treue Anwendung der ökumenischen Prinzipien sorgen (PE 143), und notfalls auch vor voreiligen Schritten warnen. Nach außen soll es auf die getrennten Kirchen und kirchlichen Gemeinschaften (oder „Kirchen anderen Typs", wie Kardinal Kasper sagte) zugehen, auf möglichst vielen Ebenen Kontakte pflegen, Vertrauen und ein Klima der Brüderlichkeit schaffen. Es will geistliche Brücken schlagen, theologische Dialoge führen und die praktische Zusammenarbeit vorantreiben.

Schon in der Vergangenheit rangierte der Einheitsrat in der Außenwahrnehmung weit vorne, galt als ein Aktiv-Posten der Kurie. Wenige Vatikanbehörden finden in der Öffentlichkeit solche Aufmerksamkeit, sind so gefragt. Seine Präsidenten – auf Bea folgte der Niederländer Johannes Willebrands, dann der australische Spitzendiplomat Edward Idris Cassidy, und danach die großen deutschsprachigen Theologen Walter Kasper und Kurt Koch – gehörten jeweils zu den profiliertesten Kurienkardinälen.

Päpste für die Einheit

Alle Päpste seit dem Konzil haben die Ökumene zur zentralen, unwiderruflichen und unverzichtbaren Aufgabe der Kirche und ihres Pontifikats erklärt. Auf diesem Weg gebe es kein Zurück, zu diesem Ziel keine Alternative, lautet die Linie.

Paul VI. unternahm im Januar 1964 die erste große Papstreise der Moderne nach Jerusalem, um dort das orthodoxe Ehrenoberhaupt Patriarch Athenagoras zu treffen. Die Begegnung wirkte als Katalysator für die Ökumene insgesamt. Am 21. November 1964 verabschiedete das Konzil das Ökumene-Dekret *„Unitatis redintegratio"* (UR). 1969 besuchte Paul VI. den Weltkirchenrat in Genf.

Johannes Paul II. machte Ökumene-Treffen und -Reden zum festen Bestandteil seines Pontifikats und seiner 104 Auslandsreisen. Mit ihnen schob er viele ökumenische Initiativen an. 1995 schrieb er die erste Ökumene-Enzyklika „*Ut unum sint*". Darin lud er die nicht-katholischen Partner dazu ein, gemeinsam mit Rom über die Rolle des Primats nachzudenken und eine auch für andere Kirchen akzeptable Form der Ausübung des Papstamts zu suchen.

Benedikt XVI. wiederholte dieses Angebot 2006 beim Besuch bei Patriarch Bartholomaios in Istanbul. Inzwischen wird dieser Vorschlag im Dialog mit den Ökumene-Partnern bearbeitet. Der Papst aus Deutschland führte den ökumenischen Dialog durch theologische Vertiefungen und förderte ihn mit seinen Reisen. Er fuhr zum Anglikanischen Primas nach London, und er besuchte Luthers Kloster in Erfurt. Eine Geste, die aufgrund überhöhter Erwartungen und einer unzureichenden Regie (zunächst) verkannt wurde.

Franziskus betonte schon bei seiner ersten Audienz am 20.3.2013 vor den zu seinem Amtsantritt angereisten ökumenischen Gästen: „... möchte ich auf der Linie meiner Vorgänger meinen festen Willen beteuern, den Weg des ökumenischen Dialogs fortzusetzen, und ich danke schon jetzt dem Päpstlichen Rat für die Förderung der Einheit der Christen für die Unterstützung dieses so edlen Anliegens." Ökumene sei ein „Beitrag zur Einheit der Menschheitsfamilie"; sie sei nicht „bloße Diplomatie oder eine erzwungene Pflichterfüllung, sondern ein unumgänglicher Weg der Evangelisierung", schrieb er in seinem Pontifikatsprogramm (EG 246). Die entscheidende Frage sei nicht, „ob wir die volle Einheit erreichen können, sondern vielmehr, ob wir das Recht haben, getrennt zu bleiben".

Höhepunkte waren (bislang) sein Treffen mit Bartholomaios in der Grabeskirche von Jerusalem (2014) und zwei Jahre später die Begegnung mit dem Moskauer Patriarchen Kyrill in Kuba. Weiter seine Reise zu den 70-Jahr-Feiern des Weltkirchenrats in Genf (2018) und – als ökumenische Sternstunde der Dekade – das gemeinsame Reformations-Gedenken mit dem Lutherischen Weltbund im schwedischen Lund (2016).

Vom Dialog der Liebe zum Dialog der Wahrheit

Der Ost-West-Kirchengipfel von Jerusalem 1964 wie auch die ersten Kontakte mit den Gemeinschaften der Reformation legten die atmosphärischen Grundlagen für das Aufeinanderzugehen der getrennten

Konfessionen. Die Pflege und der Austausch von Freundlichkeiten, Gesten und gegenseitigen Besuchen – der „Dialog der Liebe" – schuf nach der Ära von Feindschaft und Antagonismen ein Klima des Vertrauens. Dazu gehören etwa die regelmäßigen römischen Besuche beim orthodoxen Andreas-Fest in Konstantinopel und die der Orthodoxen zum Patronatsfest Peter und Paul im Vatikan. Selbst als der Dialog zwischenzeitlich am Boden lag, ging dieser Austausch weiter.

All das trug zu einer Entkrampfung und einem Abbau der Spannungen bei und bereitete den Weg für einen „Dialog der Wahrheit", die theologische Aufarbeitung der anhängigen theologischen Fragen. Das meint als Ziel: Einheit im Glaubensbekenntnis, im sakramentalen Leben (also Anerkennung der Sakramente), und Einheit in kirchlichen Leitungsämtern – allem voran im sakramentalen Bischofsamt in apostolischer Sukzession.

1965 richteten der Vatikan und der Weltkirchenrat ÖRK eine gemeinsame Arbeitsgruppe ein. Zwar wurde der Vatikan in diesem Zusammenschluss von 350 Mitgliedskirchen in mehr als 120 Ländern bis heute nicht Mitglied. Aber es besteht Zusammenarbeit, insbesondere in der theologischen Abteilung für „Glauben und Kirchenverfassung".

1967 eröffnete das Einheitssekretariat mit dem Lutherischen Weltbund LWB die „Kommission für die Einheit", als Beginn eines Dialogs. Im gleichen Jahr nahmen Rom und die Anglikanische Gemeinschaft Gespräche auf. Der offizielle theologische Dialog mit der Orthodoxie begann später, erst 1980.

Das Dikasterium steht heute mit allen größeren weltweiten christlichen Kirchen und kirchlichen Gemeinschaften in einer Dialog-Verbindung. Je nach Situation wird eine Dialogkommission eingerichtet, die ihre Arbeit meist mit einem Konsens-Papier abschließt. Inzwischen liegen fünf Bände „Dokumente wachsender Übereinstimmung" vor.

Derzeit sind es rund 15 Dialoge, die das Einheits-Dikasterium mit anderen Konfessionen führt. Zu den Partnern zählen:

Orientalisch-Orthodoxe Kirchen (Altorientalen)
Orthodoxe Kirchen (byzantinische Tradition)
Assyrer
Anglikanische Gemeinschaft (2 Dialoge)
Lutherischer Weltbund

Altkatholiken der Utrechter Union
Weltbund der Reformierten Kirchen
Methodistischer Weltbund
Mennoniten
Baptistischer Weltbund
Christliche Kirche (Disciples of Christ)
Heilsarmee
Evangelikale Weltallianz
Pentekostale Gruppen und neue charismatische Kirchen
Kommission Faith and Order des ÖRK (2 Dialoge)

Ende 2018 wurde in Basel feierlich ein offizieller Dialog zwischen dem Einheitsrat und der GEKE, der Gemeinschaft Evangelischer Kirchen in Europa auf den Weg gebracht und eingeleitet. Sie war der erste regionale und zugleich multilaterale Partner, der fast alle evangelischen Kirchen des Kontinents einschließt.

Hinzu kommen bilaterale Kontakte mit einzelnen Ostkirchen sowie der Trialog von Mennoniten, Lutheranern und Katholiken.

Internationaler Mitarbeiterstab

Koordiniert wird die Arbeit des Einheits-Dikasteriums in Rom von einem kleinen Team von Theologen aus aller Welt. Vom Präfekten bis zum Pförtner sind es rund 25 Mitarbeiter aus verschiedenen Ländern, darunter zehn Priester, sieben von ihnen sind als Referenten für die Dialoge zuständig. Sie arbeiten in zwei Sektionen, für den westlichen und den orientalischen Bereich. Geschäftssprache ist wie überall in der Kurie Italienisch, in den Dialogen spielt jedoch Englisch eine zentrale Rolle. Aber die Mitarbeiter müssen bedeutend mehr Sprachen bedienen, auch slawische, insbesondere Russisch, weiter Griechisch und Arabisch.

Jeder Stabs-Mitarbeiter betreut mindestens zwei Dialoge, und muss sich darüber hinaus auch noch um transversale Aufgaben kümmern. Der Sachbearbeiter für die Anglikaner – meist ein Brite – schaut auch auf den Kontakt mit den Methodisten. Der für die Reformierten zuständige Priester kümmert sich gleichzeitig um die Disciples of Christ. Dann gibt es traditionell einen deutschen Geistlichen, der die Beziehungen zum Lutherischen Weltbund unterhält, aber auch zu den Altkatholiken und zur GEKE. Unterstützt wird der römische Mitarbeiterstab durch internationale Berater.

Die Einheitsbehörde leistet wissenschaftliche und theologische Arbeit. Aber sie pflegt auch internationale interkonfessionelle Beziehungen. Es müssen Treffen und Besuche organisiert werden, Einladungen ausgesprochen und Programme mit Gesprächen und Begegnungen – auch mit dem Papst – vorbereitet und begleitet werden, die ein Klima des Vertrauens schaffen und alte Vorbehalte abbauen sollen.

Die Mitarbeiter sind bei wichtigen Veranstaltungen anderer Kirchen als Gäste oder Beobachter dabei, beteiligen sich in Arbeitskreisen, übermitteln Grußworte des Vatikan. Sie sprechen auf internationalen Konferenzen, halten Kontakt zu ökumenischen Institutionen, veröffentlichen in Fachpublikationen. Umgekehrt haben bei den römischen Bischofssynoden die „brüderlichen Delegierten" aus anderen Kirchen Rederecht. Es reiche nicht, nur Briefe oder Emails zu schreiben und Bücher zu lesen. Die Gesprächspartner sollten sich persönlich kennen, heißt es in der Behörde.

Festes Procedere

Für seine ökumenischen Dialoge hat der Vatikan ein festes Verfahren entwickelt. Sobald sich Rom und eine weltweit vertretene Konfession zur Aufnahme eines (neuen) Dialogprozesses entschließen, wird eine paritätisch besetzte Expertenkommission errichtet, mit zwischen 10 und 28 Mitgliedern von jeder Seite.

Das Dikasterium sucht dazu in Universitäten und wissenschaftlichen Einrichtungen nach geeigneten Fachleuten, meist Theologieprofessoren. Den Kommissions-Vorsitz führen zwei hochrangige Vertreter beider Seiten als Ko-Präsidenten, mitunter der Präsident des Vatikan-Dikasteriums. Die Kommissionen haben weite Handlungsfreiheit und Eigenständigkeit; sie wählen sich ihre Themen selbst. Grundsätzlich wird kein Thema bearbeitet, das gegen die Überzeugung des Heiligen Stuhl geht, lautet eine Prämisse.

Für die Dialogarbeit wurde die Methode des „differenzierenden Konsenses" entwickelt. Man versucht, die bereits vorhandene Gemeinschaft genau zu definieren. Auf diesem Weg wurde eine Fülle von Papieren erarbeitet, über Schrift und Tradition, über kirchliches Amt, über Sakramente, Eucharistie. Viele Details und Bereiche konnten darin als nicht-kirchentrennend und damit als übereinstimmend bezeichnet werden.

Am Ende eines Dialogprozesses steht meist eine gemeinsame Erklärung. Zu den Highlights zählten die Feststellung eines grundlegenden christologischen Konsenses 1973 mit den Kopten und 1984 mit dem Syrischen Patriarchat. Höhepunkt der Ökumene mit den Lutheranern war das gemeinsame Dokument zur Rechtfertigungslehre (1999). Es wurde inzwischen in 30 Sprachen übersetzt und auch von weiteren Gemeinschaften angenommen: 2006 den Methodisten, 2017 den Reformierten, im gleichen Jahr signalisierten auch die Anglikaner Zustimmung.

Reformationsgedenken

Zum Reformationsjahr 2017 wurde ein Grundlagenpapier „Vom Konflikt zur Gemeinschaft" von der internationalen lutherisch-römisch-katholischen Kommission für die Einheit erstellt. Schon im Vorfeld hatte der Vatikan deutlich gemacht, dass dieses Jubiläum für die Katholiken kein Grund zum „Feiern", sondern zum „Gedenken" sei – aber erstmals gemeinsam mit den evangelischen Christen.

Dabei ging es ihm um drei Aspekte: Heilung der Erinnerung und Buße – denn die Reformation hat nicht nur zur Erneuerung der Kirche, sondern auch zur Kirchenspaltung und zu grausamen Konfessionskriegen geführt. Dankbarkeit für die inzwischen wiederentdeckten Gemeinsamkeiten im Glauben – denn 2017 erinnerte nicht nur an 500 Jahre Reformation, sondern auch an 50 Jahre katholisch-lutherischen Dialog. Schließlich Hoffnung – denn es muss weitere Schritte in die Zukunft geben. Angesichts der internationalen Dimension schlug der LWB seinen schwedischen Gründungsort Lund als Ort für das gemeinsame Gedenken vor, und nicht Wittenberg. Anders als frühere polemische Feste der Kirchentrennung wurde es schließlich zu einer Jubelfeier für den Ökumenismus und die bereits wiedergefundene Einheit.

Vier Ebenen der Ökumene – und ein Königsweg

Während Benedikt XVI. als Theologie-Professor und Bischof seit Jahrzehnten im ökumenischen Fachdialog aktiv war, erhielt Franziskus seinen Zugang zur Ökumene durch viele persönliche Kontakte in Lateinamerika: Zu orthodoxen wie zu evangelischen Einwanderern, die seit dem 19. Jahrhundert ins Land kamen.

Neben dem theologischen Dialog ist für ihn die geistliche Ebene besonders wichtig, die Ökumene des Gebets. Das meint Gottesdienst, gemeinsame Liturgien, Teilnahme an Festen. „Das Gebet ist der Sauerstoff der Ökumene", sagte er 2018 beim ÖRK in Genf.

Hinzu kommt als dritte Ebene die praktische Ökumene, der gemeinsame Einsatz für Barmherzigkeit, das gemeinsame Zeugnis und die Zusammenarbeit der Kirchen auf sozialer und humanitärer Ebene: Für Frieden und Gerechtigkeit, für Umweltschutz, Menschenwürde und Religionsfreiheit, gegen Waffenhandel, Korruption und moderne Sklaverei. Der erste gemeinsame Dreier-Appell von Papst Franziskus, Patriarch Bartolomaios und Anglikaner-Primas Welby im Vorfeld des Glasgow-Klimagipfels 2021 – zusammen auch mit nichtchristlichen Religionsführern – fand breiteste Beachtung.

Allerdings bestehe die Gefahr, dass eine solche praktische oder kulturelle Zusammenarbeit zu sehr auf einen „diesseitigen Humanismus" reduziert werde, warnte Franziskus. Bei seinem ÖRK-Besuch äußerte er sich besorgt, dass Ökumene und Mission nicht mehr so eng verbunden seien wie zu Beginn der ökumenischen Bewegung. Dieser missionarische Auftrag sei „mehr als sozialer Einsatz und Entwicklungshilfe"; er dürfe weder vergessen noch entleert werden.

Bei diesem Besuch in Genf brachte Franziskus es auf den Punkt: Die getrennten Christen sollten sich nicht mit den bestehenden Entfernungen herausreden. Auch schon jetzt sei vieles möglich. „Gemeinsam gehen, gemeinsam beten, gemeinsam arbeiten: Das ist unser Königsweg."

Und als viertes Element nennt Franziskus die „Ökumene des Blutes": Das Zeugnis des Martyriums, das die Christen über die Konfessionslinien hinweg verbindet. Angesichts der wachsenden Verfolgungen von Glaubensbrüdern sei das gemeinsame Auftreten der Kirchen umso dringlicher.

Freilich hat Franziskus mehr als sein unmittelbarer Vorgänger die Fähigkeit, spontan auf Menschen zuzugehen. Er versteht es, Verbindungen herzustellen, eine Atmosphäre von Spiritualität, Herzlichkeit und Vertrauen zu schaffen, die mitreißt und überzeugt. Er lädt – mitunter an den zuständigen Vatikan-Stellen vorbei – persönliche Freunde aus anderen Kirchen ein. Er besuchte einen evangelikalen Pfarrer im süditalienischen Caserta, den er in Argentinien kennengelernt hatte. Er nahm sich sehr viel Zeit für Treffen mit anglikanischen Pfingstlern.

Und auch sein Treffen mit dem Moskauer Patriarchen Kyrill im Frühjahr 2016 in Kuba zeigt das Gespür von Franziskus für Gesten der Freundlichkeit. Es gelang, die schwierige Atmosphäre zur größten orthodoxen Kirche aufzuhellen, und eine Reihe neuer Verbindungen und Kontakte auszubauen. Allerdings blieb der ganz große Durchbruch bislang aus. Und im Zuge des russischen Angriffs auf die Ukraine verdüsterte sich der Horizont, trafen unterschiedliche Welten aufeinander und belasteten die Beziehungen. Immerhin kam es zu einem Video-Gespräch von Papst und Kyrill, in dem jede Seite ihre Position darlegte. Dass der in der Welt-Orthodoxie inzwischen umstrittene Patriarch Kyrill „aus pseudoreligiösen Gründen den brutalen und absurden Krieg in der Ukraine zu legitimieren wagt", sei „völlig unverständlich und nicht annehmbar", sagte Kardinal Koch später gegenüber Journalisten. Aber trotzdem könnten und dürften die Türen nicht geschlossen werden, hieß es aus der Behörde.

Euphorie – Konsolidierung – Stagnation – Kontinuation

Die Ökumene hat seit dem Konzil verschiedene Stadien und Stimmungen durchlaufen, unter den Akteuren wie in der öffentlichen Wahrnehmung. Es begann mit einer Euphorie des Aufbruchs. In einer ersten überschwänglichen Phase glaubte man, die Kircheneinheit sei zum Greifen nahe. Die ersten Gespräche führten rasch zu Ernüchterung – und einer intensiven Sacharbeit.

In den 1990er Jahren stellte sich dann eine Stagnation ein. Der Dialog mit den Protestanten führte streckenweise nicht weiter. Neue Differenzen in Moralfragen, um Familie und Sexualität, um Lebensschutz und Euthanasie belasteten das Verhältnis.

Auch mit den Anglikanern schien anfangs die Kircheneinheit in Sichtweite. Erste Dialogrunden verliefen vielversprechend. Bis Anfang der 1970er Jahre deren Öffnung gegenüber der Frauenordination, aber auch die Haltungen in moraltheologischen Fragen zu Belastungen führten. Insbesondere die Bischofsweihe von Frauen bedeutete für den Vatikan einen ernsten Rückschlag für den Weg zur Einheit. Rom sah in diesem Punkt ein „Verlassen der gemeinsamen Basis", wie der damalige Präsident des Einheitsrates, Kardinal Kasper, im Juli 2008 vor der Lambeth-Konferenz in London beklagte.

In diesen Phasen versuchte man sich im Dialog des bereits Erreichten zu versichern und dessen „Früchte" in den Kirchen stärker bekannt zu machen und zu „leben". Es vollzog sich praktisch ein Perspektivwechsel. Früher bemühte man sich darum, zunächst die Streitfragen zu klären, um dadurch Fortschritte auf dem Weg zur christlichen Einheit zu erzielen. Später – und diese Linie macht sich auch Papst Franziskus zu eigen – unterstreicht man die Gemeinsamkeiten, um in einem Klima von gegenseitiger Achtung und Vertrauen die bestehenden Probleme anzugehen. Dadurch erweisen sich die bestehenden Unterschiede in der Lehre zugleich auch als Korrektiv und Bereicherung des eigenen Standpunkts – und erscheinen nicht ausschließlich als Irrtümer oder Häresien der Gegenseite, schrieb der Rat in einem Jahresbericht.

Und es haben sich auch die Ziele der Ökumene verschoben. Da zum Ideal der vollen sichtbaren Einheit noch ein langer Weg ist, spricht man verstärkt von einem versöhnten Miteinander, von versöhnter Verschiedenheit. Oft bleibt allerdings unklar, was genau gemeint ist. Rom sieht darin eine Zukunftsbeschreibung: wir müssen die Differenzen versöhnen, damit wir in versöhnter Verschiedenheit zusammenleben können. Die evangelische Seite sieht darin eher eine Gegenwartsbeschreibung: wir sind bereits versöhnt, müssen uns nur noch gegenseitig anerkennen. Dem Vatikan reicht ein freundliches Miteinander allein als Ziel nicht aus.

Nach dem Hype um 2017 um das Lund-Event gehen die ökumenischen Gespräche weiter. Freilich gab es auch Enttäuschungen, weil manche mit dem Gedenkjahr eine Abendmahlsgemeinschaft erwartet hatten. Als dann zum Ökumenischen Kirchentag 2021 in Frankfurt gegenseitige Einladungen zu Eucharistie und Abendmahl ins Gespräch kamen, meldete sich der Vatikan zu Wort. Eine Eucharistiegemeinschaft setze ein gemeinsames Amts- und Kirchenverständnis voraus, hieß es in einem Schreiben der Glaubenskongregation (20.9.2020) an die Deutsche Bischofskonferenz. Und solange die Unterschiede so gravierend seien, schlössen sie eine Teilnahme katholischer und evangelischer Christen an der Feier der jeweils anderen Konfession aus.

Ökumene-Dikasterium und Glaubensbehörde

Schon in der Vergangenheit rankten sich manche Spekulationen um das Verhältnis von Einheits-Dikasterium und Glaubens-Dikasterium, um die Balance zwischen Öffnung, Dialog und Wahrheit.

Institutionell sind beide Behörden zu Zusammenarbeit und gegenseitigem Austausch verpflichtet (PE 145). Der Leiter des Glaubens-Dikasteriums ist Mitglied in der Ökumene-Behörde und umgekehrt gehört deren Präfekt zur *„Feria Quarta"* des Uffizes. Beide Chefs kennen also die Projekte der anderen Behörde, was zumindest Überraschungen vermeiden sollte. Für die ökumenischen Dialoge war von Anfang an vereinbart, dass beide Behörden zu jedem Dialogpapier einen theologischen Kommentar gemeinsam verantworten. Darin wird überprüft, welche gemeinsamen Aussagen möglich sind, ohne die eigene Grundlage zu verlassen. Eine Vorgabe, die die Arbeit der Einheitsbehörde theologisch begleitet, kontrolliert, mitunter bremst, aber untermauern und absichern soll.

Eine ähnliche institutionalisierte Zusammenarbeit gilt für Angelegenheiten zwischen den katholischen Ostkirchen und den Orthodoxen oder den Orientalisch-Orthodoxen. Hier ist das Einheits-Dikasterium zum Kontakt mit dem Ostkirchen-Dikasterium und dem Staatssekretariat angehalten.

Orthodoxie

Der Dialog mit den Orthodoxen wie auch mit den Orientalisch-Orthodoxen ist von Anfang an anders organisiert und hierarchisch höher besetzt als der mit den westlichen Konfessionen. Die Orthodoxen der byzantinischen Tradition hatten von Beginn an entschieden, den theologischen Dialog mit Rom nicht bilateral sondern multilateral zu führen, also mit allen ihren Kirchen gemeinsam. Daher ist die „gemischte internationale Kommission für den theologischen Dialog" zwischen Rom und den 14 Orthodoxen Kirchen größer als die anderen Dialogrunden – sie hat 56 Teilnehmer.

Dieser Dialog hatte ebenfalls einen vielversprechenden Anfang. Bei der Gründungskonferenz 1982 in München erreichten die Teilnehmer ein erstes Konsenspapier. Aber schon sehr bald kam es zu ernsten Spannungen – vor allem um die „Unierten". Nach der politischen Wende von 1989 traten die mit Rom verbundenen Ostkirchen etwa in der Ukraine oder in Rumänien aus dem Untergrund an die Öffentlichkeit. Sie waren unter Stalin zwangsaufgelöst und in die Orthodoxie übergeführt worden – und forderten selbstbewusst ihre Rechte und ihren Besitz zurück.

Die Orthodoxie sah hier ein un-ökumenisches Verhalten, eine aggressive und unlautere Mitgliederwerbung von katholischer Seite, sprach von Proselytismus. Der Dialog verhakte sich. Und als der Papst 2002 dann noch vier katholische Diözesen in Russland errichtete – im orthodoxen Russland, auf seinem kanonischen Territorium, wie das Moskauer Patriarchat mit Blick auf das territoriale Organisationsmodell der Orthodoxie beanstandete – setzte eine mehrjährige ökumenische Frostperiode ein. Mit Geduld und Beharrlichkeit, mit vielen Gesprächen und Besuchen gelang es den Präsidenten Kasper und später Koch, die Wogen zu glätten und wieder Dialogrunden zustande zu bringen.

Jedoch zeigten sich auch innerhalb des orthodoxen Lagers immer wieder Fragmentierungen, insbesondere zwischen Konstantinopel (das einen Ehrenprimat innehat) und Moskau (der mitgliederstärksten orthodoxen Kirche). Sie traten deutlich 2016 beim panorthodoxen „Konzil" auf Kreta zutage. 2018 kam es dann um die Kirche in der Ukraine zum Bruch zwischen diesen beiden Patriarchaten. Moskau klinkte sich daraufhin auch aus der katholisch-orthodoxen Dialogkommission aus, setzte aber die bilateralen Kontakte mit dem Vatikan fort.

Ausblick

Im Einheits-Dikasterium teilt man nicht die Beurteilung mancher Theologen, die einen ökumenischen Winter und einen Stopp der ökumenischen Bewegung erwarten. Im Gegenteil sprechen Mitarbeiter von bedeutenden Klärungen und Fortschritten.

Aber natürlich bleiben viele offene Fragen und ungelöste Probleme. Mit der Orthodoxie ist es das Thema Synodalität und Papstamt. Die Dialog-Kommission mit den Orientalisch-Orthodoxen hatte das Thema der „Sakramente im Leben der Kirche" in Bearbeitung. Mit der evangelischen Welt geht der Vatikan das Thema Kirche, Eucharistie und Amt an, dem ähnlich hohe Bedeutung zukommt wie der Rechtfertigungslehre.

Unterdessen setzt der Vatikan hohe Erwartungen in zwei bevorstehende Jubiläen: 2025 jährt sich zum 1.700. Mal das Konzil von Nizäa, dessen Bekenntnis zu Jesus als „wahrer Gott vom wahren Gott", und „wesensgleich mit dem Vater" alle Getauften eint. Und 2030 steht ein nächstes Reformationsgedenken an, wenn sich der „Augsburger Reichstag" und die Verabschiedung der *„Confessio Augustana"* zum 500. Mal jähren. Nie mehr, betonte Ökumene-Kardinal Koch, seien Protestanten und Katholiken in der Geschichte so nahe beieinander gewesen, wie damals in Augsburg. „Diese Chance sollten wir nutzen", meint Augsburgs Bischof Bertram Meier. „Wenn wir die Confessio Augustana für die Zukunft fruchtbar machen wollen, brauchen wir den richtigen Schlüssel dazu: Wir sollten den Text weniger als konfessionsbegründendes Dokument lesen, sondern als damals letzten Versuch verstehen, um die Einheit zwischen katholischen und lutherischen Christen zu bewahren."

Kommission für die religiösen Beziehungen zum Judentum

Unwiderruflich aufeinander angewiesen (PE 146)

Kaum ein Dokument des Zweiten Vatikanischen Konzils war zunächst so umstritten, erlebte dann aber einen solchen Durchbruch wie die Erklärung „*Nostra aetate*" von 1965 – über das Verhältnis der katholischen Kirche zu den nichtchristlichen Religionen. Die Kirche, die damals ihre Fenster aufriss und sich zur Welt und den anderen Kirchen öffnete, ging auch auf die anderen Religionen zu, bekundete ihnen ihre Wertschätzung und bot das Gespräch an.

Für einen ganz besonderen Neuanfang, den mancher als „kopernikanische Wende" bezeichnete, sorgte „*Nostra aetate*" in den Beziehungen zum Judentum. Nach Jahrhunderten von Diskriminierung, Verfolgungen, Zwangsbekehrungen und nach der Tragödie der Schoah wurden Christen und Juden in einem geduldigen Dialog und mit vielen Begegnungen zu (verlässlichen) Partnern, mitunter zu Freunden. Zuständig für diese Kontakte ist im Vatikan die **„Kommission für die religiösen Beziehungen zum Judentum"** (PE 146).

Als Johannes XXIII. beim Konzil die Idee einer Erklärung zum Judentum lancierte, stieß sie auf heftige Kritik. Der erste Entwurf des deutschen Kardinals Bea löste Widerstände in der Konzilsaula aus – und Proteste in der arabischen Welt. Das ganze Projekt drohte zu kippen. Schließlich einigte man sich auf einen Kompromiss: Die Aussagen zum Judentum wurden gestrafft und als Unterkapitel in eine weitergefasste Erklärung über das Verhältnis der Kirche zu den Weltreligionen eingebettet. Am 28. Oktober 1965 wurde „*Nostra aetate*" – der kürzeste Text des Konzils – mit 2.221 Ja- gegen 88 Nein-Stimmen verabschiedet (die zweitmeisten Gegenstimmen aller Dokumente).

„*Nostra aetate*" eröffnete rege Kontakte mit jüdischen Organisationen. Im Dezember 1970 schlossen sich dialoginteressierte Gruppierungen im *„International Jewish Committee for Interreligious Consultation"* (IJCIC) zusammen. Der Vatikan hatte signalisiert, dass er einen größeren Dialog nur mit einem Dachverband führen könne, nicht mit vielen Einzelorganisationen. Als ihr Ansprechpartner fungierte im Vatikan zunächst eine informelle Arbeitsgruppe, die 1974 zur „Kommission für die religiösen Beziehungen zum Judentum" hochgestuft wurde. Sie blieb organisatorisch dem für Ökumene zuständigen Einheitssekretariat angegliedert – weil dessen Präsident Bea von Anfang an die Fragen zum Judentum begleitet und forciert hatte.

Für diese Anbindung sprachen aber auch theologische Argumente. Der Dialog mit dem Judentum sei einmalig; man könne ihn nicht auf eine Stufe mit dem Kontakt zu Buddhismus oder Islam stellen. Denn alle Kirchen hätten jüdische Wurzeln. Das Judentum sei gleichsam der Mutterboden des Christentums und aller christlichen Kirchen. Die erste Spaltung in der Kirche sei die Trennung von der Synagoge gewesen. Es gehe hier weniger um einen „interreligiösen Dialog" als um einen „intra-religiösen" oder sogar „innerfamiliären" Dialog, so die Begründung. Daher sei es auch „absolut unmöglich, Christ zu sein und gleichzeitig ein Antisemit", sagte Kardinal Koch in einem Interview mit Vatikan-Medien (28.1.2022). Man könne nicht „Mitglied einer Familie sein, wenn man die eigene Mutter umbringt".

Die Begegnungen mit jüdischen Organisationen haben nach einem bewegten Auf und Ab zuletzt zu stabilen Beziehungen geführt. Die Kommission sucht, fördert und pflegt diese Kontakte auf vielen Ebenen. Sie plant und organisiert Treffen, folgt Einladungen. Sie sucht die Begegnung mit jüdischen Gemeinden, Organisationen und akademischen Einrichtungen, nimmt an Diskussionen teil, hält Vorträge und veröffentlicht Fachbeiträge. Sie arrangiert Audienzen beim Papst und begleitet sie. Unter Franziskus haben sie nochmal zugenommen. Alle sechs bis acht Wochen – soweit Reisen möglich sind – begleitet ihr Präsident jüdische Gruppen oder Einzelpersönlichkeiten zum Papst. Und die Begegnungen verlaufen herzlich.

Die römische Arbeitsstelle besteht aus gerade drei Personen. Präsident ist – in Personalunion – der Präfekt des Einheits-Dikasteriums, dessen Sekretär ist hier Vize-Präsident. Und koordiniert wird die Kommissionsarbeit von einem Sekretär – seit 2002 einem Salesianerpater aus dem Fränkischen. Hinzu kommen um die zehn Berater aus aller Welt, die bei Bedarf um Beiträge und Kommentare gebeten werden. Aufgabe der Kommission ist es, die Aussagen von *Nostra aetate*" zu verwirklichen: Das gemeinsame spirituelle Erbe von Juden und Christen soll durch Dialog und gemeinsame Aktionen gehoben werden.

Bei allen Päpsten seit dem Konzil standen die Aussöhnung mit dem Judentum und der jüdisch-christliche Dialog ganz oben auf der Prioritätenliste. Einen atmosphärischen Durchbruch schaffte Johannes Paul II., der seit seiner polnischen Kinderzeit jüdische Freunde hatte und diese Kontakte auch als Papst weiter pflegte. Als erster Pontifex besuchte er 1986 in Rom eine Synagoge und bezeichnete die Juden als „ältere Brüder". In seinem Pontifikat nahmen der Heilige Stuhl und Israel 1994 volle diplomatische Beziehungen auf. Aus politischen Gründen – wegen der ungeklärten Lage in der Region und mit Rücksicht auf die Christen in der arabischen Welt – hatte Rom einen Botschafteraustausch jahrzehntelang abgelehnt. Aber erst im Jahr 2000 reiste Johannes Paul II. nach Israel und ins Heilige Land. Er ging an die Klagemauer, stattete der Holocaust-Gedenkstätte Yad Vashem einen bewegenden Besuch ab und diskutierte mit Rabbinern.

Benedikt XVI. setzte diese Kontakte fort. Schon als Kardinal hatte Joseph Ratzinger durch eine brillante Rede in Jerusalem die Anerkennung jüdischer Intellektueller gefunden. Bei seiner ersten Auslandsreise zum Weltjugendtag in Köln 2005 besuchte er die dortige Synagoge, später auch die in Rom. Statt des Begriffs der „älteren Brüder", der in der jüdischen Tradition durch Kain oder Esau negativ besetzt ist, benutzte der Theologen-Papst die Anrede „Väter im Glauben". In Jerusalem absolvierte er 2007 ein ähnliches Programm wie sein Vorgänger, samt einer ebenfalls emotionalen Gedenkzeremonie in Yad Vashem.

Papst Franziskus unterhielt schon als Kardinal in Buenos Aires gute Kontakte zum dortigen Rabbiner Abraham Skorka. 2014 nahm er ihn als Begleiter in seinem offiziellen Gefolge zu seiner Heilig-Land-Reise mit, gemeinsam mit seinem islamischen Freund Omar Abboud, dem früheren Generalsekretär des Islamischen Kulturzentrums in Buenos Aires.

Zwei große Dialogpartner – Politik bleibt außen vor

Die vatikanische Kommission führt heute zwei große Dialoge: Einen mit dem IJCIC, mit dem sie seit 1970 regelmäßig zu Konferenzen zusammentritt, derzeit alle zwei Jahre. Daran nehmen jeweils 25 Personen von katholischer wie von jüdischer Seite teil. Themen waren unter anderen: Migrationskrise, Christenverfolgung, Dialog in säkularer Gesellschaft, Kampf gegen Antisemitismus, aber auch der Status des Landes Israels. Allesamt Themen, zu denen Juden und Christen zusammenarbeiten können und sollen, heißt es.

Dann unterhält die Behörde seit 2002 einen Dialog mit dem Oberrabbinat von Israel. Auch hier spielten bei den im Normalfall jährlich angesetzten Konferenzen Migrationsfragen oder Familienwerte eine Rolle, weiter die Heiligkeit des Lebens, die Finanzkrise, Gerechtigkeit und karitative Tätigkeiten. – Allerdings beschränkt sich gerade im Staat Israel der religiöse Dialog mit dem Christentum auf kleine Expertenkreise. Die Wende des Konzils und die eingeleitete Annäherung von Christen und Juden ist in der Öffentlichkeit dort wenig bewusst. Auch die drei Papstreisen 2000, 2009 und 2014 haben nur kurz für Aufmerksamkeit gesorgt. Allerdings kamen 2017 erstmals *„Nostra aetate"* und andere zentrale Dialog-Dokumente als Buch in hebräischer Übersetzung heraus – und wurden vom damaligen Staatspräsidenten Rivlin offiziell vorgestellt.

Der jüdisch-christliche Dialog konzentriert sich auf religiöse und ethische Fragestellungen und auf eine praktische Zusammenarbeit auf solchen Feldern. Politik soll außen vor bleiben, ganz besonders im spannungsgeladenen Nahen Osten. Um politische Fragen kümmert sich im Vatikan das Staatssekretariat, das die Lage in Nahost besonders aufmerksam verfolgt. Allerdings sind im religiösen Dialog die Grenzen zur Politik oft fließend. Gerade das Judentum trennt nicht so deutlich zwischen Religion, Kultur und Politik wie das Christentum. Wenn in der Kommission politische Fragen auftauchen, muss sich der Sekretär mit dem zuständigen Beamten im Staatssekretariat abstimmen.

Ein solches heißes Eisen ist die Bedeutung des „Landes", das Gott nach der Bibel seinem auserwählten Volk verheißen und geschenkt hat. Aus dieser religiösen Bindung leitet das Judentum auch politische Ansprüche ab. Christen sollten das verstehen, sollten es sich aber so nicht zu eigen machen, heißt es in einem Vatikan-Dokument von 1985. „Was die Existenz und die politischen Entscheidungen des Staates Israel betrifft, so müssen sie in einer Sichtweise betrachtet werden, die nicht in sich selbst religiös ist, sondern sich auf die allgemeinen Grundsätze internationalen Rechts beruft." Das für politische Fragen zuständige Staatssekretariat fordert Sicherheit und Wohlergehen für den Staat Israel wie auch einen Staat und eine Heimat für Palästinenser – im Rahmen einer Zwei-Staaten-Lösung. Auch die Kommission bewegt sich in diesem Spektrum.

Auftrag an die Kirche – Vier Dokumente

Neben dem Dialog mit jüdischen Gesprächspartnern muss die Kommission auch innerhalb der Kirche für die christlich-jüdische Aussöhnung werben. Dazu veröffentlicht sie Leitlinien und Arbeitshilfen, sie führt viele Gespräche. Und sie sucht den Kontakt und den Erfahrungsaustausch mit den Beauftragten, die inzwischen fast alle Bischofskonferenzen für den interreligiösen Dialog und auch für Kontakte zum Judentum installiert haben.

Seit ihrem Bestehen hat die Kommission vier große Dokumente veröffentlicht. Noch im Gründungsjahr 1974 erschienen Richtlinien und Hinweise für die Durchführung der Konzilserklärung „Nostra aetate", die deren klare Absage an jeden Antisemitismus fortsetzten. 1985 gab sie die obenerwähnten „Hinweise für eine richtige Darstellung von Juden und Judentum in der Predigt und in der Katechese der katholischen Kirche" heraus. 1998 folgte eine Erklärung unter dem Titel „Wir erinnern – eine Reflexion über die Shoah". Sie wurde rechtzeitig zum großen „Mea culpa" im Heiligen Jahr 2000 fertig, in das die katholische Kirche die Sünden gegenüber Juden einbezog.

Zuletzt erschien Ende 2015 ein Text „zu theologischen Fragestellungen in den katholisch-jüdischen Beziehungen". Der Dialog sei nicht Kür, sondern Pflicht, heißt es dort. Beide Religionen seien unwiderruflich aufeinander angewiesen. Der Text unterstreicht die unauflösliche Einheit von Altem und Neuem Testament – auch wenn sie von Juden und Christen unterschiedlich interpretiert werden. Er verweist darauf, dass Gott den Bund mit seinem Volk Israel nie aufgekündigt hat; er bestehe weiter und sei nicht einfach vom auserwählten jüdischen Volk auf die Kirche übergegangen. Und das Papier lehnt – was von jüdischer Seite immer wieder als Vorwurf gegen die Kirche erhoben wird – eine aktive Judenmission entschieden ab.

Aber der Text benennt auch Differenzen im Dialog und unüberwindbare Barrieren. Das Trennende ist die Person Jesu und seine Bewertung. Für Christen ist Jesus die Grundlage ihres Glaubens; Juden können ihn dagegen nicht als Erlöser der Welt, als Messias Israels, als Sohn Gottes anerkennen. Allerdings hat sich der Dialog mit diesen unüberwindbaren Positionen arrangiert: Man stellt höflich seine Ansichten dar, sie werden zur Kenntnis genommen, und umgekehrt.

Das Dokument erhielt zusätzliche Aufmerksamkeit, als der emeritierte Papst Benedikt XVI. theologische Überlegungen dazu vorlegte, die zunächst als Kritik gedeutet wurden – zu Unrecht, wie sich in der weiteren Diskussion zeigte.

Von der Sensation zur Tradition

Der katholisch-jüdische Kontakt hat seit dem Konzil unterschiedliche Phasen durchlebt. Zu Beginn herrschte Euphorie. Die Dialogtreffen fanden zunächst jährlich statt. In den 1980er Jahren erlahmte dann der Elan. Die Kontroverse um den Bau eines Karmel-Klosters in Auschwitz und die jüdische Kritik an einer Papstaudienz 1987 für den österreichischen Bundespräsidenten und ehemaligen Wehrmachtsoffizier Kurt Waldheim trübten das Klima. Ein Dauerbrenner war der Streit um die – inzwischen erfolgte – Öffnung der Vatikan-Archive aus der Zeit des Zweiten Weltkriegs, wie auch um eine mögliche Seligsprechung von Pius XII. In diesen Phasen wurden etliche Konferenzen ausgesetzt. Auch geplante Treffen des Papstes bei Auslandsreisen mit jüdischen Gruppierungen kamen nicht zustande oder wurden boykottiert. Die Arbeit am Dokument zur Schoah zog sich in die Länge, dauerte fast zehn Jahre.

Aber seit Beginn des Jahrhunderts hellte sich das Verhältnis wieder auf. Inzwischen ist es offensichtlich so belastbar geworden, dass es auch Spannungen verkraften und nach Rückschlägen rasch zur Versachlichung und Normalität kommen konnte. Unter Benedikt XVI.

führte 2008 die Williamson-Affäre, die angebliche Rehabilitierung des Holocaust-Leugners Williamson (2009) zu Zerwürfnissen. Ebenso sorgte die neue Karfreitagsfürbitte (2008) des außerordentlichen Ritus, die von einigen als Aufruf zur Bekehrung der Juden missverstanden worden war, für Befremden. Und bei Papst Franziskus waren es Äußerungen zur Thora (im Kontext der anspruchsvollen paulinischen Theologie des Galater-Briefes). Der Papst habe die Thora herabgesetzt, kritisierte Rasson Arussi vom israelischen Großrabbinat. Allerdings konnten diese Kontroversen erläutert, geklärt und unter den Dialogpartnern binnen Wochen beigelegt werden.

Insgesamt haben sich unter Franziskus die Beziehungen weiter gefestigt. Als er im Januar 2016 die römische Synagoge besuchte, wurde er mit „Caro Papa Francesco" (lieber Papst Franziskus) begrüßt; seinen Vorgänger hatte man sechs Jahre zuvor noch mit „Signor Papa" (Herr Papst) angeredet. Und Oberrabbiner Di Segni stellte klar, dass Papst-Besuche in der Synagoge Roms von der Sensation nun zur „Tradition" geworden seien. Denn nach der rabbinischen Rechtslehre werde ein Vorgang, der sich dreimal wiederholt, zur *„Chazaqa"*, zur festen Gewohnheit.

Dikasterium für den interreligiösen Dialog

Den Gesprächsfaden nicht abreißen lassen – Notwendige Bedingung für den Frieden in der Welt
(PE 147-152)

Der „interreligiöse Dialog ist eine notwendige Bedingung für den Frieden in der Welt und darum eine Pflicht für die Christen wie auch für die anderen Religionsgemeinschaften". Er sei notwendig trotz verschiedener Hindernisse und Schwierigkeiten, besonders der Fundamentalismen auf beiden Seiten. Allerdings dürfe er nicht von der eigenen, christlichen Identität und Verkündigung absehen. Denn „eine diplomatische Offenheit, die zu allem Ja sagt, um Probleme zu vermeiden, nützt uns nicht", schrieb Papst Franziskus in seinem Pontifikatsprogramm von 2013 (EG 251).

Noch während des Konzils, am 19.4.1964, errichtete Papst Paul VI. ein „Sekretariat für die Nichtchristen". Es sollte gegenseitiges Verständnis, Respekt, Wertschätzung, freundschaftliche Beziehungen sowie einen Dialog und Zusammenarbeit mit den nichtchristlichen Religionen in ethischen Fragen fördern. Richtschnur wurde die Konzilserklärung *„Nostra aetate"* über das Verhältnis zu den anderen Religionen. Das Dokument war nach turbulenter Vorgeschichte und heftigen Diskussionen (insbesondere über die Haltung der Kirche zum Judentum) am 28.10.1965 verabschiedet worden. Das Sekretariat erhielt später den Namen „Päpstlicher Rat für den interreligiösen Dialog" und wurde mit der Kurienreform PE zum „Dikasterium". Der Dialog mit dem Judentum bleibt aufgrund seiner Sonderstellung ausgekoppelt und an das für die Ökumene zuständige Einheits-Dikasterium gebunden (s. S. 183 ff.).

Das **„Dikasterium für den interreligiösen Dialog"** will den Kontakt und das Gespräch mit Mitgliedern und Gruppen anderer Religionen und religiöser Traditionen auf verschiedenen Ebenen voranbringen, insbesondere mit dem Islam, dem Buddhismus und Hinduismus. Dabei geht es um den gemeinsamen Beitrag der Religionen für Frieden, Freiheit, soziale Gerechtigkeit, um Schutz und Bewahrung der Schöpfung, um Lebensschutz und Stärkung der Familie, und generell um „geistige und moralische Werte" (PE 148). Und es geht um eine „echte Suche nach Gott unter den Menschen" (PE 149). Die Corona-Pandemie habe die Menschheit nochmals enger vereint – wir sitzen alle im selben Boot, betonte der für diesen Dialog zuständige Kardinal-Präfekt Ayuso.

Um die Behörde war es unter Benedikt XVI. zunächst zu Diskrepanzen gekommen. Der Papst hatte den Rat für den interreligiösen Dialog 2006 mit dem Kulturrat verbunden, da das Gespräch mit anderen Religionen doch eher eine kulturelle als eine theologische Aufgabe sei – also eher Verständnis für das Fremde erfordert als Veränderung des eigenen Glaubensdenkens ermöglicht. Ein voreiliger Schritt, wie wenige Monate später der Clash mit dem Islam nach seiner „Regensburger Rede" mit Mohammed-kritischen Zitaten zeigte. Der Dialog mit anderen Religionen braucht einen eigenen vatikanischen Ansprechpartner, er lässt sich nicht in einem Atemzug mit dem Austausch mit weltlicher Kultur bewerkstelligen. 15 Monate später reaktivierte der Papst den interreligiösen Dialog-Rat und wertete ihn sogar auf, indem er den vatikanischen Spitzendiplomaten Tauran (1943–2018) an seine Spitze setzte. Ein genialer Schachzug, der das fragwürdige Intermezzo rasch vergessen ließ.

Euphorie und Rückschläge

Das Konzil hatte der Kirche den Auftrag zum interreligiösen Dialog erteilt. Mit viel Elan und gutem Willen starteten Vatikanvertreter den Ausbau von Kontakten und Gesprächen. Die ersten Begegnungen mit Vertretern des Islam verliefen vielversprechend. 1974 wurde eine eigene Kommission für die Beziehungen zwischen Muslimen und Katholiken gegründet. Aber schon bald kam es zu einem Eklat. Der kreative Sekretariats-Präsident Kardinal Pignedoli, im zweiten Konklave von 1978 sogar einer der Favoriten auf den Papst-Thron, ließ sich instrumentalisieren. Bei einem christlich-islamischen Treffen 1976 im libyschen Tripolis gab er Präsident Muammar al-Gaddafi das Placet zu einem arabischen Dokument – das er nicht verstand und in dem Israel als Aggressor verurteilt wurde. In einer hochnotpeinlichen Aktion musste Rom die Zustimmung rückgängig machen. Danach kühlten die Beziehungen zu islamischen Stellen ab. Mit der Revolution im Iran 1979, mit der Machtübernahme von Ayatollah Khomeini und mit dem Erstarken fundamentalistischer Strömungen wurden die Kontakte zunehmend schwieriger.

Johannes Paul II. räumte dem interreligiösen Dialog eine wichtige Rolle ein. Zu den Höhepunkten seines Pontifikats gehörte 1986 die Einladung zu einem Friedenstreffen der Religionen in die mittelitalienische Franziskus-Stadt Assisi. Alle großen Religionen schickten Delegationen. Das Assisi-Treffen, das seither jährlich von der katholischen Gemeinschaft „Sant'Egidio" in kleinerem Rahmen wiederholt wird, war allerdings nicht unumstritten. Hohe Kirchenvertreter warnten vor einer unüberlegten Religionsvermischung, etwa durch gemeinsames Beten.

Der polnische Papst suchte auch Neuanfänge mit dem Islam. Eine fast surreal anmutende Sternstunde war im Hochsommer 1985 sein Besuch im marokkanischen Casablanca. 40.000 weißgekleidete Islam-Studenten und Teilnehmer der gerade in Marokko stattfindenden panafrikanischen Spiele jubelten dem Papst zu, der in einer weitreichenden Rede Zusammenarbeit, Dialog, Toleranz und gegenseitigen Respekt von Christen und Muslimen anmahnte. Die Szene blieb letztlich ohne nachhaltige Wirkung für die Religionsbeziehungen.

15 Jahre später unternahm Johannes Paul II. einen neuen Vorstoß. Anlässlich seiner Pilgerreise zum Berg Sinai im Jubiläumsjahr 2000 besuchte er in Kairo die renommierte Al-Azhar-Universität, mit der der vatikanische Dialog-Rat kurz zuvor einen wissenschaftlichen Dialog eröffnet hatte. Ein Jahr später betrat er als erster Papst eine Moschee zu einem offiziellen Besuch, die Omayaden-Moschee in Damaskus.

Benedikt XVI. hatte schon als Kardinal erkennen lassen, dass ihm an interreligiösen Initiativen wie dem Assisi-Treffen nicht ganz so viel lag wie seinem Vorgänger. Allerdings pflegte und förderte er als Papst vor allem bei seinen Auslandsreisen die Begegnung und den Austausch gerade mit dem Islam.

Zunächst erlebten die katholisch-islamischen Beziehungen aber einen drastischen Einbruch. Das Mohammed-kritische Papst-Zitat 2006 beim

Heimatbesuch in Regensburg löste einen Flächenbrand in der islamischen Welt aus – und zwar wörtlich. Zwischen Kairo und Islamabad zündeten aufgebrachte Muslime Kirchen an. Christen wurden aus Protest ermordet, etwa im somalischen Mogadischu die italienische Ordensfrau Leonella Sgorbati, die 2018 als Märtyrerin seliggesprochen wurde.

Aber Benedikt konnte den Schaden wieder begrenzen. Zwei Monate nach der Regensburger Rede besuchte er die Türkei. In Ankara zitierte er in einer Rede an alle Muslime weltweit seinen Vorvorgänger Gregor VII. (1076): „Wir glauben an denselben Gott, nur auf verschiedene Weise!". Nach seinem Besuch in der Blauen Moschee von Istanbul rätselten Beobachter, ob er vor dem Mihrab, der Gebetsnische Richtung Mekka, tatsächlich gebetet oder nur leicht die Lippen bewegt hat. Auf jeden Fall trugen sein ehrfürchtiges Verhalten in dem Gebetshaus, seine respektvollen Worte und seine freundliche Begegnung mit dem Imam und den übrigen Gastgebern zur Entkrampfung der Beziehungen bei. Allerdings war „Regensburg" damit in der islamischen Welt nicht ganz vergessen.

Später (2011) lud Benedikt XVI. selbst die Weltreligionen zum 25. Friedenstreffen nach Assisi ein. Freilich unter einer Regie, die jeden Verdacht einer Religionsvermischung ausschloss.

Papst Franziskus hatte seit Pontifikatsbeginn die Notwendigkeit des Dialogs mit anderen Religionen unterstrichen und dabei die Zuarbeit der zuständigen Behörde intensiver in Anspruch genommen. Denn die Kultur der Begegnung sei die einzige Alternative zur Unkultur des Streits. Bei einem Besuch in Sarajewo sprach er 2015 entgegen allen sonst üblichen Regeln ein gemeinsames Gebet mit muslimischen Vertretern. Später benannte er bei einer Reise nach Kairo (2017) drei Grundorientierungen für den Dialog: Die Verpflichtung zur Wahrung der Identität – denn echter Dialog darf nicht auf der Basis von Zweideutigkeiten geführt werden, um dem anderen zu gefallen. Den Mut zur Andersheit – weil derjenige, der sich von mir unterscheidet (kulturell oder religiös), nicht als Feind angesehen und behandelt werden darf, sondern als Weggefährte; denn das Wohl eines jeden besteht im Wohl aller. Die Aufrichtigkeit der Absichten – weil der Dialog nicht eine Strategie ist, um Hintergedanken zu verwirklichen, sondern ein Weg der Wahrheit, um Konkurrenz in Zusammenarbeit zu verwandeln.

Bei seinem Besuch in der Blauen Moschee von Istanbul – acht Jahre nach seinem Vorgänger – ließ Franziskus erst gar keinen Zweifel an seinem Verhalten aufkommen. Hatte sein Sprecher vorab noch eine „stille Sammlung" des Papstes in Aussicht gestellt, so faltete Franziskus unmissverständlich die Hände zum Gebet.

Formen des Dialogs – Arabischer Frühling – Besuch in der Kernregion des Islam

Das vatikanische Dialog-Dikasterium pflegt seit Jahrzehnten verschiedene Formen des interreligiösen Dialogs: Zum einen den institutionalisierten Dialog mit teils schon lange definierten Partnern. Mit dem Islam unterhält der Heilige Stuhl Kontakte mit allen Traditionen, mit Sunniten, Schiiten, Wahhabiten. Darunter sind Dialogpartner auf höchster Ebene, mit denen sich Vertreter des Dikasteriums einmal im Jahr in einer anderen Hauptstadt treffen.

Die Referenten der Behörde nehmen an Konferenzen und Kongressen der Dialogpartner teil und sind Gastgeber von Treffen in Rom. Sie begeben sich nach Saudi-Arabien wie in den Iran, um dort den Heiligen Stuhl zu vertreten und den Informationsaustausch zu pflegen. Man darf den Gesprächsfaden nicht abreißen lassen, lautet eine Devise – auch wenn sich Beobachter mitunter mehr Initiativen erwartet hätten.

Hinzu kommt das Buddhistisch-Christliche Kolloquium. Themen sind stets eine mögliche Zusammenarbeit für Frieden, Gerechtigkeit, Freiheit, für einen sorgsamen Umgang mit der Schöpfung, aber auch für Lebensschutz und Familienschutz.

Zum institutionalisierten Dialog gehört auch das katholisch-muslimische Forum – eine glückliche Konsequenz nach der Regensburger Vorlesung des Ratzinger-Papstes. Bald nach dem Ausbruch der Feindseligkeiten wandten sich 38 moderate Muslim-Intellektuelle 2007 mit einem Dialogangebot an den Vatikan. Ihr Brief wurde nie beantwortet. Genau ein Jahr später – und beraten von einer PR-Agentur – starteten die islamischen Würdenträger und Intellektuellen (inzwischen waren es 138) einen zweiten Anlauf. Sie meldeten sich unter dem Motto „*A common word*" (ein gemeinsames Wort).

Diesmal antwortete der Vatikan. Im November 2008 trat in Rom ein hochkarätig besetztes Katholisch-Muslimisches Dialog-Forum zusammen. Das Thema lautete „Gottes- und Nächstenliebe", auf Wunsch der christlichen Partner kam der Bereich „Menschenrechte" hinzu. Im Schlussdokument, das Teilnehmer als „Meilenstein in der Dialoggeschichte" bezeichneten, betonten beide Seiten, dass Menschen individuell das Recht auf Wahl ihrer Religion haben. Und es verlangte für religiöse Minderheiten ein Recht auf öffentliche Religionsausübung.

Danach wurde es in den Kontakten wieder ruhiger. Und das Klima verdüsterte sich im Zuge des Arabischen Frühlings, der mit seinen Protesten und gewaltsamen Gegenreaktionen neue Unsicherheiten in die Region trug – und auch in die interreligiösen Beziehungen.

Anfang 2011 kam es zu Verstimmungen mit Ägypten. Benedikt XVI. reagierte betroffen auf einen Bombenanschlag gegen eine Kirche in Alexandrien. Die Regierung sah darin eine Kritik an ihrem Sicherheitssystem. Kairo zog seine Botschafterin beim Heiligen Stuhl ab. Die Wissenschaftler und geistlichen Führer von Al-Azhar schlossen sich dem Protest ihrer Regierung an und setzten den Kontakt mit dem Vatikan aus.

Unter Papst Franziskus kam wieder Bewegung in diese Beziehungen, wobei der Großimam von Al-Azhar, Ahmed Mohammed al-Tayyeb, zu einer Schlüsselfigur wurde. Mehrfach reiste er zum Papst in den Vatikan, im Herbst 2016 nahmen Rom und Kairo den Dialog wieder auf. Im April 2017 fuhr Franziskus zu einer Friedenskonferenz der Al-Azhar-Universität. Und im Herbst 2021 unterzeichnete al-Tayyeb mit dem Papst und anderen Christen- und Religionsführern einen Klimaappell vor dem UN-Gipfel in Glasgow.

Auch durch kleine Gesten konnte der Argentinier immer wieder das Eis brechen. So sorgten seine Fußwaschungen an muslimischen Häftlingen zu Gründonnerstag oder sein Einsatz für Syrien-Flüchtlinge jedes Mal für freundliche Kommentare in islamischen Medien.

Das Attribut „historisch" erhielt dann der erste Papstbesuch auf der arabischen Halbinsel. Am 4. Februar 2019 unterzeichnete Franziskus mit al-Tayyeb in Abu Dhabi eine gemeinsame Erklärung „Über die Brüderlichkeit aller Menschen – Für ein friedliches Zusammenleben in der Welt".

Darin riefen beide zu Frieden und Gerechtigkeit, zu Solidarität zwischen allen Menschen und zur Wahrung der Menschenrechte auf. „Wir bitten, es zu unterlassen, den Namen Gottes zu benutzen, um Mord, Exil, Terrorismus und Unterdrückung zu rechtfertigen", wandten sie sich an ihre Glaubensbrüder. Stattdessen verpflichteten sie sich zu einer „Kultur der Toleranz, des Zusammenlebens und des Friedens". Sie forderten „gleiche Rechte für alle Bürger eines Landes, Religions- sowie Meinungsfreiheit" – und verwandten damit auch die Staatsbürgerlichkeit (statt einer bestimmten Religionszugehörigkeit) als Rechtsgrundlage. Sie beschworen die Freiheit, die „Gott allen Menschen schenkt".

In Erinnerung an dieses Treffen proklamierten die Vereinten Nationen den 4. Februar zum „Welttag der Geschwisterlichkeit". Zudem wurde ein interreligiöses „Höheres Komitee für menschliche Brüderlichkeit" gegründet, dem Vertreter des Vatikan-Dikasteriums, der Kairoer Universität sowie jüdische Repräsentanten angehören. Als ihr erstes Projekt wurde in Abu Dhabi ein „Abrahamic Family House" geplant – bestehend aus Kirche, Moschee und Synagoge.

Auch in seiner Sozialenzyklika „*Fratelli tutti*" griff Papst Franziskus 2020 das gemeinsame Abu-Dhabi-Papier auf – und machte damit Großimam al-Tayyeb religionsübergreifend zum Paten und zu einem der Ideengeber eines christlichen Sozialschreibens.

Kaum weniger „historisch" als das Treffen mit dem Sunniten-Imam war zwei Jahre später die erste Begegnung des Papstes mit dem schiitischen Groß-Ajatollah al-Sistani bei seiner spektakulären Irak-Reise. Zwar gaben sie keine gemeinsame Erklärung heraus. Und auch inhaltlich ging das Treffen an der Grabmoschee des Mohammed-Vetters Ali nicht über die Erklärung von Abu Dhabi hinaus. Aber Franziskus sprach von einem „zweiten Schritt" – und es würden „weitere folgen".

Glückwünsche zum Ramadan und Vesakh-Fest

Neben diesen institutionalisierten Dialogen pflegt das Dikasterium auch einen anlassbezogenen Dialog. Anlass kann ein konkretes Thema, eine bestimmte Zusammenarbeit oder ein hoher religiöser Feiertag sein: etwa der islamische Fastenmonat Ramadan, das hinduistische

Lichterfest Dipavali oder das buddhistische Vesakh-Fest, zu denen der Vatikan stets mit öffentlichen Grußbotschaften gratuliert. Das Dikasterium ist freilich nur für einen theologischen, ethischen und kulturellen Dialog mit den Religionen zuständig. Um die politische Seite solcher Beziehungen kümmert sich im Vatikan das Staatssekretariat. Es muss von der Dialog-Behörde kontaktiert werden, wenn bei seiner Tätigkeit politische Fragen auftauchen. Freilich sind gerade im Islam die Grenzen zwischen Religion und Politik fließend. Diese Rückkoppelung macht den Fortgang von Gesprächen und Projekten mitunter schleppend.

Dann organisiert das Dialog-Dikasterium eine sehr weitgefächerte Initiative zur Betreuung von Besuchergruppen. Regelmäßige Besucher im Kurien-Palazzo am Beginn der Via della Conciliazione sind die Bischöfe aus aller Welt, die zum *Ad-limina*-Besuch in den Vatikan kommen. Es gibt inzwischen in fast allen Ortskirchen interreligiöse Dialoginitiativen. Weiter fördert die Behörde Studien und veranstaltet Konferenzen, Symposien, Dialogtreffen, die der gegenseitigen Information und beiderseitigen Wertschätzung dienen, „damit die Menschenwürde und der geistige und moralische Reichtum der Menschen immer weiter wachsen können". Drei- bis viermal im Jahr kommt die eigene Zeitschrift *„Pro dialogo"* heraus. „Es gibt nichts, was wir nicht versuchen", heißt es aus dem Dikasterium.

Wertschätzung und Gegenseitigkeit

Interreligiöser Dialog bedeutet Wertschätzung und Offenheit gegenüber anderen Religionen, zielt ab auf Religionsfreiheit und Menschenrechte weltweit. Wobei Offenheit nicht Beliebigkeit oder Gleichmacherei bedeuten soll. Vielmehr nimmt sie selbstbewusst Gemeinsamkeiten und Unterschiede, das Wertvolle wie auch das Belastende der eigenen religiösen Tradition in den Blick.

Dabei stelle sich aber auch die Frage nach der Gegenseitigkeit, geben Mitarbeiter zu bedenken: Erfahren Katholiken auf muslimischer, auf buddhistischer oder hinduistischer Seite eine ähnliche Wertschätzung, wie sie die katholische Kirche anderen Religionen gegenüber formuliert? Haben sie in muslimisch geprägten Ländern ebenfalls „Bürgerrechte"?

Schon in seinem Pontifikatsprogramm „*Evangelii gaudium*" von 2013 hatte Franziskus eine Hoffnung, ja einen flehentlichen Appell an die muslimische Welt gerichtet: „Bitte! Ich ersuche diese Länder demütig darum, in Anbetracht der Freiheit, welche die Angehörigen des Islam in den westlichen Ländern genießen, den Christen Freiheit zu gewährleisten, damit sie ihren Gottesdienst feiern und ihren Glauben leben können" (EG 253).

Freilich existiert ein Dokument wie „*Nostra aetate*" in anderen Religionen nicht, hebt man in Rom hervor. Und dort bestehen auch nicht solche hierarchischen Strukturen und Beschlussfassungsorgane wie in der katholischen Kirche. Es gibt keine Vertretungskörperschaft der islamischen Welt. Ebensowenig im Buddhismus. Hinzu kommt, dass es neben dem Papst nur ganz wenige Religionsführer mit universaler Anerkennung gibt – etwa der Ökumenische Patriarch, der Anglikanische Primas, der Dalai Lama.

Ausblick

„*Nostra aetate*" hat einen interreligiösen Dialogprozess von beachtlichem Ausmaß eröffnet. Es wurden viele wissenschaftliche Institutionen ins Leben gerufen, die den Dialog fördern und begleiten. „Wenn man sieht, was sich da in den letzten 50 Jahren getan hat, muss man von einer Erfolgsgeschichte sprechen", meinte ein Mitarbeiter. Aber es seien auch Rückschläge zu verzeichnen. Vielerorts werden heute Christen verfolgt, umgebracht und immer wieder Kirchen niedergebrannt. Dem interreligiösen Dialog steht noch sehr viel Arbeit bevor. Die neue Kurienordnung setzt die bisherige Arbeit der Behörde weitgehend fort. Allerdings hatte mancher auf eine noch weitere Öffnung des Dialogs gehofft: Das Konzil hatte eine Begegnung zwischen den Religionen selbst, zwischen den Institutionen angeboten. PE 147 spricht dagegen nur von „Beziehungen zu Mitgliedern und Gruppen von Religionen", und der Vatikan habe den Dialog zu fördern und zu regeln.

Das Dialog-Dikasterium ist eine schlanke Behörde, mit kurzen Kommunikationswegen und gerade 15 Mitarbeitern (darunter fünf

Frauen) – im Dienst von drei Vierteln der Menschheit. Ein Geistlicher aus Indien kümmert sich um Hinduismus, Schintoismus und Konfuzianismus, ein Mitbruder aus Sri Lanka ist Experte für Buddhismus, und ein Priester aus Schwarzafrika beobachtet die Naturreligionen südlich der Sahara. Den Kontakt mit dem Islam betreuen ein Jordanier und ein Indonesier. Und eine Italienerin befasst sich mit neuen religiösen Bewegungen wie New Age und auch mit Voodoo. Hinzu kommen Mitarbeiter für Publikationen und Medien, eine Bibliothekarin, ein Leiter des Archivs. „Eine kuriale Vorzeigeeinrichtung", meinte ein Monsignore. „Wir kommen mit wenigen Mitarbeitern aus und betreuen doch weltweit alle Religionen".

Dikasterium für die Kultur und die Bildung

Für eine ganzheitliche Erziehung nach christlichen Werten
(PE 153-162)

Von allen Kurienbehörden hat das „**Dikasterium für die Kultur und die Bildung**" am ehesten den Zuschnitt eines zivilen Ministeriums. Umso mehr, als mit der Kurienreform die bisherige Zuständigkeit für Bildung, Schulen, Universitäten und Bildungszusammenarbeit mit der für Wissenschaft, Kunst und Kultur zusammengefasst wurde. Die bisherige Bildungskongregation wurde mit dem auf unterschiedlichsten Feldern aktiven Kulturrat verbunden, freilich in zwei getrennten Sektionen. Zudem kamen etliche Akademien und Stiftungen unter ihr Dach. Das schafft nicht nur Synergien, sondern ermöglicht auch eine einheitlichere Bildungs- und Kulturpolitik. Jedoch hatte mancher zunächst vermutet, dass noch weitere Vatikan-Stellen angebunden würden, etwa die Museen oder andere mit dem Heiligen Stuhl verbundene Einrichtungen.

Allerdings muss sich die neue Konstruktion noch einspielen. Auch hier wird deutlich, dass es dem Papst wichtiger ist, „Prozesse in Gang zu setzen, anstatt Räume zu besitzen", wie er in seinem Pontifikatsprogramm EG 223 von 2013 schrieb. Er möchte lieber Entwicklungen anstoßen, statt alles gleich in fertige Strukturen und einen festen Rechtsrahmen zu bringen.

„Das Dikasterium für die Kultur und die Bildung setzt sich im Horizont der christlichen Anthropologie für die Entwicklung menschlicher Werte im Hinblick auf alle Menschen ein und trägt so zur vollen Verwirklichung der Nachfolge Jesu Christi bei", definiert PE 153,1 die Aufgabe. Seine erste Sektion widmet sich der „Förderung der Kultur, der pastoralen Anregung und der Pflege des kulturellen Erbes". Die zweite Sektion entwickelt „Grundprinzipien der Erziehung" für Schulen, für die katholischen und kirchlichen höheren Studien- und Forschungseinrichtungen, und ist „für hierarchische Rekurse in diesen Angelegenheiten zuständig".

Die Behörde gehört zu den wenigen Kurieneinrichtungen, deren Neuaufstellung erst nach Abschluss des neunjährigen Reformprozesses begonnen hat. Auch hier sollte es nicht nur bei einer einfachen Personalzusammenführung bleiben. Der Neustart sollte dem Präfekten die Möglichkeit zu neuen Strukturen, einer anderen Arbeitsaufteilung und einer stärkeren Vereinheitlichung geben. Er bietet etwa die Möglichkeit, Rechtsprobleme oder Konkordatsfragen im Wissenschafts- und Kulturbereich aus einer Hand zu bearbeiten, oder auch die internationale Zusammenarbeit zu vernetzen – und damit Synergien zu nutzen. Zudem werden die vorhandenen Institutionen, insbesondere die katholischen Universitäten, gestärkt, die mit ihren großen Möglichkeiten als Kulturträger dauerhaft mehr bewirken können als einzelne Projekte oder Events (wie sie der Kulturrat bislang stark promotet hatte).

Die Behörde arbeitet – wie die meisten Dikasterien – in sieben Sprachen: Neben Latein als der Sprache der offiziellen Dekrete sind dies Italienisch, Englisch, Französisch, Spanisch, Portugiesisch und Deutsch. Darüber hinaus bringen die rund 60 Mitarbeiter aber noch ein Dutzend weiterer Sprachen ein, von Polnisch und Niederländisch bis Arabisch.

Sektion Kultur

Das neustrukturierte Dikasterium hat die Aufgabe, die Beziehungen zwischen dem Heiligen Stuhl und der Welt der Kultur zu fördern und zu unterhalten und sich mit den vielfältigen Anforderungen auseinanderzusetzen, die sich daraus ergeben, schreibt PE 154. Es geht um Dialog und Begegnung, um gegenseitigen Austausch und gegenseitige Bereicherung. Die Welt der Kultur soll sich immer mehr gegenüber dem Evangelium und dem christlichen Glauben öffnen – und die Kirche will sich umgekehrt von der Kunst, der Literatur und den Wissenschaften, der Technik und dem Sport bereichern lassen – auf der Suche nach dem Wahren, Guten und Schönen.

Dann geht es der Sektion um die Pflege und Förderung der eigenen, der kirchlichen Kultur: Um den Schutz und die Bewahrung ihres historischen Erbes, ihrer Geschichte, vor allem um Erhalt und Pflege der Kirchen und weiteren Gebäude (PE 155). Und natürlich zählt dazu auch das große künstlerische Erbe ihrer Museen, Archive und

Bibliotheken, das allen Interessierten zugänglich sein soll. Hierein gehören viele internationale Kontakte und die Zusammenarbeit in internationalen Organisationen wie der UNESCO oder dem Europarat. Es geht aber auch um den Dialog zwischen den vielen Kulturen innerhalb der Kirche (PE 156).

Die Sektion hat damit Aufgaben und Projekte des bisherigen Kulturrates übernommen, die nun für die neue Behörde präzisiert wurden. Der 1982 gegründete Kulturrat, mit dem Papst Johannes Paul II. dem Dialog des Evangeliums mit den Kulturen neue Impulse geben wollte, war 1993 mit dem „Rat für den Dialog mit den Nichtglaubenden" zusammengelegt worden (den seit Konzilszeiten [bis 1981] der Wiener Kardinal König geleitet hatte). Die Kulturen unserer Zeit seien „oft von Unglauben und religiöser Gleichgültigkeit gekennzeichnet", lautete damals das Argument für das erweiterte Aufgabenspektrum. Eine zwischenzeitliche Zusammenlegung mit dem „Rat für den interreligiösen Dialog" (2006/07) erwies sich dagegen als Fehlgriff und wurde rasch wieder rückgängig gemacht. 2013 schloss Benedikt XVI. dem Kulturrat die „Kommission für die Kulturgüter der Kirche" an.

Der Rat verstand sich als „Brücke" zwischen dem Christentum und der säkularen Welt, aber auch als „Hof" der Begegnung. Insbesondere nach dem Fall der Mauer wurde er zum Raum des Dialogs mit Nicht-Gläubigen, um eine Inkulturation des Evangeliums in die säkularen Gesellschaften hinein zu ermöglichen.

Diesen Auftrag setzt das Dikasterium fort: Die Sektion fördert Dialoginitiativen mit Menschen und Institutionen, die sich zwar nicht zu einer bestimmten Religion bekennen, aber „aufrichtig die Begegnung mit der Wahrheit Gottes suchen" – sowie mit denen, die kein religiöses Bekenntnis haben (PE 158).

Kardinal Ravasi, seit 2007 Präsident des früheren Kulturrates, hatte in seiner Amtszeit durch die Teilnahme an internationalen kulturellen Aktionsprogrammen und Großprojekten für breite Aufmerksamkeit gesorgt. Er kümmerte sich darum, dass die Kirche bei Veranstaltungen wie Expo, Biennale und Buchmessen vertreten war und brachte sie damit in den globalen Diskurs ein. Er beteiligte sie an internationalen Foren und Fachtagungen zur Aufwertung des kulturellen Erbes. Die Sektion setzt auch diese Initiativen fort.

Dabei hatte Ravasi den Kulturbegriff sehr weit gefasst und seinen Aktionsradius auch auf Bereiche ausgedehnt, die in die Zuständigkeit anderer Vatikan-Behörden fielen und dort bearbeitet werden: vom Sport- und Laien-Engagement über die Rolle der Frau bis hin zu Bildungs- und Schulfragen. Von Wirtschaft bis Politik, von Diplomatie bis Wissenschaft, von Justiz und Journalismus bis zur Mode. Die Arbeit des Kulturrates war vor allem promotionell, der Rat organisierte Events und große Konferenzen. Im Rahmen der Neuausrichtung der Behörde lässt sich nun manche Doppelarbeit einsparen.

Sektion Bildung

Zentrale Aufgabe des Dikasteriums ist und bleibt weiter die Kompetenz für die katholischen Schulen und Universitäten. Schon in der ersten Kurienordnung von 1588 hatte Sixtus V. eine Universitäts-Kongregation gegründet. Sie nannte sich später „Studien-Kongregation". Ab 1988 trug sie den Namen „Kongregation für das Katholische Bildungswesen (für die Seminare und Studieneinrichtungen)" – bevor Benedikt XVI. 2013 die Zuständigkeit für die Seminare der Klerus-Kongregation zuwies.

Die Sektion Bildung arbeitet mit den Ortskirchen und Bischofskonferenzen bei der Entwicklung und der Anerkennung der Grundprinzipien der (katholischen) Erziehung zusammen und bemüht sich, „dass sie dem jeweiligen Umfeld und der Kultur entsprechend umgesetzt werden können", heißt es in PE 159.

Mit ihrem Bildungsauftrag leistet die Kirche seit alters einen kulturellen und sozialen Beitrag – nicht ohne Grund gilt sie als „Mutter des Schulwesens". Ihr Beitrag geht weit über christliche Mission und Verkündigung hinaus, sie will zur gesellschaftlichen und kulturellen Entwicklung, zum Fortschritt des Menschen und der Gemeinschaft beitragen. Dieses Ziel verfolgten bereits die mittelalterlichen Dom-, Stifts- oder Klosterschulen. Besondere Verdienste erwarben sich hier die auf das Schul- und Bildungswesen spezialisierten Orden, sehr oft lokale oder diözesane Frauen-Kongregationen. Auf Weltebene profilierten sich nach den Benediktinern insbesondere die Jesuiten, die Salesianer und die im 19. Jahrhundert entstandenen Lehrorden, die Schulbrüder und Schulschwestern.

Katholische Schulen

Die katholische Schule versteht sich als „Ort einer ganzheitlichen Erziehung der menschlichen Person mittels eines klaren Erziehungsplanes, der seinen Grundstein in Christus hat", formuliert die Behörde. Dazu gehören Wertvorstellungen und ein entsprechendes Konzept von Mensch und Leben. Sie ist nicht nur für katholische Schüler offen, sondern für alle, die ein qualifiziertes Erziehungskonzept schätzen. Sie hat damit eine öffentliche Funktion so wie staatliche Schulen. Durch ihre Präsenz garantiert sie einen kulturellen und erzieherischen Pluralismus. Sie ermöglicht Eltern und Familien die Freiheit und das Recht auf eine ganzheitliche Erziehung nach christlichen Werten.

Es fehlt freilich nicht an internen wie externen Problemen. Hinter dem Drängen auf schulische Neutralität stehe häufig das Bestreben, religiöse Bezüge aus dem Gebiet der Kultur und der Erziehung herauszuhalten, heißt es in Kirchenkreisen. Die Sektion sieht hier eine große Herausforderung und wichtige Verantwortung, wie sie unter unterschiedlichsten politischen und juristischen Bedingungen angemessen darauf reagieren und den Ortskirchen subsidiär Hilfen leisten kann.

Zum Zuständigkeitsbereich des Dikasteriums gehört eine große Bandbreite von Schulen mit unterschiedlicher christlicher Prägung – bis hin zu Institutionen, die direkt von der Kirche getragen werden. Weltweit dürften es 220.000 Einrichtungen sein, vom Kindergarten über die Grund- und Hauptschule, über spezialisierte Berufsschulen bis zum Gymnasium. Die Kirche erreicht damit um die 70 Millionen Schüler, und zwar in unterschiedlichen politischen, kulturellen und sozialen Situationen und Rechtssystemen. Besonders gefragt und gefordert ist dieses Bildungsengagement in Afrika, wo es auch ein wichtiger Beitrag ist, um Kirche zusammenzuhalten und katholisches Milieu zu prägen. Fast 30 Millionen Kinder und Jugendliche besuchen dort katholische Einrichtungen, in Asien sind es 14, in Europa immerhin 8,7 Millionen.

Der Heilige Stuhl wird für die katholischen Schulen allerdings nur gesamtorientierend tätig. Die direkte Verantwortung liegt beim Diözesanbischof, zusammen mit den verschiedensten Trägern, vor allem Ordensgemeinschaften. Rom äußert sich zu generellen Fragen, unterstützt Ortskirchen und Bischofskonferenzen bei der Entwicklung und Festlegung von Normen, Grundprinzipien und Vorschriften, nach denen katholische Schulen errichtet und geleitet werden sollen (PE 160). Schon in der Vergangenheit habe man die Subsidiarität respektiert, versichert man im Dikasterium. „Wir waren und sind keine Durchregierungsbehörde." Wo jedoch Konflikte nicht vor Ort geregelt werden können, wird Rom aktiv.

Das Dikasterium beobachtet, wie katholische Schulen unter unterschiedlichen und sich ändernden gesellschaftspolitischen und kulturellen Gegebenheiten arbeiten und sich behaupten können. Wie sie ihr Profil bewahren und ihren Dienst leisten – inmitten von Wertekrise und Pluralismus, von Migration und kultureller Vermischung. In einer Welt, die immer multiethnischer und multireligiöser wird.

Zu solchen Fragen äußert sich die Behörde immer wieder in einzelnen Dokumenten – freilich allgemein und ergänzt durch meist lokale Ausführungsbestimmungen, zumal Schulsysteme und staatliche Gesetzgebungen von Land zu Land divergieren. Manchem Bischof in schwieriger Situation wären deutlichere Ansagen aus Rom lieber, auf die er sich berufen könnte, ohne sich selbst exponieren zu müssen, hört man. Als hilfreich erwies sich daher das Dokument über die Identität katholischer Schulen vom Januar 2022.

Besonderes Augenmerk widmet die Behörde heute der interreligiösen Begegnung und dem Dialog. Umso mehr, als die Zahl und der Anteil der katholischen Schüler in ihren Einrichtungen mancherorts sinken. In den westlichen Großstädten sind sie oft in der Minderheit, in Teilen des Ruhrgebiets oder in den Außenbezirken von Brüssel sind es nicht einmal 10 Prozent. Noch niedriger ist die Quote in Ländern mit nichtchristlicher Mehrheit.

Den kirchlichen Bildungseinrichtungen kommt eine besondere gesellschaftliche Rolle zu, wenn es – etwa in ärmeren Ländern – nicht genügend staatliche Angebote gibt. Das bedeutet, dass katholisches Schulengagement gelegentlich auch dort möglich ist, wo die Kirche keine pastorale Arbeit leisten kann (oder darf), wie in manchen islamischen oder in sozialistischen Staaten.

Religionsunterricht

Einheitlicher ist inzwischen die Zuständigkeit für den Religionsunterricht geregelt. Hier waren bislang mehrere vatikanische Behörden involviert – je nachdem, ob man ihn als Glaubenslehre oder als katholische Erziehung versteht, als informatives Fach, und ob er an katholischen oder an staatlichen Schulen stattfindet. Mit der jüngsten Reform hat die Sektion die generelle Zuständigkeit dort übernommen, wo Religion als Schulfach fungiert. Denn bei Klärungen und Rekursen geht es meist um die gleichen Inhalte und Fragen. Für die inhaltliche Seite, für Schulbücher und Katechismen sind unterdessen der Ortsbischof oder die Bischofskonferenz zuständig.

Katholische Universitäten – Kirchliche Hochschulen

Einen weiteren, und wohl den wichtigsten Aufgabenbereich der Sektion bilden die Katholischen Universitäten und Hochschulen. „Die Kirche hat das Recht, Universitäten zu errichten und zu führen; denn sie tragen bei zur höheren Kultur der Menschen und zur volleren Entfaltung der menschlichen Person wie auch zur Erfüllung des Verkündigungsdienstes der Kirche", sagt das Kirchenrecht (CIC 807). Und die Kirche ist in diesem Wissenschaftsbetrieb sehr aktiv und pflegt ihn.

Die vatikanische Behörde soll dafür sorgen, dass es in der ganzen Kirche eine ausreichende Zahl von qualifizierten kirchlichen und katholischen Hochschulen und anderen Studieneinrichtungen gibt (PE 161). Dazu unterstützt sie die Bischofskonferenzen und bringt ihre Erfahrungen aus der Weltkirche ein. Weiter arbeitet sie subsidiär bei der Ausarbeitung von deren Statuten mit.

Weltweit dürften es rund 1.500 katholischen Universitäten unterschiedlichster Form und Prägung, sowie 300 kirchlichen Fakultäten sein. Manche haben eine jahrhundertealte Tradition, andere wurden erst jüngst gegründet. Besucht werden sie von rund zehn Millionen Studierenden.

Katholische Universitäten

Sie umfassen Fakultäten für profane Wissenschaften, von Medizin, Jura und Technik bis zu Wirtschaftswissenschaften, und verleihen zivile akademische Grade. Freilich soll jede Katholische Universität wenigstens einen theologischen Lehrstuhl haben, an dem Vorlesungen für Hörer aller Fakultäten angeboten werden.

Die Katholischen Universitäten spielen in Lateinamerika, Afrika oder Asien eine wichtige Rolle, aber auch in den USA, wo die Notre-Dame-University (Indiana) oder die „Georgtown" (Washington) in einzelnen Fachbereichen in einer Liga mit den Elite-Universitäten Harvard, Stanfort und Yale stehen. Oft haben die katholischen Unis ein solches Renommee, dass auch nichtchristliche Eliten gerne ihre Kinder dorthin schicken. Etliche sind führend in ihren Staaten, umfassen sämtliche Wissenschaftsbereiche und Fakultäten mit bis zu 70.000 Studierenden, mit riesigen Kapazitäten in Forschung und Lehre. Als Flaggschiff in Lateinamerika gelten etwa die *Pontificia Universidade Católica* im brasilianischen Belo Horizonte, die in Sao Paulo oder die in Santiago de Chile. Auf den Philippinen rangieren die von Dominikanern geleitete Thomas-Universität sowie das *Ateneo* der Jesuiten ganz vorne, in Japan die Sofia-Universität von Tokio.

Daneben behaupten sich aber auch winzige Hochschulen – etwa Community-Colleges in den USA – mit weniger als 100 Studierenden. In Washington befindet sich genau gegenüber der großen Katholischen Universität von Amerika (eine Elite-Universität für solche, die es sich leisten können) die von Ordensschwestern geleitete Trinity Washington University. Sie ist nur für Frauen offen, viele Alleinerziehende, zu 85 Prozent Schwarze, 20 Prozent Katholikinnen. Die meisten werden mit einem Stipendium der katholischen Kirche unterstützt.

Ebenfalls in Washington hat die oben genannte „Georgetown" ihren Sitz, die von Jesuiten geleitete älteste und größte Katholische Universität der USA. Zu ihren Absolventen gehörten Bill Clinton, Madeleine Albright, Kurt Biedenkopf aber auch die Könige Abdullah II. von Jordanien und Felipe VI. von Spanien. Die Georgetown hat 2005 in Katar einen Campus für *Foreign Service* eröffnet. Eine der wichtigsten und qualifiziertesten Diplomatenausbildungsstätten in der islamischen Welt wird somit von Jesuiten geleitet. Und dort erhalten die Studenten auch eine Einführung in katholische Theologie.

Eine besondere Rolle spielt weiter die 2015 im irakisch-kurdischen Erbil gegründete katholische „Flüchtlings"-Universität, die Ausbildungsgänge für Internationale Beziehungen, Orientalische Studien, Wirtschaft und Informationstechnologien anbietet. Hier sammelten sich viele Professoren und Studenten aus den Krisen- und Kriegsgebieten von Irak und Syrien. Und hohen Einfluss für die palästinensische Gesellschaft hat die seit 1973 vom Lasallianer-Brüderorden geführte Universität Bethlehem.

In Europa ist das Netz Katholischer Universitäten weniger dicht, aber mitnichten weniger bedeutend. Eine führende Rolle in Belgien spielt bis heute die alte Katholische Universität Löwen. Sie steht im internationalen Ranking ganz weit oben, ebenso wie die von Nimwegen/Niederlande. In Spanien gilt das für die Jesuiten-Universitäten von Madrid und Bilbao oder die – vom Opus Dei geführte – Universität Navarra. Herausragendes Renommee haben auch die Hochschulen in Budapest oder Lissabon, sowie die griechisch-katholische Universität in Lemberg. Als eine der größten Katholischen Universitäten gilt die von Mailand. Einzige Katholische Universität in Deutschland ist seit 1972 die von Eichstätt.

Errichtet und getragen werden die Katholischen Universitäten von unterschiedlichen Instanzen: Mal von einem Bistum oder einer Bischofskonferenz, oft von einem Orden. Allein die Jesuiten unterhalten ca. 200 Universitäten und Hochschulen, die mitunter zu den bedeutendsten ihrer Länder zählen. Rund 50 Katholische Universitäten unterstehen unmittelbar dem Heiligen Stuhl.

Manche dieser ca. 1.500 Universitäten haben keine von der Kirche gebilligten Statuten, sind aber von ihrem Selbstverständnis her katholisch oder gingen aus einer katholischen Gründung hervor.

Die jeweilige kirchliche Autorität (der Heilige Stuhl, die Bischofskonferenz, der Ortsbischof oder Ordensobere) ist für die kirchliche und katholische Prägung dieser Universitäten zuständig. Die übrigen Belange werden durch lokale Hochschulnormen und nationale Studiengesetzgebungen bestimmt.

Die Universitätsabteilung ist für die Beratung bei der Errichtung neuer Hochschulen und Fakultäten sowie für die Hilfe bei der Approbation von Statuten der Hochschulen zuständig, in einigen Fällen ernennt sie dort auch die Rektoren. Auf jeden Fall muss sie der Vielfalt unterschiedlicher Rechts- und Organisationsformen Rechnung tragen. Es gibt für Katholische Universitäten keine einheitlichen Normen, jeder Fall muss einzeln begleitet werden.

Kirchliche Fakultäten

Von den Katholischen Universitäten zu unterscheiden sind die rund 300 kirchlichen Hochschulen oder Fakultäten, die nur kirchliche Wissenschaften unterrichten. Etwa die Hälfte davon lehrt Theologie, ein Sechstel Philosophie, ein Zehntel Kirchenrecht. Die übrigen widmen sich einem weiten Rahmen religiöser Disziplinen von Kirchenmusik bis child protection, von christlicher Archäologie bis Psychologie.

Da gibt es selbstständige Einrichtungen, wie die Theologischen Fakultäten in Fulda, Paderborn oder Trier. Oder Einrichtungen, die von Orden getragen werden, etwa die Philosoph-Theologischen Hochschulen Sankt Georgen/Frankfurt (Jesuiten) oder Heiligenkreuz im Wienerwald (Zisterzienser). Ein Großteil der theologischen Fakultäten in Deutschland gehört zu staatlichen Universitäten, etwa in Bonn, Erfurt, Freiburg, Mainz, München, Münster, Tübingen oder Würzburg.

Über den Tisch der Sektion gehen jährlich einige hundert *Nulla-Osta*-Verfahren für Professoren. Die Ausstellung dieser Unbedenklichkeitserklärung ist Voraussetzung für die Erteilung der kirchlichen Lehrerlaubnis durch den Ortsbischof. Das Dikasterium stimmt sich dazu mit dem Staatssekretariat, der Glaubensbehörde und dem jeweiligen Nuntius ab. Über 95 Prozent werden positiv beschieden.

Um *kirchliche Universität* genannt zu werden, muss eine Hochschule mindestens vier Fakultäten aufweisen. Das betrifft die sieben Päpstlichen Universitäten in Rom: Gregoriana (Jesuiten), Lateranense (Bistum Rom), Urbaniana (Missions-Dikasterium), Angelicum (Dominikaner), Salesiana (Salesianer), Santa Croce (Opus Dei), Antonianum (Franziskaner). Dazu kann man auch die neuen Gründungen in Krakau und Madrid zählen.

An die rund 300 kirchlichen Fakultäten sind nochmals 400 affiliierte Institute angehängt. Dabei handelt es sich um Einrichtungen, die akademische Grade mithilfe einer anderen Fakultät vergeben. Rund 120 afrikanische Hochschulen etwa sind an die Urbaniana in Rom gebunden.

Gemeinsame Aufgaben und internationale Perspektiven

Die Verbindung der Zuständigkeiten für Bildung und für Kultur unter einem Behörden-Dach eröffnet Möglichkeiten für Synergien. Beobachter rechneten von Anfang an mit einer gemeinsamen Rechtsabteilung für beide Sektionen, da in beiden Bereichen juristische Aufgaben wie die Bearbeitung von Statuten oder Approbationen oder Verträge und Konkordate auf der Agenda stehen. Und auch auf internationaler Ebene ergeben sich gemeinsame Aufgaben und Anliegen; denn in beiden Bereichen stehen die Verantwortlichen im Kontakt mit den gleichen internationalen Institutionen wie UNESCO oder Europarat.

Schon in der Vergangenheit hatte sich die Bildungskongregation stark und mit wachsendem Einfluss in der internationalen Hochschulpolitik engagiert. Das Interesse und die Kompetenz rührten daher, dass der Heilige Stuhl für 300 kirchliche Fakultäten direkt und für rund 1.500 katholische Universitäten mittelbar zuständig ist und dort Erfahrungen mitbringt – und zwar weltweit. Diese Vernetzung bringt dem Vatikan auch im weltlichen Bildungsbereich Reputation und Vertrauen ein.

In der internationalen Hochschulpolitik schätzt man den Heiligen Stuhl als Ideengeber, der mit seinen Erfahrungen aus unterschiedlichen politischen und sozialen Konstellationen immer wieder vermitteln und Brückenfunktionen erfüllen kann. Zudem ist seine Professionalität geachtet; die Kirche investiert mehr in Bildung als in Sicherheit oder Wirtschaft. Schon in der Vergangenheit haben seine Vertreter Schlüsselpositionen in internationalen Gremien besetzt, etwa im Bologna-Prozess für den europäischen Hochschulraum, aber auch – im Rahmen der UNESCO – in deren Global Convention, der Lissabon-Convention (für Europa), in der Asia-Pacific-Regional Convention, der Konvention von Addis Abeba (für Afrika) oder für Lateinamerika.

Die Sektion sieht hier einen Beitrag analog zur Diplomatie, mit der der Heilige Stuhl in den politischen und gesellschaftlichen Bereich hineinwirken und vermitteln kann. Im Sinne einer *soft-diplomacy* können diese Kontakte Türen öffnen, die der Kirche sonst verschlossen sind, und als Katalysator für weitere Initiativen wirken. Denn im Bildungsbereich sind Kontakte und auch Verträge möglich, die auf außenpolitischer Ebene (noch) nicht gemacht werden können.

Es ist naheliegend, dass die neue Behörde diese Aufgaben sektionsübergreifend gemeinsam für den Bildungs- und Kulturbereich führt und fortsetzt – und nicht mehr getrennt mit den internationalen Organisationen in Beziehung tritt.

Dikasterium für den Dienst zugunsten der ganzheitlichen Entwicklung des Menschen

Dialog-Akteur für eine neue Vision von Entwicklung
(PE 163-174)

Wie die Behörde für Laien-Familien-Leben ist auch das „Dikasterium für den Dienst zugunsten der ganzheitlichen Entwicklung des Menschen" aus der Fusion mehrerer eigenständiger Behörden hervorgegangen. Zum 1.1.2017 löste Franziskus die vier Päpstlichen Räte *Iustitia et pax*", „*Cor unum*", für Migranten und für Krankenpastoral auf und übertrug ihre Aufgaben und Zuständigkeiten der neuen Groß-Institution. Die Behörden waren nach dem Zweiten Vatikanum gegründet worden, um verschiedene soziale Dienste der Kirche in der Welt und für die Menschen zu begleiten und zu koordinieren.

Das Dikasterium, umgangssprachlich „Entwicklungsministerium" oder „Sozialministerium", hat seinen traditionellen Sitz im extraterritorialen Palazzo San Calisto im römischen Ausgeh-Viertel Trastevere. Es betreut einen Bereich, der Papst Franziskus ganz besonders am Herzen liegt. Am Anfang seines Pontifikats stand sein Plädoyer einer „armen Kirche für die Armen", die an die Peripherien gehen müsse. Die sich der Ausgegrenzten, Ausgebeuteten und Benachteiligten, der Verfolgten und der Opfer von Konflikten, der Kranken und Leidenden annehmen und nach den Gründen ihrer Not suchen müsse. Seine erste Reise unternahm Franziskus spektakulär auf die Flüchtlingsinsel Lampedusa, später fuhr er zum Migranten-Hotspot Moria auf Lesbos.

Für all diese Anliegen und Aufgaben braucht Franziskus in der Kurie die Unterstützung durch eine starke Behörde. Das Dikasterium soll – in Zusammenarbeit mit den Diözesen der Welt und zu deren Unterstützung – „die menschliche Person und ihre gottgegebene Würde, die Menschenrechte, die Gesundheit, die Gerechtigkeit und den Frieden" fördern (PE 163). Es befasst sich dabei mit Vorgängen und

Fragen der Wirtschaft und Arbeit, mit der „Bewahrung der Schöpfung und der Erde als gemeinsames Haus", mit Migration und humanitären Notsituationen in den Krisen- und Katastrophenregionen der Welt wie an den sozialen Brennpunkten der Wohlstandsgesellschaften. Dazu muss es die katholische Soziallehre vertiefen, verbreiten und fortschreiben, und die Bedürfnisse und Sorgen des Menschengeschlechts im Licht des Evangeliums erfassen und erörtern (PE 163,2).

Schon in der Vergangenheit fanden die vier vatikanischen Sozial-Behörden – auch wenn sie nur zu den „kleinen Ministerien" zählten – hohe Beachtung.

1 Der frühere Rat *Iustitia et pax* befasste sich seit 1967 mit den großen Fragen von Gerechtigkeit und Frieden, Entwicklung und gesellschaftlichem Fortschritt, mit Menschenrechtsfragen und Religionsfreiheit, mit Sozialthemen aller Art. Er sammelte und analysierte Daten, erarbeitete Dossiers und Erklärungen und brachte sie in den innerkirchlichen Raum wie in den gesellschaftlichen Diskurs ein. Er organisierte Symposien und Fachtagungen, entsandte Mitarbeiter zu internationalen Konferenzen, suchte weltweit den Austausch.

Im Auftrag des Papstes plante er Thementage zu unterschiedlichen Gesellschaftsfragen. Vielbeachtet sind die Papst-Botschaften (seit 1968) zum Weltfriedenstag am 1. Januar. Der Rat war bestens vernetzt, gefragter Gesprächspartner, galt mitunter als inoffizielles vatikanisches Außenministerium: Hierher kamen auch Personen, die (noch) nicht offiziell mit dem Staatssekretariat in Kontakt treten wollten.

2 *Cor unum* war die zuständige Behörde für die Caritas. 1971 gegründet, sollte sie eine Katechese der Caritas fördern, theologisch untermauern und die Gläubigen für diesen „Liebesdienst" der Kirche motivieren. Sie machte deutlich, dass christliche Nächstenliebe zentral zum Wesen der Kirche gehört, dass katholische Hilfswerke keine normalen NGOs sind und daher ein klares katholisches Profil aufweisen müssen. 15 Jahre lang (1995-2010) wurde der Rat vom deutschen Kurienkardinal Cordes geleitet.

Der Präsident von *Cor unum* reiste als erster Kurialer in Kriegs- und Katastrophengebiete, sprach den Betroffenen die Solidarität des Papstes und der Kirche aus, überbrachte eine erste Spende und versuchte, katholische Hilfsarbeit vor Ort zu koordinieren. Er begab sich auch in die Machtzentralen, um Hilfen für die Opfer zu erleichtern.

3 Der 1970 gegründete **Migrantenrat** bemühte sich mit Erklärungen und Appellen, mit Hilfsdiensten und Kongressen um eine Sensibilisierung der Öffentlichkeit für Migranten und Flüchtlinge, für Menschen, die gezwungen wurden, ihre Heimat zu verlassen oder die gar keine hatten. Der Rat kümmerte sich generell um „Menschen unterwegs": Auch um Nomaden, Schausteller, war für die Seeleute- wie für die Flughafenseelsorge zuständig.

4 Der erst 1985 gegründete **Rat für die Krankenpastoral** wollte die Lehre der Kirche zu den spirituellen und moralischen Aspekten von Krankheit und menschlichem Leiden fördern und die Krankenhauspastoral koordinieren. Er verfolgte Gesetzgebungen und neue Forschungsergebnisse im klinischen Bereich, mit Blick auf ethische Kriterien und pastorales Handeln.

Die Behörde wurde lange Zeit auf beeindruckende Weise von Kardinal Angelini (1916-2014) geprägt. Der gebürtige Römer organisierte jährlich hochkarätig (auch mit Nobelpreisträgern) besetzte Kongresse, die in der Fachwelt breite Aufmerksamkeit fanden: Zu Themen wie Aids, Drogen, Alkoholismus, über Menschen mit Behinderung, oder zu „Hypokrates und der Gute Samariter". Bestens vernetzt in politischen Kreisen Italiens, fand der rührige Kardinal immer Sponsoren für die Treffen. Seine Nachfolger setzten die Kongresse fort – aber in bescheidenerem Rahmen und mit weniger Glamour.

Neue Formate – und eine neue Vision von Entwicklung

Das neue Dikasterium verfolgt seit 2017 diese Aufgaben und Ziele weiter – allerdings nicht eins zu eins. Ohnehin sollten mit der Reform manche Überschneidungen und Doppelarbeiten wegfallen. Die neue Kurienordnung bestätigt weitgehend den bisherigen Themenfächer und Aufgabenbereich sowie die Zusammenarbeit der römischen Behörde mit den hier besonders aktiven Ordensgemeinschaften, sowie mit nationalen und internationalen Hilfs- und Entwicklungsorganisationen.

Das Dikasterium setzt sich aktiv für die Prävention und Lösung von Konflikten ein, versucht deren Ursachen und Auslöser zu identifizieren und zu analysieren (PE 165). Es verteidigt die Würde der Person und ihre sozialen, wirtschaftlichen und politischen Rechte (PE 165,2). Dabei unterstützt es Initiativen gegen Menschenhandel, Zwangsprostitution, Ausbeutung von Minderjährigen und schutzbedürftigen Personen. Es wehrt sich gegen die unterschiedlichen Formen von Sklaverei und Folter, und es setzt sich für die Abschaffung der Todesstrafe ein. Bei politischen Fragen, insbesondere bei Absprachen mit Staaten ist das Dikasterium immer zu enger Abstimmung mit dem Staatssekretariat angehalten.

In seiner Tätigkeit fördert und verteidigt das Dikasterium gerechte Wirtschaftsmodelle und einen besonnenen Lebensstil, vor allem durch die Förderung von Initiativen gegen die wirtschaftliche und soziale Ausbeutung armer Länder, gegen asymmetrische Handelsbeziehungen, Finanzspekulation und Entwicklungsmodelle, die zu Ausgrenzung führen (PE 168).

Ein zentrales Thema bleibt der Schutz und die ganzheitliche Entwicklung der Umwelt – auch im ökumenischen und im interreligiösen Kontakt (PE 164). Für breite Beachtung hatte im Vorfeld des Glasgow-Klimagipfels 2021 der erste gemeinsame Dreier-Appell von Papst Franziskus, dem orthodoxen Patriarchen Bartolomaios und Anglikaner-Primas Welby gesorgt, der auch von hohen nichtchristlichen Religionsvertretern unterstützt wurde.

Weiterer Schwerpunkt ist und bleibt der Einsatz für Migranten, Flüchtlinge, Vertriebene und andere Personen, die unterwegs sind (PE 165,4). Die Behörde untersucht die Hauptursachen von Migration und Flucht, setzt sich für deren Beseitigung ein, fördert „Initiativen der Solidarität und Integration in den Aufnahmeländern" und sorgt sich um wirksame materielle und geistliche Hilfe der Ortskirchen (PE 170). Und weiterhin förderte sie die Seelsorge an Seeleuten auf See wie in Häfen, ebenso wie für die auf Flughäfen oder in Flugzeugen Tätigen (PE 166).

Besonders unterstützt das Dikasterium gemeinsam mit den Bischofskonferenzen den Kampf gegen Armut (PE 167). Dabei arbeiten sie mit nationalen wie internationalen Kooperationseinrichtungen zusammen. Dazu gehören auch Initiativen gegen Korruption und zugunsten guter Regierungsführung, im Dienst des Gemeinwohls.

Außerdem fördert das Dikasterium „eine gerechte und ganzheitliche Gesundheitsversorgung" (PE 171). Es unterstützt die kirchlichen Initiativen und Hilfsinstitutionen gegen eine Ausgrenzung von Kranken und Behinderten – infolge von unzureichender medizinischer Versorgung insbesondere in armen Ländern.

Diese bereits von den Vorgängerbehörden verfolgten Ziele und Aufgaben versucht das Dikasterium mit einer neuen Vision von Entwicklung in den Blick zu nehmen.

Migration, humanitäre Hilfe, Gesundheit oder Gerechtigkeit und Frieden wurden bislang in getrennten Ressorts behandelt. Die Behörde nimmt diese Bereiche nun zusammen in den Blick, ersetze den bisherigen vertikalen Ansatz durch einen horizontalen. Sie nutzt Verknüpfungen und Querverbindungen, fasst den Entwicklungsbegriff weiter. Denn Fragen von Menschenrechten, Ökologie, Gesundheit und Leben gehören letztlich zusammen.

Es besteht eine enge Beziehung zwischen den Armen und der Anfälligkeit des Planeten, hatte der Papst bereits in seiner Enzyklika *Laudato si* betont. Bei Gesundheitsfragen geht es auch um Menschenrechte, wie die Diskussion um den Covid-19-Impfstoff und seine Verteilung deutlich machte. Zugleich haben sie Auswirkungen auf die Ökologie. Und über Umweltschutz kann man nicht sprechen, ohne soziale Gerechtigkeit, Ernährungssicherheit, das internationale Wirtschaftssystem, Flüchtlingsströme und Menschenrechte in den Blick zu nehmen. Wahre Entwicklung müsse umfassend sein, und jeden Menschen und den ganzen Menschen im Auge haben, forderte der Papst. Vor allem aber sei Entwicklung „nicht einfach gleichbedeutend mit wirtschaftlichem Wachstum".

Mit seiner Tätigkeit und seiner Präsenz in der internationalen Entwicklungsarbeit versteht sich auch das neue Dikasterium als Dialog-Akteur. Er pflegt den Austausch mit Politikern und Wirtschaftsvertretern, mit Universitäten, Wohlfahrtsverbänden und Religionen und bringt diese auch untereinander ins Gespräch. Die katholische Soziallehre müsse überall vertieft und verbreitet werden, lautet eine Devise. Ein Anspruch, der gerade im Kontext der russischen Invasion in der Ukraine Fragen nach dem Recht auf Selbstverteidigung einschließlich der Rechtfertigung von Waffenlieferungen zur Vorbeugung gegen einen Angriff neu stellt.

Das Dikasterium organisiert regelmäßig internationale Kampagnen zu festen Thementagen und bereitet dazu eine Papstbotschaft sowie Informationsmaterial für die Ortskirchen vor (PE 169). Das gilt neben dem obengenannten Weltfriedenstag zum Jahresbeginn auch für den Welttag der Kranken (11.2.) und der Flüchtlinge (28.9.) und für einen Aufruf des Papstes zur Fastenzeit. Aber die Behörde widmet sich auch säkularen Anlässen, in denen es um Rechte, Nöte und Sorgen der Menschen geht: etwa dem Welttag für Tourismus (27.9.), dem internationalen Tag gegen Drogenmissbrauch und Drogenhandel (26.6.), dem Welt-Autismus-Tag (2.4.), dem Welttag gegen Lepra (28.1.) oder gegen seltene Krankheiten (28.2.), dem Sonntag der Meere (8.7.) oder dem Welttag des Sehens (Oktober). Auch auf diese Thementage geht der Papst mit einer Grußbotschaft ein.

Dann veranstaltet das Dikasterium – soweit die Umstände es zulassen – drei bis vier hochkarätig mit Experten und Führungspersönlichkeiten besetzte internationale Kongresse (mit rund 300 Teilnehmern) zu unterschiedlichsten Sozialthemen und Menschenrechtsfragen. Daneben gibt es kleinere Foren, etwa Seminare mit rund 60 Teilnehmern. Diese Initiativen sollen weitergehen, hört man.

Zudem nehmen leitende Mitarbeiter als offizielle Vertretung des Heiligen Stuhls an großen internationalen Konferenzen und Organisationen teil und bringen dort die Positionen der Kirche ein. Zu ihren Pflichten gehören auch Solidaritätsbesuche bei den Opfern von Katastrophen oder Vertreibungen, die die Delegierten zudem mit der Abstimmung über Hilfsmaßnahmen mit Kirchenvertretern und Sozialorganisationen verbinden. In der Corona-Pandemie musste die Behörde ihre Aktivitäten auf neuen Wegen und mit neuen Formaten fortsetzen.

Mehr Zeit

Die Kurienreform braucht Zeit. Und gerade im Entwicklungs-Dikasterium erwies sich die Umstrukturierung und Neuaufstellung als besonders kompliziert und zeitaufwändig. Immerhin mussten hier Mitarbeiter aus vier Behörden, mit unterschiedlichen Geschichten, Erfahrungen, Strukturen und Arbeitsweisen in einer Büro-Etage zu einem Team zusammenwachsen und auf ein gemeinsames Ziel eingeschworen werden. Das bedeutete ein Umdenken, ein Weiter-Denken, eine neue Begegnung und Auseinandersetzung mit „Entwicklung".

Zunächst übernahm der ghanaische Kardinal Turkson, zuvor Präsident des Rates *Iustitia et pax,* mit zwei Sekretären die Leitung der neuen Behörde. Nach der fünfjährigen Erprobungsphase wechselte der Papst Ende 2021 die Spitze komplett aus. Er machte den tschechischstämmigen kanadischen Jesuiten Czerny zum Präfekten. Der war im Dikasterium zuvor als Untersekretär der Migrationsabteilung tätig, hatte aber entgegen hierarchischer Gepflogenheit den Kardinalsrang – was für manche Irritationen sorgte. Neue Sekretärin und damit Stellvertreterin Czernys wurde die italienische Wirtschaftswissenschaftlerin und Ordensfrau Alessandra Smerilli. Sie ist damit eine der ranghöchsten Frauen in der römischen Kurie – und könnte durchaus einmal die Nachfolge Czernys (Jahrgang 1946) antreten. Allerdings müssen zunächst neue Statuten und interne Ordnungen mehr Klarheit schaffen, wie das Dikasterium seine gestellten Aufgaben umsetzen will.

Dikasterium für die Gesetzestexte

Dienstleister für Anwendung und Weiterentwicklung des Codex
(PE 175-182)

Als der neue Codex des Kirchenrechts 1983 in Kraft trat, errichtete der Papst sogleich eine „Kommission für die authentische Interpretation des Kirchenrechts". Sie sollte die Anwendung und Umsetzung des Werks begleiten, vor allem dort, wo unterschiedliche Lesarten zu unterschiedlichen Anwendungen führen konnten. In den folgenden acht Jahren erfolgten etliche authentische Interpretationen, die im vatikanischen Amtsblatt veröffentlicht wurden und Gesetzeskraft erhielten.

Die Behörde – schon Benedikt XV. hatte 1917 nach der Veröffentlichung des ersten Codex eine ähnliche Stelle eingerichtet – wurde später zum „Rat für die Gesetzestexte" und hat seit der Kurienreform PE den Rang eines „Dikasteriums". Das **„Dikasterium für die Gesetzestexte"** soll die Kenntnis und Annahme des Kirchenrechts fördern (PE 175), Hilfestellung für seine korrekte Anwendung bieten und ggf. auf rechtswidrige Praktiken hinweisen (PE 182,2). Dabei ist es sowohl für das Allgemeine Gesetzbuch CIC der lateinischen Kirche als auch für das 1990 erschienene Ostkirchenrecht CCEO zuständig. (Das Gros der Vorgänge betrifft freilich den Rechtsbereich der West-Kirche.) Sein Dienst gilt dem Papst und der römischen Kurie, aber auch den Bischöfen, den Bischofskonferenzen und Ordensoberen in aller Welt. Seine Aufgaben sind im Wesentlichen die gleichen geblieben wie in den vergangenen Jahrzehnten.

Konkret bedeutet das, den Papst als obersten Gesetzgeber bei der Formulierung von Gesetzen zu unterstützen (PE 176). Dann berät das Dikasterium die Einrichtungen der Kurie, prüft die Bestimmungen, die sie erlassen samt deren Ausformulierungen, und beurteilt ihre Übereinstimmung mit dem geltenden Recht (PE 179). Weiter soll es sicherstellen, dass die von Bischöfen, Bischofskonferenzen oder Ordensoberen erlassenen Gesetze mit dem allgemeinen Gesetz übereinstimmen und in der entsprechenden rechtlichen Form abgefasst sind.

Denn bei aller notwendigen Dezentralisierung auch im Rechtsbereich muss die Einheit der Kirche gewahrt bleiben.

Die Behörde hat ihren Sitz in einem der modernen Kuriengebäude am Rand des Petersplatzes, weit weg vom Palazzo della Cancelleria mit den kirchlichen Gerichtshöfen. Geleitet wird sie von einem Präsidenten, der von einem Sekretär und einem Untersekretär unterstützt wird. Zum festangestellten Stab gehören zudem vier Priester und eine Ordensfrau, alle Experten im Kirchenrecht mit akademischem Titel, die neben Latein auch Kenntnisse in etlichen modernen Sprachen mitbringen, um die Fragen aus der Weltkirche zu beantworten. Zusammen mit zwei Pförtnern nicht einmal ein Dutzend Personen – aus fünf Nationen.

Alle zwei bis vier Wochen tritt der *Congresso* (die Behördenoberen mit den zuständigen römischen Sachbearbeitern) zur offiziellen Abstimmung über die laufende Arbeit zusammen. Viele Entscheidungen fallen auf dieser Ebene. Für größere und schwierigere Fälle kann die *Plenaria* einberufen werden, die Versammlung der zehn Kardinäle und Bischöfe, die vom Papst für jeweils fünf Jahre als Mitglieder der Behörde berufen werden. Sie bilden das eigentliche Entscheidungsgremium.

Unterstützt wird die Behörde von 50 Beratern, Experten unterschiedlicher Rechts-Disziplinen. Sie werden bei Bedarf befragt und in die Entscheidungsfindung einbezogen. Drei Viertel von ihnen sind Fachleute für das Lateinische Kirchenrecht CIC, die übrigen für das östliche CCEO.

Pro Jahr behandeln die Mitarbeiter der Behörde rund 200 Vorgänge. Die Palette der Fragen und Themen ist breit. Besonderer Klärungsbedarf bestand zuletzt im Zuge der neuen Eheprozessordnung von 2015. Aber es geht auch um Klarstellungen zum Kommunionempfang, zur Taufe oder zum Kirchenaustritt, auch zur Priesterkleidung und dem Umgang mit Reliquien. Immer wieder erkundigen sich Bischöfe oder auch Pfarrer in Rom, welche Anforderungen an Taufpaten oder Trauzeugen zu stellen sind.

Aber die Behörde musste sich auch mit Fragen der Bezahlung für Priester befassen, die aus dem Dienst ausgeschieden sind. Muss etwa ein Bischof einem wegen Missbrauchs außer Dienst gestellten Geistlichen ein Gehalt zahlen? Hier sei zu unterscheiden zwischen Unterhalt und Bezahlung, klärte die Behörde. Der Bischof ist verpflichtet, den Unterhalt für den Betreffenden sicherzustellen. Er kann der Verpflichtung auch dadurch nachkommen, dass er ihn in einem Kloster unterbringt – und dem Orden die Kosten erstattet.

Auch im Rechtsbereich die Einheit der Kirche wahren

Das Dikasterium arbeitet als Dienstleister für den Papst, die römische Kurie wie für die Weltkirche. Es prüft und klärt Rechtsprobleme, untersucht mögliche Gesetzeslücken, unterbreitet dem Papst geeignete Vorschläge, sie zu überwinden, und berät in Rechtsfragen (PE 178). Es fördert das Studium des Kirchenrechts (PE 182), stellt dessen richtige Auslegung sicher und leistet Hilfe zum richtigen Verständnis und zur ordnungsgemäßen Anwendung.

Wenn im Vatikan neue Gesetze, Dekrete, Ausführungsverordnungen, oder Instruktionen mit rechtlichen Implikationen anzufertigen sind, bekommt das Dikasterium meist den Auftrag, den Text anzufertigen oder einen Entwurf zu überprüfen. Es prüft und gewährleistet, dass die Texte mit den geltenden Gesetzesvorschriften übereinstimmen und in der rechten juristischen Form abgefasst sind. Wenn also die Glaubensbehörde eine Instruktion erlässt, kommt sie vorher auf den Schreibtisch der Rechtsabteilung. Das galt auch für die Kurien-Konstitution PE samt der meisten seiner im Vorfeld eingeleiteten Neuerungen. Dazu zählen auch die Statuten von Behörden, etwa des neuen Wirtschaftssekretariats oder der Vatikanbank IOR.

Die Behörde beantwortet aber nicht nur Anfragen oder erledigt Auftragsarbeiten. Sie macht dem Papst auch Vorschläge zu Themen oder Fragen, die vertieft oder geändert werden sollten. Dazu gehörten Arbeiten für die Eheprozess-Reform von 2015, dann auch die Anpassung einiger Regelungen von West- und Ostkirchenrecht. Zum 8. Dezember 2021 trat das neue Buch VI des Codex „Strafbestimmungen in der Kirche" mit den erneuerten Canones 1311-1399 in Kraft. Es war nötig geworden, um das Strafrecht klarer und besser anwendbar zu machen. Mit ihm wurden wieder einheitliche strafrechtliche Sanktionsmaßnahmen in den kirchlichen Handlungsrahmen eingeführt.

In den Jahrzehnten zuvor galten in der Kirche Strafen oft als unbarmherzig, ja sogar als Skandal. Vorhandene Normen wurden häufig nicht angewandt. Bis die Missbrauchsskandale neue Tatsachen schufen, das Empfinden änderten und eine neue Rechtspraxis verlangten. „Die Liebeskirche straft wieder", titelten die Medien. Zur Pastoral gehöre auch eine Strafdisziplin, betonte Papst Franziskus, zu dessen starken Themen gerade die Barmherzigkeit zählt. Aber Barmherzigkeit stehe nicht gegen Gerechtigkeit, sondern über ihr und vollende sie. Bei erwiesener Schuld ist Strafen nun nicht mehr freigestellt, sondern Pflicht. Der Ermessensspielraum ist eingeengt; das Recht nimmt die Bischöfe stärker in die Pflicht. Für die kirchlichen Gerichte, die zuletzt fast ausschließlich als Ehegerichte fungierten, ergaben sich neue Felder.

In den neuen Bestimmungen wurden unter dem neuen Titel „Straftaten gegen Freiheit, Würde und Leben des Menschen" die Delikte des Missbrauchs an Minderjährigen behandelt. Zu den neuen Straftatbeständen zählt ausdrücklich das Versäumnis der „Weitergabe einer Strafanzeige", zu der man vom kirchlichem Recht verpflichtet ist.

Weiter wurden Straftaten erfasst, die bislang durch Sondergesetze, aber nicht im Codex geregelt waren. Etwa zum Amtsmissbrauch – durch Eigenmächtigkeit bei der Güterverwaltung, durch Verweigerung von vorgeschriebenen Beratungen, durch Bestechung von Amtsträgern, durch Vorteilnahme im Amt und Korruption. Neu ist auch die Einführung des Rechtsprinzips, dass jeder so lange als unschuldig anzusehen ist, bis das Gegenteil bewiesen ist (s. CIC 1321,1). In der Kirche darf es bei Bestrafungen keine Willkür geben, weder zum Nachteil der Kläger noch zum Nachteil der Angeklagten.

Erst am Anfang steht unterdessen eine Arbeitsgruppe der Behörde, die Fragen des Eherechts im Nachtrag zur Familiensynode 2014/15 überprüft. Seit längerem besteht der Vorschlag, im Codex ein eigenes Familienrecht zu verankern. Es finden sich dort ein Eherecht, ein Sakramentenrecht, nicht aber eines für die Familie. Dazu sollten die im Codex verstreuten Aussagen zur Familie gebündelt werden.

Eine nicht unwesentliche Aufgabe der Rechts-Behörde besteht im fachlichen Austausch mit Rechtsinstitutionen, das wissenschaftliche Gespräch mit Kanonisten. Hinzu kommen die Begegnung und Betreuung von Besuchern. Wichtige Gäste sind die Bischöfe, die alle fünf bis sieben Jahre im Rahmen ihrer *Ad-limina*-Besuche zum Papst und zur Kurie kommen und natürlich auch Fragen zu Rechtsproblemen haben. Immer wieder schauen aber auch Kirchenrechtsprofessoren mit ihren Studenten am Behördensitz vorbei und lassen sich über die Arbeit informieren.

Dikasterium für die Kommunikation

Multilinguale Informationsmittel – Von der Kurzwelle zur Konvergenz (PE 183-188)

Um keinen Bereich wurde bei der jüngsten Kurienreform so gerungen wie um die Medien – sieht man vom Wirtschafts- und Finanzsektor ab. Der Kardinalsrat bezeichnete sie als „Test" für die Reform insgesamt, weil die strukturellen Veränderungen und Neuerungen hier besonders einschneidend sein sollten. Bei den Betroffenen stieß das auf manche Widerstände, sie suchten Kompromisse, versuchten für sich zumindest eine Sonderregelung auszuhandeln. Und da dieser Bereich berufsmäßig mit Öffentlichkeit zu tun hat, drang darüber mehr nach draußen als aus anderen Behörden.

Dabei war eine Neugestaltung der vatikanischen Medienlandschaft überfällig – strukturell wie konzeptionell. Die Korrespondenten aus aller Welt, die täglich ihre Dienste in Anspruch nehmen, wunderten sich über umständliche Arbeitsabläufe und merkwürdige Doppelarbeiten. Außerdem waren die Kosten vergleichsweise hoch, auch weil der Vatikan fast komplett auf Werbung verzichtete. Radio Vatikan gehörte jahrzehntelang zu den Negativ-Ausreißern im Vatikan-Etat. Vor allem aber agierte und produzierte der Heilige Stuhl mit seinen Medien und seinem Informationsangebot nicht mehr auf der Höhe der Zeit – und teils am Markt und Nutzerverhalten vorbei. Er erreiche gerade 10 Prozent der Katholiken weltweit, klagte ein Kurienkardinal; da sei Luft nach oben.

In einem der einschneidendsten Schritte der Kurienreform fasste der Papst ab Juni 2015 die neun bislang kaum koordinierten vatikanischen Medien-Einrichtungen im neuen „Sekretariat für Kommunikation" zusammen: Radio Vatikan, Fernsehen CTV, Zeitung „*Osservatore Romano*" samt Fotodienst, Presseamt, Verlag, Druckerei, Internet-Büro, Medienrat. Sie waren zuvor teilweise eigenständig, einige unterstanden direkt dem Staatssekretariat.

Der Vatikan muss mit seinem Kommunikationssystem einheitlich auf ein Umfeld reagieren, das „durch die Verbreitung und Entwicklung der digitalen Medien, die Faktoren der Konvergenz und der Interaktivität" geprägt ist, sagt PE 183. Dazu gehört, dass er die aktuell verfügbaren Produktionsmodelle, technologischen Innovationen und Kommunikationsformen nutzt (PE 184). Es gehe nicht einfach um eine strukturelle Zusammenfassung, nicht um Reformen am Bestehenden, sondern um eine Neugründung, schrieb Franziskus der Behörde ins Stammbuch. Die Medien sollten damit effizienter arbeiten, die Reichweite vergrößern, Synergien besser nutzen, den Markt zielgerechter bedienen und auch ein jüngeres Publikum ansprechen. Ohne dabei das zentrale Anliegen aus den Augen zu verlieren: Den kirchlichen Evangelisierungs-Auftrag.

Der Reformweg war länger und komplizierter als erwartet. Drei Jahre später wurde die Behörde vom „Sekretariat" in **„Dikasterium für die Kommunikation"** umbenannt. Offenbar sollte der Eindruck vermieden werden, es stünde auf einer Stufe mit dem Staats-Sekretariat. Zudem erzeugten die schrittweise eingeführten Neuerungen ihrerseits eine Dynamik – samt spektakulärer Personalwechsel. Das brachte neue Akteure ins Spiel und modifizierte den Reformverlauf. Franziskus selbst bezeichnete, entgegen früherer Mutmaßungen, den neuen Kurs als „sehr vielversprechend", da die Behörde „mit neuen Reformen durchstartet".

Passabel, aber angestaubt

Die alte vatikanische Medienpalette konnte sich durchaus sehen lassen. Der Papst verfügte über einzigartige multilinguale Informationsmittel, manche gehörten zu den Pionieren ihres Metiers. Wie etwa Radio Vatikan, das wichtigste grenzüberschreitende Informations-Medium gerade in Kriegs- und Krisenzeiten. Zudem stieg er frühzeitig in neue technische Entwicklungen und Kommunikationswege ein. 1964 gehörte der Vatikan zu den elf Gründungsmitgliedern des Intelsat-Konsortiums für Kommunikationssatelliten. Die Fernseh-Produktionsfirma CTV brachte vor großen Sendeanstalten HD-Qualität zum Einsatz. Das Presseamt bot sein Material seit 1997 auch digital an. Der Papst ging auf Twitter, Youtube und Instagram.

Zudem arbeitete der Heilige Stuhl schon sehr früh crossmedial. Radio Vatikan strahlte seine Nachrichten nicht nur per Funk aus, sondern stellte sie auf seine Homepage, verschickte sie als Newsletter und vermarktete sie zeitweise auch agenturmäßig. Die Zeitung sowie der Medienrat verbreiteten ihre Informationen ebenfalls digital. Und ab 2011 wurden die verschiedenen vatikanischen Internet-Auftritte auf der gemeinsamen Plattform www.news.va zusammengefasst.

Aber es fehlte die einheitliche Linie, zumal es sich bei manchen Neuerungen um kreative Initiativen einzelner Mitarbeiter handelte. Sie verblieben strukturell bei ihrem Entwickler, auch wenn sie gar nicht direkt zu seinem Arbeitsbereich gehörten. So entstand ein Nebeneinander von Strukturen und Zuständigkeiten, das eher nach Wildwuchs als nach durchdachtem Management aussah.

Eine bessere Koordination schaffte der Vatikan eine Zeitlang mit seiner Personalpolitik. Federico Lombardi SJ (geb. 1942), ein polyglotter Medien-Profi mit breitem theologischem und kulturellem Background und seit 1991 Chef bei Radio-Vatikan, übernahm zusätzlich die Leitung des Fernsehens und auch die des Presseamtes (zwischen 2006 und 2016). Unter seiner Regie konnten sich Radio und Fernsehen viel Doppelarbeit ersparen. Zudem wurde der Dienst des Presseamtes endlich transparenter und zugänglicher, das Informationsangebot für alle akkreditieren Journalisten ausgeweitet, das diffuse Akkreditierungsverfahren vereinheitlicht.

Schonungslose Analysen und hohe Ansprüche

Vorarbeiten für die neue Medienstruktur leistete eine vom Papst 2015 berufene auswärtige Experten-Kommission unter dem früheren Hongkong-Governeur, EU-Kommissar und BBC-Aufsichtsratschef Chris Patten. Dessen Analyse war offenbar so schonungslos, dass der Vatikan zusätzlich noch eine interne Machbarkeitsstudie erstellen ließ, um die personellen Konsequenzen auszuloten.

Ab Mitte 2015 entstand nach und nach die vatikanische Superbehörde, die mit zuletzt (2021) 549 Mitarbeitern und Angestellten zur größten Einheit in der Kurie wurde. Sie ist in fünf Direktionen organisiert: Für allgemeine Angelegenheiten, für Textbearbeitung und -herausgabe (Editoriale Direktion), für Technik, für Theologie und Pastoral, und – mit Sonderstatus – das Presseamt. An der Spitze steht seit 2018 Paolo Ruffini, ein Journalist mit Leitungserfahrung aus säkularen Medien. Mit ihm wurde erstmals ein Laie Präfekt eines Vatikan-Dikasteriums. Nach einem turbulenten Start unter dem Gründungschef Msgr. Dario Vigano führte Ruffini die Behörde flexibler und kommunikativer in ruhigeres Fahrwasser.

Im Zuge der Reform wurden die verschiedenen Medienbereiche modernisiert, technisch aufgerüstet und administrativ wie auch räumlich zusammengefasst. Das reduziert die Verwaltung, strafft die Redaktionsarbeit, erlaubt eine bessere Koordination und gemeinsame Strategie, erleichtert den Einsatz der Technik und steigert das Informationsniveau – ohne dass Mitarbeiter entlassen wurden. Mit Unterstützung der neuen Behörde konnten etliche Kurienbehörden sowie weitere Institutionen mit Sitz im Vatikanstaat ihre Kommunikationstätigkeiten und insbesondere den eigenen Internet-Auftritt modernisieren (PE 188).

Der Konsument kann heute weiterhin eine Zeitung des Papstes lesen, er kann sein Radio auf verschiedenen Ausspielwegen hören, bewegte Bilder anschauen, das Internet-Portal nutzen und sich Live-Übertragungen aus dem Vatikan zuschalten.

Weltblatt mit ruhmreicher Vergangenheit: Osservatore Romano

Die erstmals am 1. Juli 1861 erschienene Tageszeitung „*L'Osservatore Romano*" (Der Römische Beobachter) kommt zwar weiterhin – nach kurzer corona-bedingter Unterbrechung – als gedrucktes Blatt heraus, ist heute aber in erster Linie ein Online-Organ. Wegen der hohen Kosten, auch für die personell großzügig ausgestattete Redaktion, schien seine Zukunft zu Beginn der Reform sehr fraglich. Als der langjährige Chefredakteur Vian 2018 ausschied (der das Blatt von einer unübersichtlichen Bleiwüste auf ein lesbareres Niveau gehoben hatte), erwarteten viele das Aus. Aber der Papst ernannte sofort einen Nachfolger.

Der Essayist und Literatur-Dozent Andrea Mondo verpasste dem „Ossi" ein neues Layout, führte Farbdruck ein, profilierte die Zeitung auf eine vertiefende Berichterstattung mit mehr Hintergrund, und kürzte den reinen Nachrichtenteil. Die Kommentare und vor allem die Exklusiv-Interviews werden von den Diplomaten in Rom gelesen und von kirchlichen wie säkularen Medien rund um den Erdball zitiert.

Der *Osservatore*, der neuerdings auch Werbung (etwa von großen Energie-Unternehmen) schaltet, gilt als offiziös, aber er ist nicht das Amtsblatt des Heiligen Stuhls. Das sind die mit (mindestens) halbjährigem Verzug erscheinenden „*Acta Apostolicae Sedis*" (AAS). Aber die Zeitung vermeldet vorab offiziell die Ernennung von Bischöfen und gibt tagesaktuell alle Reden, Verlautbarungen und Verfügungen des Papstes heraus. Zudem informiert sie über die Arbeit des Vatikans, über wichtige Vorgänge in der Weltkirche sowie über ausgesuchte Themen aus Religion, Politik und Kultur. Einmal im Monat erscheint sie mit der Beilage „Frau – Kirche – Welt". Hinzukommen weitere Inserte, die geopolitische Themen aufbereiten, die in der internationalen Presse oft zu kurz kommen. Jüngstes Produkt ist der „*L'Osservatore di strada*", eine monatliche kostenlose 12-seitige „Straßenzeitung". Mitgestaltet von Kulturschaffenden und Bedürftigen soll es den Armen und Ausgegrenzten eine Stimme geben.

Seine große Zeit hatte der *Osservatore* in den Jahren des Faschismus in Italien und während des Zweiten Weltkriegs. Damals fand er als unabhängiges, ausländisches Informationsorgan besondere Aufmerksamkeit, seine Auflage stieg zeitweise auf 150.000 Exemplare.

Über die spätere Auflagenhöhe und die Verbreitung des „Osservatore Romano", der sechsmal wöchentlich nachmittags auf Italienisch mit einem Umfang von acht bis zwölf Seiten herauskommt, schwieg und schweigt sich der Vatikan aus. Seriöse Schätzungen sprachen lange Zeit von täglich 15.000 bis 20.000 gedruckten Exemplaren, andere vermuteten die Hälfte oder weniger. Daneben wurde auch eine Auflagenhöhe von 140.000 genannt, die aber offenbar die Sprachenausgaben einschloss.

Im Internet ist der *Osservatore* heute ab 15 Uhr als pdf-Datei abrufbar. Aber Papst Franziskus selbst bestand daneben auch auf einem gedruckten Blatt. Er wird in einer Auflagenhöhe von einigen hundert Exemplaren in der Nähe von Rom und inzwischen auch in anderen Städten und Staaten gedruckt und vertrieben. Das gilt erst recht für die Sprachausgaben. Die spanische Ausgabe wird seit 1997 für Südamerika in einer Salesianer-Druckerei in Peru gedruckt – die deutsche Ausgabe seit 1986 in Stuttgart.

Die meisten Fremdsprachenausgaben des *Osservatore* arbeiteten schon immer mit dünnster Personaldecke – und damit kostengünstiger. Die Wochenzeitungen in Englisch, Französisch, Spanisch, Portugiesisch, Italienisch, Malayalam und Deutsch sowie die Monatsausgabe in Polnisch werden von jeweils zwei bis drei Mitarbeitern redaktionell betreut. Allerdings ist das journalistische Niveau sehr unterschiedlich. Die deutsche Ausgabe hebt sich positiv ab.

Herzstück: Medienplattform „Radio Vatikan"

Einschneidender war die Reform für „Radio Vatikan" – dessen gut eingeführter Markenname im Dezember 2017 komplett gestrichen wurde. An seine Stelle trat die multimediale Plattform „*vaticannews*" (www.vaticannews.va), die unterschiedliche Text-, Audio-, Video- und Online-Formate anbietet.

Seit 1930 strahlte der vom Radio-Pionier Guglielmo Marconi gegründete (und bis PE von den Jesuiten geleitete) Sender seine Nachrichten über Papst und Vatikan via Mittel- und Kurzwelle in die entlegensten Winkel der Erde, auch während der Weltkriegsjahre. Besondere Bedeutung hatten seine slawischen Programme im Kalten Krieg: Immer wieder attackierten irritierte Sowjets das Papst-Radio mit Störsendern.

Neben seinem Funkbetrieb hatte Radio Vatikan ab der Jahrtausendwende die Verbreitung über Internet und Satellit verstärkt. Ab 2012 wurde die Kurzwellenübertragung in Richtung Europa und Amerika weitgehend abgeschaltet. Der Vatikan reagierte damit auch auf Proteste von Umweltschützern, die rund um die 1957 errichtete Sendeanlage in Santa Maria di Galeria nördlich von Rom gegen die Gefahren von Elektrosmog mobil machten. Das Übertragungszentrum reduzierte seinen Output und sendet fast nur noch Richtung Afrika und Asien. Das spart Energiekosten und Frequenzgebühren und reduziert den Smog. Im Zuge des Kriegs in der Ukraine verstärkte Radio Vatikan jedoch wieder seine Kurzwellensendungen auf Russisch und Ukrainisch.

Die Umstellung auf die multimediale Plattform war ein Kraftakt, personell wie technisch. Über viele Monate wurde probiert und nachjustiert. Das galt auch für den alten Namen, der sich letztlich nicht verdrängen ließ. Sehr bald hieß das Hörfunkprogramm wieder „Radio Vatikan".

Für die Plattform erstellen die früheren Mitarbeiter von Radio Vatikan und vom „Osservatore", darunter 158 Redakteure aus 69 Ländern, Beiträge für unterschiedliche journalistische Formate auf unterschiedlichen Ausspielwegen:
- Für die multimediale Webseite vaticannews.va, die in 42 Sprachen und 12 Alphabeten angeboten wird;
- für Newsletter in 16 Sprachen;
- für Audio-Angebote seiner Radio-Programme in 40 Sprachen;
- für Fotos, Grafiken und Social-Media-Angebote;
- für kleine Videos;
- für große Direktübertragungen von öffentlichen Papst-Terminen, Synoden oder Auslandsreisen.

Für den Vatikan ist das Radio keinesfalls tot, sondern ein weiterhin wichtiges Medium. Aber anstelle der eigenen Direkt-Ausstrahlung per Funk setzt man verstärkt aufs Web-Radio, auf Podcasts, auf *„Radio on demand"*, auf „Radio für Radios", über Satellit und Internet. Mehr als tausend regionale oder nationale Kirchenradios in 80 Ländern aber auch säkulare Sender (etwa der polnische Staatsrundfunk) übernehmen Programmteile des vatikanischen Audio-Angebots und strahlen sie für ihre Hörer aus. Über die App „Radio Vaticana" sind (seit Februar 2021) die Vatikan-Nachrichten des Tages in 34 Sprachen live oder als Podcast zu hören.

Aktueller – kreativer – informativer

Mit dem Umbau und dank der engeren internen Vernetzung ist das Nachrichtenangebot des Papstes aktueller, kreativer und initiativer geworden. Die Rom-Korrespondenten greifen heute häufiger als noch vor wenigen Jahren auf die Informationen des Dikasteriums zurück.

Die aus sieben Redakteuren bestehende deutschsprachige Abteilung arbeitet in der vierten Etage des alten Radio-Vatikan-Gebäudes nahe der Engelsburg. In Deutschland galt das Papst-Radio aufgrund des komplizierten Direkt-Empfangs und der schlechten Tonqualität über Kurz- oder Mittelwelle früher als Geheimsender. Zu seinen regelmäßigen Hörern zählten fromme Kurzwellenfreaks und unerschütterliche Klostergemeinschaften. Heute betreut und aktualisiert die Redaktion ständig die Webseite in deutscher Sprache mit Nachrichten über Papst, Vatikan und Weltkirche. Ihr Newsletter hat rund 20.000 Abonnenten. Sie produziert täglich zwei aktuelle Audio-Nachrichtensendungen, von 15 und 20 Minuten. Sie werden als Stream oder Podcast verbreitet oder auch von katholischen Sendern wie Radio Horeb, Radio Maria oder dem Kölner Domradio ganz oder in Teilen übernommen und ausgestrahlt, in Südtirol vom „Radio Grüne Welle". Zudem überträgt die Redaktion jeden Sonntag das Angelus-Gebet des Papstes und am Mittwoch seine Generalaudienz mit deutschem Kommentar.

Für die einheitliche inhaltliche Linie und größere Effizienz der Vatikan-Medien sowie eine bessere Vernetzung ist im Dikasterium die „Editoriale Direktion" zuständig. Zuvor verfolgte praktisch jede Redaktion oder Sprachsektion ihre eigene Linie. Geleitet wird sie von Andrea Tornielli, früher Redakteur der Turiner Zeitung „La Stampa" und einer der renommiertesten, fleißigsten und theologisch gebildetsten italienischen „Vatikanisten". Tornielli zählt zu den besonderen Vertrauten von Papst Franziskus. Und auch schon unter Benedikt XVI. war der Journalist (der früher auch die Zeitschrift *„Trenta Giorni"* der Bewegung *„Communione e liberazione"* betreut hatte) sehr nahe am Vatikan.

Tornielli steht im ständigen Austausch mit Präfekt Ruffini und den Leitern von Presseamt und *Osservatore;* man verteilt Arbeit und Aufgaben und schiebt sich gegenseitig die Bälle zu. Allerdings heißt das nicht, dass alle Redaktionen oder Sektionen nun die gleiche Nachrichten-Auswahl treffen oder einheitliche Überschriften setzen müssten. Sie haben ihren journalistischen Freiraum, um den kulturellen Erwartungen ihrer Leser, Hörer und Zuschauer und deren Stil- und Sprachempfinden Rechnung zu tragen, betont Tornielli.

Anlaufstelle für Journalisten: Presseamt

Auch das vatikanische Presseamt, die „Sala Stampa" wurde im Zuge der Reform in das Medien-Dikasterium inkorporiert. Dessen Präfekt schaltete sich anfangs direkt ein, übernahm in einigen Fällen sogar bei Pressekonferenzen die Rolle des Vatikansprechers. Zum Verdruss der früheren Amts-Leitung: Papstsprecher Burke und seine Stellvertreterin Garcia warfen zu Silvester 2018 nach nur eineinhalb Jahren das Handtuch. Anscheinend erhielten sie nicht die erwünschten Kompetenzen und die erhofften Zugänge. Allerdings konnten sie auch nicht das Informations-Niveau und die Fachkompetenz ihres Vorgängers Lombardi halten.

Heute leitet der polyglotte Literaturwissenschaftler Matteo Bruni die Direktion des Presseamtes – ein Insider, der seit 2009 im Presseamt tätig ist und den Apparat bestens kennt. Unterstützt wird er von der Brasilianerin Cristiane Murray als Vize-Direktorin. Inzwischen ist das Informationsangebot reichhaltiger geworden, mit häufigen Zusatzinformationen oder Dienstmeldungen bei aktuellen Vorgängen – dank einer personellen Aufstockung. Viele Papstreden werden neuerdings auch in Übersetzungen angeboten, in Englisch und Spanisch.

Rund 600 Journalisten aus aller Welt sind ständig bei der „Sala Stampa" akkreditiert, die ihren Sitz unmittelbar vor dem Petersplatz hat, dort, wo die Via della Conciliazione sich zu einem Flaschenhals verengt. Zwei Dutzend, insbesondere Vertreter von Nachrichtenagenturen haben eine eigene Arbeitsbox am Sitz der Behörde. Die übrigen nutzen die Räume nach Bedarf. Zu den Pressekonferenzen, Briefings oder Meeting Points (in dem mit einer Synchronübersetzungsanlage ausgestatteten Saal) kommen je nach Anlass zwischen einem Dutzend und einigen Hundert Journalisten.

Mehrere Tausend Medienvertreter beantragen zudem jedes Jahr eine Zulassung für besondere Ereignisse, zu Bischofssynoden, Papstreisen oder wichtigen Pressekonferenzen. Zum Tod von Johannes Paul II. 2005 waren es 6.000 – einschließlich Technikern und Kabelträgern, ähnlich viele zum Konklave 2013. Zum ersten Weltjugendtag von Franziskus in Rio meldeten sich 5.500 an.

Wichtigstes Informationsorgan für die Medien ist das *Bollettino*, das Mitteilungsblatt des Heiligen Stuhls, das jeden Mittag Punkt 12

Uhr herauskommt, auf Italienisch. Das Staatssekretariat leitet die zur Veröffentlichung bestimmten Informationen über die Aktivitäten des Papstes dem Medien-Dikasterium zu, das sie unter das gelb-weiße Emblem des Heiligen Stuhls setzt. Das Bollettino listet die Namen der Audienzgäste des Papstes auf, veröffentlicht die (Bischofs-)Ernennungen, dokumentiert seine Ansprachen, Schreiben und Verfügungen, und enthält Kommuniqués etwa über Audienzen für Staatsoberhäupter. Es erscheint inzwischen praktisch nur noch elektronisch. Die Zeiten sind vorbei, als die Journalisten die Informationen täglich um die Mittagszeit gedruckt im Presseamt abholen mussten.

Das *Bollettino* wird den Journalisten zur Verfügung gestellt, aber nicht näher erläutert. Hintergründe etwa zum vorzeitigen Rücktritt eines Bischofs, zu diplomatischen Vorgängen oder zum Verständnis einzelner Aussagen werden nicht geliefert. Anders als bei der Bundespressekonferenz in Berlin gibt es im Vatikan keinen regelmäßigen Termin des Presseamtsleiters mit den akkreditierten Journalisten. Zu Pressekonferenzen oder Briefings wird nur zu besonderen Anlässen eingeladen: Natürlich bei Großereignissen, oft zur Vorabpräsentation von vatikanischen Kongressen oder zur Veröffentlichung von Dokumenten, nicht aber zu aktuellen Entwicklungen und Diskussionen. 2019 waren es 50 solcher Treffen, auch infolge der Bischofssynode, 2021 corona-bedingt 26.

Der Vatikan hatte hier anfangs schlechte Erfahrungen gemacht. Unmittelbar nach Gründung des Presseamtes 1966 gab der Papstsprecher den Medienvertretern jeden Freitag einen Wochenbericht. Der wurde aber bald – nachdem einige Missverständnisse und Fehlinterpretationen für Verwirrung gesorgt hatten – auf Geheiß von oben eingestellt.

Der Leiter des Presseamtes ist Ansprechpartner der Journalisten für alle Fragen zum Heiligen Stuhl – und offiziell auch ihr einziger Ansprechpartner im Vatikan. Die wenigsten Kurienbehörden haben einen eigenen Medienverantwortlichen. Und offiziell sind Vatikan-Mitarbeiter – außer den *Superiori* – auch nicht befugt, Informationen nach außen zu geben. Bei Anfragen sollen sie auf das Presseamt verweisen – worauf manche Behörden strikt beharren und was mancher Kurien-Bedienstete sehr streng auslegt. Aber nicht alles, was der Vatikan nicht von sich aus veröffentlicht, unterliegt deshalb schon dem päpstlichen Geheimnis.

Seit einigen Jahren gibt es freilich eine neue Top-Informationsquelle für Journalisten: Den Papst selbst. Häufiger als seine Vorgänger gibt Franziskus größere Einzelinterviews – oft ohne Einbindung des Kommunikations-Dikasteriums oder des Staatssekretariats. Und beim Rückflug von Auslandsbesuchen steht er den mitreisenden Reportern (meist rund 70) ausführlich Rede und Antwort.

Das taten bereits seine Vorgänger, freilich unter behutsamer bis strenger Regie der Presseamtsleiter. Aber das Spektrum der Themen ist bei Franziskus breiter. Darunter sind auch Fragen, die man sich früher einem Papst nicht zu stellen getraut hätte: warum es noch keine diplomatischen Kontakte mit Peking gibt, wann er Moskau besuchen werde, wann der Zölibat gelockert wird oder warum noch keine weiblichen Priester geweiht werden. Allerdings ist die Bandbreite zuletzt wieder eingeschränkt worden. Bei den fliegenden Pressekonferenzen sollen die Journalisten nur noch Fragen zur jeweiligen Reise stellen. Freilich finden Medienleute immer wieder kreative Anknüpfungspunkte. Denn diese Pressekonferenzen sind für manche „Vatikanisten" ein wesentlicher Grund, das teure Ticket für den Papstflieger zu bezahlen, das sich am Business-Tarif orientiert.

Achillesferse der Medienarbeit ist und bleibt, dass der Vatikan trotz mancher Öffnung bis heute mit Informationen zurückhaltend ist. Und dass sich die Regeln und Kriterien für seine Nachrichtengebung und Informationspolitik bis heute nicht klar erschließen. Zwar ist sein Vertrauen in die Medien seit dem Konzil gewachsen. Aber von dem „Glashaus Kurie", das Johannes Paul II. einstmals forderte, ist der Vatikan nach wie vor entfernt.

Die über den Vatikan berichtenden Journalisten sind somit mehr als ihre Kollegen in anderen Weltstädten auf Zusatzrecherchen und Fachkenntnisse angewiesen, um sich Zusammenhänge und Hintergründe zu erschließen. Zudem sickern immer wieder angebliche Interna durch, kommen ständig neue Gerüchte und Spekulationen in Umlauf.

Zu den wichtigsten Anforderungen an Vatikanisten gehört daher, solche *„voci"* und angebliche *„scoops"* richtig einzuschätzen und Unsinniges von Möglichem oder Wahrscheinlichem zu unterscheiden. Und dabei ist jeder auf seine eigenen Erfahrungen und Quellen angewiesen.

Reste des Medienrates:
Die Theologisch-Pastorale Direktion

Das härteste Schicksal der Reform traf den Medienrat, dessen Vorgeschichte bereits 1948 als „Päpstliche Kommission für den didaktischen und religiösen Film" begann. Der von einem Erzbischof geleitete „Rat für die Soziale Kommunikation" war jahrzehntelang die höchste vatikanische Medienstelle. Zu seinen Mitgliedern und Beratern gehörten renommierte Intendanten, Chefredakteure und Herausgeber aus aller Welt. Lange hatte er eine Weisungsbefugnis für die vatikanische Medienpolitik, die aber 1988 mit *„Pastor bonus"* gekippt wurde.

Die Behörde hatte eine doppelte Aufgabe: die Verbesserung der kirchlichen Medien und ihrer Arbeit, sowie die Verbesserung der Darstellung der Kirche in den nicht-kirchlichen Medien. Sie kümmerte sich um Medienpolitik, Medienpastoral, Medienerziehung. Im Auftrag des Papstes plante sie den katholischen Weltmedientag, begleitete seitens des Heiligen Stuhls die Entwicklungen in der Medienwelt, nahm an internationalen Konferenzen teil und bezog in öffentlichen Erklärungen Stellung. Der Rat hielt Kontakt zu Universitäten und Hochschulen. Zudem betreute er Drehgenehmigungen im Vatikan und organisierte die Übertragungen von großen Papst-Liturgien, etwa zum Weihnachtssegen *„Urbi et orbi"*. Und seine gutsortierte Homepage galt als Geheimtipp für Journalisten – in Ergänzung zum *Bollettino* der Sala Stampa.

Nach der Gründung des Kommunikationssekretariats stellte der Rat zum 1.1.2016 seine Tätigkeit ein. Sein Präsident Erzbischof Celli stand unmittelbar vor der Pensionsgrenze und wurde im folgenden Sommer mit einer emotionalen Feier von Mitarbeitern und Journalisten verabschiedet. Zuletzt trat er als einer der maßgeblichen Mittler beim „vorläufigen Abkommen" mit der Volksrepublik China in Erscheinung – ein Thema, das er schon vor seinem Medien-Amt als Diplomat mit Hingabe betreut hatte.

Heute erinnert an den einstigen Medienrat im Tableau des Dikasteriums die „Theologisch-Pastorale Direktion". Sie kümmert sich um medien-theologische Fragen und ihre Begleitung und ist für die Vorbereitung des „Welttages der sozialen Kommunikationsmittel" zuständig (PE 185f). Erste Leiterin wurde die slowenische Theologin Natasha

Govekar. Unter anderem betreut das Büro die täglichen Tweets des Papstes unter „@pontifex" in neun Sprachen mit weit über 50 Millionen (2022) Followern, die nach internen Angaben jeweils bis zu 19 Millionen Zugriffe verzeichnen.

Die großen Fragen der Medienpolitik behält sich der Präfekt des Dikasteriums zusammen mit der ersten Sektion „für allgemeine Angelegenheiten" vor. Für die Mondovisions-Übertragungen sind die früheren Mitarbeiter des Fernsehens CTV (qua *vaticanmedia*") zuständig, die der Editorialen Direktion zugeordnet wurden. Und technische Unterstützung nehmen sie dabei auch von der italienischen Fernsehgesellschaft RAI in Anspruch.

Die Organe der Gerichtsbarkeit: Pönitentiarie, Signatur, Rota

Für das Heil der Seelen wirken

„*Corte Imperiale*", kaiserlicher Hof, steht mit großen Lettern über dem Portal zum *Palazzo della Cancelleria* (Kanzlei) – eine Erinnerung an Napoleon, der hier 1798 das Tribunal seiner kurzzeitigen Römischen Republik unterbrachte. Das ursprünglich als Residenz des mächtigen Kardinals Raffaele Riario (1461–1521) errichtete Gebäude im Herzen Roms zwischen Piazza Navona und Piazza Farnese gilt als Paradebeispiel der frühen Renaissance-Architektur. Hier haben die drei päpstlichen Gerichtshöfe ihren Sitz. Die Apostolische Pönitentiarie, das Oberste Gericht der Apostolischen Signatur und das Gericht der Römischen Rota.

Am Beginn des jüngsten Reformprozesses stand der etwas verwegene Vorschlag einer einzigen großen Rechtsbehörde: Die vatikanischen Gerichtshöfe sollten zusammengelegt und mit dem Rat für die Gesetzestexte zu einem Superamt verbunden werden. Die Idee schien wenig durchdacht.

In PE werden die Gerichte jetzt unter dem Titel „Organe der Gerichtsbarkeit" präsentiert. Ein einleitender Artikel macht deutlich, dass auch sie unter dem Grundauftrag der Verkündigung stehen (PE 189). Ihre Aufgabe ist es, „das Reich Gottes zu verkünden und anbrechen zu lassen". Und mit der Rechtsordnung müssen sie „für das Heil der Seelen (zu) wirken". Damit schreibt PE für die Kurie und ihre Gerichte *den* Leitsatz des Kirchenrechts (CIC 1752) fest, der – wie Kirchenrechtsstudenten bereits im ersten Semester lernen – „in der Kirche immer das oberste Gesetz sein muss".

Apostolische Pönitentiarie

Gnadenhof für den inneren Rechtsbereich der Kirche
(PE 190-193)

Traditionell an erster Stelle der Kirchengerichte rangiert die Apostolische Pönitentiarie, der Gerichtshof für Gnadenerlasse und für das Ablasswesen. Sie ist die oberste Instanz für den inneren Rechtsbereich der Kirche. Sie behandelt Streitsachen, die die persönlichen und geheimen Gewissensangelegenheiten eines Gläubigen vor Gott betreffen, etwa die Absolution von einer Exkommunikation. Die Pönitentiarie ist kein Gerichtshof im eigentlichen Sinne, sondern eher ein kurialer Gnadenhof, eine Verwaltungsinstanz, die im Auftrag des Papstes Gnaden gewährt. Ihre Tätigkeit unterliegt absoluter Diskretion und Vertraulichkeit. Im staatlichen Bereich findet sich keine vergleichbare Einrichtung. Franziskus bezeichnete sie einmal als „Gerichtshof der Barmherzigkeit" – und unterstrich damit ein zentrales Anliegen seines Pontifikats.

Die Pönitentiarie gilt als die älteste Behörde der Kurie, und als ältester Gerichtshof im Dienst des Papstes. Seit Ende des 12. Jahrhunderts bestand in Rom eine von einem Kardinal geleitete Instanz, die anstelle des Papstes Beichten hörte und die ihm vorbehaltenen Absolutionsfälle löste.

Im Laufe der Zeit weiteten sich ihre Kompetenzen auch auf „äußere" Belange aus. Im 15. und 16. Jahrhundert – die Zahl der Mitarbeiter stieg zwischenzeitlich auf 200 an – gelangten an die Pönitentiarie auch Absolutionsanfragen nach Mord, Brandstiftung, Raubzügen, Glaubensabfall oder Vergehen der Simonie (Kauf und Verkauf geistlicher Ämter). Dazu gehörten weiter auch Dispensen von Weihe- oder Ehehindernissen. All das wurde mitunter allzu großzügig erteilt und kompensiert. Mit solchen Missständen räumte das Konzil von Trient (1545-63) auf. Pius V. löste die Behörde am 1. Mai 1569 komplett auf, entließ alle Mitarbeiter vom Groß-Pönitentiar bis zum letzten Schreiber – um sie 18 Tage später neu zu gründen, mit neuer Organisation und Aufgabenstellung.

Seither ist die Pönitentiarie nur noch für das *„Forum internum"* (PE 191) zuständig, für Streitsachen, die die inneren Beziehungen des einzelnen Gläubigen zu Gott betreffen, die geheim und nicht beweisbar sind. 1917 übertrug Benedikt XV. dem Gerichtshof auch die Zuständigkeit für das Ablasswesen, die zuvor beim Heiligen Offizium lag.

Eine Reihe von besonders schwerwiegenden Vergehen (*delicta graviora*), für die ebenfalls der „Gnadenhof" zuständig war, sind in den letzten Jahren an die Behörde für Glaubensfragen übergegangen – die ihrerseits von der Exkommunikation lösen kann. Grundsätzlich gilt: Wenn ein Vorgang allein den inneren Bereich betrifft, also das Vergehen nicht bekannt wurde, liegt die Zuständigkeit bei der Apostolischen Pönitentiarie. Wenn es öffentlich geworden ist, ist das Glaubens-Dikasterium gefordert.

Die Pönitentiarie muss angefragt werden, wenn jemand im *Forum internum* von Strafen befreit werden will, deren Erlass dem Apostolischen Stuhl vorbehalten ist. Das gilt für Häresie, Vergehen gegen die Eucharistie (Hostienschändung), die direkte Verletzung des Beichtgeheimnisses oder die Lossprechung von Mitschuldigen (Komplizen gegen das sechste Gebot). Weiter eine Bischofsweihe ohne päpstlichen Auftrag aber auch physische Gewalt gegen den Papst. Der Gerichtshof kann hier im Auftrag des Papstes Absolutionen gewähren. Weiter wird er um Dispensen bei Weihehindernissen ersucht.

Großpönitentiar, Reggente, fünf Prälaten und 58 Beichtväter

An der Spitze der Behörde steht der Großpönitentiar, bislang im Rang eines Kardinals, unterstützt durch einen *Reggente* (meist mit Bischofs-Titel). Ihnen arbeitet das fünfköpfige Gremium der „Prälaten" zu, die maßgebliche Instanz der Behörde, bestehend aus dem „Kanonisten" (Kirchenjurist), dem „Theologen" und drei *„Consiglieri"* (Beratern). Unterstützt werden sie von sechs Mitarbeitern – fünf Geistlichen und einem Laien – sowie zwei Hilfskräften. Einbezogen in die Tätigkeit der Behörde ist auch das Kollegium der 58 Beichtväter von den vier römischen Papst-Basiliken; ihre jeweiligen Rektoren oder Präsidenten gehören zum Gerichtshof dazu.

Die Tätigkeit der Pönitentiarie unterliegt – was das *Forum internum* betrifft – strengster Geheimhaltung. Sie macht keinerlei Angaben zu

Themen und Sachverhalten der von ihr behandelten Vorgänge, nicht zur Art ihres Vorgehens und den Entscheidungen, auch nicht anonymisiert. Nichts wird veröffentlicht, auch nicht intern. Sie liefert nicht einmal statistische Angaben, nennt keine Zahlen oder Daten, ordnet ihre Fälle nicht Diözesen oder Nationen zu. Hier ist das Beichtgeheimnis berührt, und das ist sakrosankt.

Das hat die Pönitentiarie noch im Juni 2019 in einer ihrer seltenen *Notae* (Erklärungen) festgehalten: Das Beichtgeheimnis ist absolut unverletzlich, es gründet auf göttlichem Recht, und keine menschliche Macht hat eine Gerichtsbarkeit über es. Kein Staat darf es aushebeln, relativieren oder Ausnahmen einfordern – auch nicht zum Zweck der Verbrechensbekämpfung oder für die Rechtsprechung.

Der Kontakt mit der Pönitentiarie ist strikt geregelt. In der Regel wendet sich der Beichtvater für einen Beichtenden an die Behörde mit der Bitte um Lösung von der Exkommunikation. Er kann eine Lossprechung erst erteilen, wenn er die Erlaubnis aus Rom erhalten hat. Dabei ist nur der Briefweg zugelassen, nicht Fax, Telefon, E-Mail oder andere Kommunikationsformen. Der Beichtvater schildert der Behörde den Fall in Zusammenfassung, anonym. Mit der betroffenen Person hat er ein Signal vereinbart, unter dem sich beide kontaktieren können, sobald eine Antwort aus Rom vorliegt. Der Vorgang läuft in der Regel über wenige Wochen. In der folgenden Beichte spricht der Beichtvater die Person mit einer bestimmten liturgischen Formel von der Exkommunikation los.

Ablasswesen

Nicht unter dem Siegel der Geheimhaltung erfolgt hingegen die Zuständigkeit der Pönitentiarie für das Ablasswesen (PE 193), den Nachlass zeitlicher Bußstrafen für Sünden als „Ausdruck der göttlichen Barmherzigkeit". Im Gegenteil informiert die Behörde in ihren Jahresberichten ausführlich über die Ablässe zu verschiedensten Anlässen, in der Regel rund 1.000 pro Jahr. Voraussetzung zur Gewinnung eines Ablasses sind stets die sakramentale Beichte, der Empfang der Heiligen Kommunion, bestimmte Gebete und Frömmigkeitsübungen, Buße und Werke der Nächstenliebe.

Die Behörde erlässt jährlich einen Ablass zum Welttag der Kranken (11. Februar) oder der Senioren (Ende Juli). Im Jahr 2020 erließ sie ihn für Infizierte und Helfer in der Corona-Pandemie. Dann gibt es häufig einen Ablass für kirchliche Großveranstaltungen, etwa für die Weltjugendtage oder für Jubiläen von Diözesen oder Ordensgemeinschaften. Auf Antrag räumt das Amt auch für Wallfahrtszentren die Möglichkeit ein, einen Ablass zu gewinnen. Ist ein Ablass nicht einem einmaligen Anlass gewidmet, muss er jährlich neu vom diözesanen Kirchengericht bei der Pönitentiarie beantragt und bewilligt werden. Eine Aufgabe, die die Behörde nicht unwesentlich beschäftigt.

Die Pönitentiarie gewährleiste auf diese Weise eine ordnungsgemäße Verwaltung und Übersicht der gewährten Ablässe, auch um Missbräuche zu verhindern, betonen Kirchenjuristen. Die Erinnerung an Auswüchse in der Reformationszeit wirkt schmerzlich nach.

Zudem koordiniert, beaufsichtigt und betreut die Pönitentiarie den Dienst der Beichtväter in den Papstkirchen Roms, Mönche aus den Franziskaner-Orden, Dominikaner und Benediktiner. Sie sorgt für deren Auswahl und sprachliche, moraltheologische, kirchenrechtliche und pastorale Schulung (PE 192). Unter ihnen ist meist auch ein deutscher Muttersprachler.

Einmal wurde freilich ein Gerichtsentscheid der Pönitentiarie öffentlich diskutiert: Und zwar die Frage, ob der mit dem Papstsegen „Urbi et orbi" verbundene Ablass auch gültig ist, wenn man die Papstzeremonie per Videoaufzeichnung verfolgt. Sie entschied damals, dass der Ablass auch bei solchen Formen der Teilnahme gültig ist; man muss also nicht persönlich in Rom anwesend sein oder die Zeremonie live verfolgen.

Oberstes Gericht der Apostolischen Signatur

Höchste Gerichtsinstanz – zur ordnungsgemäßen Rechtspflege in der Kirche
(PE 194-199)

Die Apostolische Signatur ist der oberste Gerichtshof der katholischen Kirche und sorgt für die ordnungsgemäße Rechtspflege in der Kirche (PE 194). Ihre Urteile und Entscheidungen sind ultimativ. Der Name verweist auf die Praxis der Bittgesuche, die man an den Landesherrn – hier: an den Papst – richtete, und für die es einer Unterschrift bedurfte, eben einer Signatur. Der Gerichtshof geht auf die Mitte des 15. Jahrhunderts zurück, in seiner heutigen Gestalt gibt es ihn erst seit der Kurienreform von 1908.

Die Signatur arbeitet in drei verschiedenen Funktionen:

- Als Kassationsgericht, als höhere Berufungsinstanz, die die Urteile von unteren Instanzen auf mögliche Rechtsfehler überprüft. Sie kann etwa die Wiederaufnahme von früheren Rota-Verfahren erwirken (PE 196), oder den Vorwurf der Befangenheit gegen deren Richter überprüfen. Auch Rekurse oder Nichtigkeitsklagen fallen in ihre Zuständigkeit. Bei der Signatur wird also immer über bestehende Urteile entschieden.

- Als Verwaltungsgerichtshof entscheidet die Signatur über Dekrete von römischen Dikasterien, über Berufungen (PE 197). Sie erlässt damit Schlussdekrete. Pro Jahr treffen hier 30 bis 40 Fälle ein.
Ein zuletzt häufigerer Fall: Da beschweren sich Gläubige über eine Pfarreizusammenlegung oder Kirchenschließung, die ihr Bischof verfügt hat. Wenn ein Einspruch aus der Pfarrei beim Bischof ohne Erfolg bleibt, können sich die Betroffenen an die zuständige Vatikan-Stelle wenden, an die Kleruskongregation. Wenn diese dem Bischof Recht gibt, bleibt den Gläubigen der Weg zur Signatur. Oder die Kleruskongregation entscheidet sich gegen den Bischof, dann kann dieser Rekurs einlegen. Mitnichten erhalte der Bischof immer Recht, heißt es in Kurienkreisen.

Weitere vom Obersten Gericht zuletzt entschiedene Fälle betrafen Entlassungen aus Ordensinstituten oder die Entpflichtung von Pfarrern, mit denen die Betroffenen nicht einverstanden waren.

Vor der Signatur geht es nicht mehr um konkrete Details oder um einzelne falsche Beurteilungen, sondern nur noch um technische Grundsatzfragen: Wenn jemand meint, im Verfahren sei ein Gesetz verletzt oder vernachlässigt worden. Die Signatur ist somit eine Kombination aus Bundesgerichtshof und Bundesverwaltungsgerichtshof – wobei der deutsche Vergleich insofern hinkt, da es im Vatikan kein Bundesverfassungsgericht darüber gibt.

- In ihrer Zuständigkeit für das Gerichtswesen der Kirche obliegen der Signatur auch administrative Angelegenheiten, hilft sie bei der Beschreibung von Verwaltungsakten. Sie erlässt Dekrete zur Delegation für dritte Instanzen im Heimatland – um einen Gang an die Römische Rota zu ersparen. Die Sektion ist auch für die Gerichtsaufsicht zuständig. Sie überprüft – im Sinne einer Einheit der Rechtsanwendung innerhalb der Kirche – die Jahresberichte der diözesanen Kirchengerichte und die Qualifikation des Personals (PE 198).

Das ist nicht nur eine reine Formsache. Die Signatur liest und kontrolliert die Jahresberichte aufmerksam. Wenn ein Diözesan-Gericht mit seinem Bericht in Verzug ist, bleibt das in der Regel nicht unentdeckt; dann gibt es Nachfragen und auch Mahnungen. Ein Diözesan-Gericht kann nichts verschleppen, meinte eine Expertin.

Und die römische Behörde reagiert auch auf ungewöhnliche Entscheidungen. Wenn ein Gericht bei Eheannullierungsverfahren mehrfach auf ausgefallene Nichtigkeitsgründe erkennt, haken die Mitarbeiter durchaus nach und überprüfen die letzten Urteile.

Zu den Aufgaben der Signatur gehört zudem die *delibatio*, die Nostrifizierung und Umschreibung kirchlicher Ehe-Nichtigkeitsurteile für den zivilen Rechtsbereich. Das betrifft Länder mit besonderen Konkordatsverträgen – Italien, Portugal und Brasilien –, in denen die kirchliche Eheschließung zugleich zivile Gültigkeit haben kann. Die Signatur fungiert hier als Garant, dass die Regeln des kirchlichen Prozesses eingehalten wurden. Sie überprüft den Vorgang und gibt ihr OK für eine Umschreibung, damit ein kirchliches Nichtigkeitsurteil auch zivile Wirkungen erzielen kann. Nach letzten

Vatikanangaben passierten 700 Fälle aus Italien und 19 aus Portugal diesen Weg.

Aufbau

Zum Obersten Gerichtshof der Signatur gehören 12 Kardinäle und 8 Bischöfe, darunter zuletzt auch der deutsche Kurienkardinal Gerhard Ludwig Müller sowie die Weihbischöfe Hegge (Münster) und Meier (Paderborn). Der römische Mitarbeiterstab wird von einem Präfekten geleitet, der nach PE als einer von wenigen Kurienchefs den Kardinalsrang haben muss. Ihm arbeiten ein Sekretär (im Bischofsrang), drei Kirchenanwälte und der *defensor vinculi* (Bandverteidiger) zu. Zudem ein Mitarbeiter, der sich insbesondere um die *delibatio*-Fälle kümmert, dann ein Notar sowie Sekretariatsmitarbeiter und Pförtner, zusammen rund ein Dutzend.

Viele Fälle werden in der Signatur bereits auf Stabsebene zurückgewiesen – der Sekretär kann den Rekurs zurückweisen, wenn der Kirchenanwalt das vorschlägt und er auch zu der Überzeugung kommt, dass es kein Fundament gibt.

Dagegen ist ein Appell an den Präfekten und an den „Kongress" des Gerichtshofs (dazu gehören der Präfekt, der Sekretär, die Kirchenanwälte, der Bandverteidiger) möglich.

Oberste Instanz und eigentlicher Gerichtshof der Signatur ist die Versammlung der Kardinäle und Bischöfe, die – mindestens fünf von ihnen müssen jeweils einberufen werden – die endgültige Entscheidung treffen. Sie erfolgt in der Regel aufgrund der Aktenlage, ohne mündliche Anhörung. Freilich gelangt allenfalls ein Drittel der an die Signatur gegebenen Fälle bis zu dieser Ebene. Denn nach dem 2008 geänderten Signaturgesetz besteht nach Abweisung durch den Sekretär nur noch eine weitere Appellmöglichkeit.

Die Signatur hat letztlich eine Funktion des Rechtsschutzes für die einzelne Person, einen Priester oder eine Gemeinde, die vor rechtlichen Problemen stehen, betonen Kirchenjuristen. Früher waren sie nach einem kirchlichen Dekret praktisch wehr- und machtlos. Das Gericht bietet unterdessen die Möglichkeit des Einspruchs und der Revision.

Gericht der Römischen Rota

Nicht nur Ehenichtigkeitsverfahren
(PE 200-204)

Während Pönitentiarie und Signatur außerhalb von Theologenkreisen und höheren Kirchengremien kaum ein Begriff sind, schafft es die „Rota Romana" mitunter in die Schlagzeilen der Boulevardpresse. Durch Eheannullierungs-Prozesse – etwa für die Monegassen-Prinzessin Caroline (auf den ihre fromme Mutter Fürstin Gracia Patrizia gedrängt haben soll) – macht der dritte kirchliche Gerichtshof immer wieder international und überkonfessionell von sich reden.

Aber die aus rund 20 Richtern bestehende Rota ist nicht nur ein Gericht für Eheverfahren. Sie ist „Ordentliches Gericht des Papstes für die Annahme von Berufungen", heißt es im Kirchenrecht (CIC 1443). Sie urteilt „in zweiter Instanz über Sachen, die von ordentlichen Gerichten in erster Instanz entschieden worden sind und durch rechtmäßige Berufung an den Apostolischen Stuhl herangetragen werden" (CIC 1444). Und sie urteilt in dritter oder höherer Instanz über Sachen, die bereits von der Rota selbst und von anderen Gerichten entschieden wurden. Damit sorgt sie für einen Rechtsschutz in der Kirche, für eine Einheitlichkeit in der Rechtsprechung und hilft durch ihre Urteile den untergeordneten Gerichten (PE 200).

So gewichtig und rechtsprägend die Entscheidungen der Rota in diesen unterschiedlichen Bereichen auch sind: Sie machen vom Volumen her nur wenige Prozent ihrer Tätigkeit aus. Das Gros der Arbeit bilden Ehenichtigkeitsverfahren.

Reformen unter Franziskus

Für die Kirche ist die gültig geschlossene und vollzogene Ehe unauflöslich, eine Scheidung wie im zivilen Bereich kommt nicht in Frage. Sie kann aber prüfen, ob eine Ehe überhaupt gültig geschlossen wurde. In einem Verfahren kann sie gegebenenfalls feststellen, dass bestimmte Anforderungen, Voraussetzungen oder das richtige Verständnis für dieses Sakrament fehlten: Weil der Ehewille oder die Ehefähigkeit der Partner nicht gegeben waren.

Die Feststellung einer eventuellen Ehe-Ungültigkeit ist Sache des jeweiligen Diözesangerichts. Es muss untersuchen, ob mindestens einer der vom Kirchenrecht anerkannten Nichtigkeitsgründe vorliegt. Allerdings kann sich jeder Katholik auch direkt an die Rota wenden (was freilich nur wenige tun, mancher um Zeit zu gewinnen). Bei Staatsoberhäuptern oder Herrscherhäusern ist dies der übliche Weg. Denn die Ortskirche und ihre Gerichte könnten in solchen Fällen befangen oder abhängig sein. Eine Beeinflussung durch die zivile Obrigkeit soll ausgeschlossen werden. Auch die Kennedy-Familie ist meist diesen direkten Weg gegangen. 2007 berichteten italienische Medien über eine Ehe-Annullierung der Rota für den früheren Staatspräsidenten Cossiga.

Beim Diözesan-Prozess werden Zeugen befragt, möglichst auch die Eheleute, freilich getrennt. Vor dem Entscheid plädiert von Amts wegen ein Ehebandverteidiger für den Erhalt und die Gültigkeit der Ehe; er ist gleichsam der Gegenpart des Antragstellers. Die Entscheidung wird von einem Kollegium von drei Richtern gefällt. Falls Zweifel bleiben, wird gegen eine Ungültigkeit entschieden.

Das Urteil eines Diözesanprozesses wurde lange Zeit automatisch in zweiter Instanz vom übergeordneten Gericht der zuständigen Kirchenprovinz überprüft; das Urteil einer Metropolitan-Diözese ging an ein Nachbar-Bistum. Stimmten beide Urteile für die Ungültigkeit einer Ehe, war der Entscheid anwendbar. Kamen die beiden Gerichte aufgrund unterschiedlicher Rechtsauffassung zu unterschiedlichen Urteilen, war eine höhere Instanz gefragt – eben auch die Rota.

Diese Regelung galt bis zum 8.12.2015. Zum Beginn des Heiligen Jahres der Barmherzigkeit hat Papst Franziskus per Erlass die Eheprozessordnung vereinfacht. Seither muss nur noch eine Instanz entscheiden. Die automatische Weiterleitung vom Diözesangericht an ein Metropolitan-Gericht entfällt. Man braucht also nicht mehr zwei gleichlautende Urteile, um eine Ehe für nichtig zu erklären und zu einer neuen kirchlichen Eheschließung zugelassen zu werden.

Dann ermöglicht das Motu Proprio von 2015 unter besonderen Voraussetzungen auch einen verkürzten Eheprozess-Weg, in dem der Diözesanbischof selbst als Richter agiert und entscheidet. Ein Weg, der freilich bislang selten beschritten wird, in Deutschland (das über gut ausgestattete Diözesangerichte verfügt) zunächst gar nicht. Weltweit waren es nicht einmal 4 Prozent aller Verfahren, insgesamt 1.854, davon 62 Prozent in Amerika. Der Weg ist möglich, wenn die Nichtigkeitsgründe offensichtlich sind, wenn etwa die Ehe nur von ganz kurzer Dauer war, und wenn beide Ehepartner gemeinsam die Klageschrift einleiten. In so einem Fall kann der Prozess bereits nach zwei bis drei Monaten abgeschlossen sein.

Mit den Neuerungen reagierte Franziskus auch auf Vorwürfe der beiden Familien-Synoden 2014 und 2015, solche Eheverfahren dauerten zu lang, sollten leichter zugänglich sein und schneller verlaufen. Zwar hatte die Rota bereits in den Jahren zuvor ihre Arbeitsabläufe intensiviert und beschleunigt und konnte einen früheren Überhang an Causen zum Teil abbauen. Dennoch beanstandete der Papst weiterhin Engpässe bei der kirchlichen Ehegerichtsbarkeit und forderte Entlastungsbedarf. Manche Diözesangerichte funktionierten nicht richtig, sagte er in einem Interview 2019.

45.379 Eheprozesse (*processus ordinarius*) wurden 2020 nach Vatikan-Angaben (ASE) von den Diözesangerichten der katholischen Welt in erster Instanz abgeschlossen, in zweiter Instanz 1.652. (Hinzukamen 2.256 Dokumenten-Prozesse.) In 38.519 Fällen (84,9%) entschieden die Richter für die Nichtigkeit, in 3.341 für die Gültigkeit der Ehe. In rund 3.500 Fällen ruht das Verfahren oder wurde aktiv eingestellt. Nicht einmal ein Prozent der Eheprozesse gingen – in zweiter oder dritter Instanz – an die Rota.

Ein Hinweis: Die Zahl katholischer Eheschließungen betrug 2020 1,92 Millionen, im Jahr 2012 waren es 2,7 Millionen.

Rund ein Drittel der kirchlichen Eheverfahren wurde 2020 in den USA abgeschlossen: 14.721 – in früheren Jahren war es fast die Hälfte aller Verfahren; in Europa waren es 12.771, wovon 3.745 auf Polen, 2.157 auf Italien, 1.434 auf Spanien und 687 auf Deutschland entfielen. Dabei war die Quote der als ungültig erkannten Ehen unterschiedlich hoch: Die US-Gerichte erkannten in 87 Prozent auf Nichtigkeit, in Italien 92 Prozent, in Deutschland 77 Prozent und in Polen 69 Prozent. Freilich stehen die US-Gerichte bei manchen europäischen Juristen im Ruf, mitunter allzu großzügig für eine Annullierung zu entscheiden und etwa die Zeugenbefragung und den obligatorischen

Fragebogen nicht immer ernst genug zu nehmen. Interkontinentale Rechtshilfeersuchen lösen mitunter Kopfschütteln aus.

Die Rota-Richter entschieden in der Vergangenheit etwa zur Hälfte für und gegen die Ungültigkeit einer Ehe. In den letzten Jahren ist der Anteil der affermativen Urteile gestiegen. Die Urteile der Rota sind für die Weltkirche rechtsprägend. Sie werden nach vier oder fünf Jahren in Auszügen veröffentlicht – anonymisiert – und von den Diözesangerichten sorgfältig studiert und für die eigene Rechtsprechung herangezogen.

Gültig oder nicht?

Das Kirchenrecht befasst sich in den Canones 1055 bis 1165 mit dem Wesen der Ehe, mit ihrer Spendung, ihrer Geltung und Gültigkeit, aber auch mit Ehehindernissen und Kriterien ihrer Ungültigkeit. Eine Ehe ist ungültig geschlossen, wenn ein Partner zum Zeitpunkt der Trauung bestimmte kirchliche Positionen und Vorgaben abgelehnt oder ausgeschlossen hat, wie etwa die Unauflöslichkeit der Ehe, den Kinderwunsch oder die eheliche Treue. Wenn jemand beim Ja-Wort vor dem Traualtar (mit Bedacht/Vorsatz) die Möglichkeit der Scheidung einschloss, oder von vornherein auf außereheliche Affären nicht verzichten wollte, heiratete er ungültig. Bei der Zeugenvernehmung vor den Kirchengerichten spielen Fragen dazu eine zentrale Rolle.

Die deutschen Diözesangerichte haben aus dem Kirchenrecht Listen von Nichtigkeitsgründen abgeleitet und auf ihre Internetseiten gestellt. Manche Offizialate listen 12 hauptsächliche Punkte auf.

Ungültig ist eine Ehe weiter, die nur zum Schein eingegangen wurde (Totalsimulation), um an Erbe, Staatsangehörigkeit, Titel oder Aufenthaltsgenehmigung heranzukommen. Weitere Gründe sind ein völlig fehlender Vernunftgebrauch, aber auch Impotenz, mangelndes Urteilsvermögen oder arglistige Täuschung.

Das Kirchenrecht von 1983 hat – aufgrund der Rechtsprechung der Rota – neu den Tatbestand der psychologischen Eheunfähigkeit eingeführt – die durch Gutachten belegt werden muss. „Unfähig, eine Ehe zu schließen, sind jene, die aus Gründen der psychischen Beschaffenheit wesentliche Verpflichtungen der Ehe zu übernehmen nicht imstande sind", sagt der Codex in CIC 1095,3. Dazu gehören etwa schwerer Alkoholismus, der die Weiterführung einer Ehe für den Partner verunmöglicht. Aber auch andere schwerwiegende Süchte und Abhängigkeiten. Neu findet sich hier Spielsucht: Wenn ein Familienvater darüber Frau und Kinder völlig vernachlässigt, kann das ein Nichtigkeitsgrund sein.

Zu den möglichen Ursachen einer Ehenichtigkeit zählen weiter Furcht und Zwang: Wenn ein Partner von außen (etwa von der Familie) so unter Druck gesetzt war, dass er eine von ihm persönlich ungewollte Ehe schloss. Fälle, die in Deutschland praktisch keine Rolle spielen, wohl aber in (Süd-)Italien.

Bei deutschen Kirchengerichten bilden der Ausschluss von Nachkommenschaft und der Scheidungsvorbehalt die häufigsten Prozessgründe. Neuerdings treten aber auch die psychologischen Aspekte stärker in den Vordergrund, heißt es in Gerichtskreisen.

Bei den Verfahren an der Rota geht es nach deren Angaben am häufigsten um mangelnden Ehekonsens oder um Mangel an Urteilsvermögen. Auch hier spielen in den Prozessen psychologische Gründe weiterhin eine Rolle. In einem früheren Jahresbericht (2014) nannte die Rota psycho-affektive Störungen, Borderline, Homosexualität, gestörte sexuelle Identität, narzisstische oder antisoziale Persönlichkeit, pathologische Spielsucht oder paranoide Schizophrenie.

Wie die Rota arbeitet

Die Rota ist die einzige höhere Kurienbehörde ganz ohne Kardinäle. An ihrer Spitze steht der Dekan – als *primus inter pares* unter den rund 20 Richtern. Er wird vom Kreis der Richter gewählt und vom Papst für fünf Jahre ernannt. Anders als bislang in den meisten kurialen Spitzenämtern üblich, erhält er mit der Ernennung nicht automatisch die Bischofsweihe. Allerdings steht ihm der Titel „Exzellenz" zu. Hinzu kommt ein Ehebandverteidiger. Dieses Amt bekleidet seit November 2018 erstmals eine Frau, die Juristin Maria Frantangelo, die zuvor als Anwältin an der Rota tätig war.

Die rund 20 Richter der Rota (allesamt Prälaten) behandeln die Fälle in festgelegten Dreiergruppen, in denen einer den Vorsitz führt und zwei Beisitzer sind. Die Reihenfolge im Richter-Kollegium richtet sich nach dem Ernennungsdatum. Wenn etwa der dritte Richter ein Verfahren leitet, fungieren der vierte und fünfte als Beisitzer, leitet Richter Nummer vier einen Prozess, so amtieren der fünfte und der sechste als Beisitzer.

Im Normalfall wird ein eintreffender Vorgang dem jeweils nächsten Turnus zugeteilt, ohne Ansehen der Person oder des Falles. Freilich gibt es Ausnahmen, über die der Dekan nach den Rota-Richtlinien entscheiden kann. Das geschieht oft bei deutschsprachigen Vorgängen – aus Sprachgründen. Nur wenige Richter beherrschen ausreichend Deutsch. Dann wird der Turnus eigens zusammengesetzt.

Die Dauer der Verfahren an der Rota kann in der zweiten Instanz ein halbes Jahr betragen und in der dritten mindestens ein Jahr. Das hängt freilich nicht nur von den Richtern, sondern auch von den Anwälten, deren Arbeitsweise und Auslastung ab. Anders als bei den Diözesangerichten herrscht an der Rota Anwaltspflicht. Rund 100 Juristen haben hier eine Zulassung, darunter sind derzeit zwei Deutschsprachige, die häufig für deutschsprachige Fälle genommen werden. Aber auch weitere zugelassene Juristen sind der deutschen Sprache mächtig.

Was kostet das? Die Anwaltsgebühren belaufen sich auf 2.000 bis 3.000 Euro (wovon befreit werden kann). Die Kostenhöhe hängt davon ab, ob und wie viele Gutachten zu erstellen sind; sie kosten jeweils ca. 800 bis 1.200 Euro.

Wirtschaftliche Organe

Sagenhafte Schätze und knappes Budget – Wie der Vatikan seinen Haushalt ordnet und seinen Dienst finanziert (PE 205-227)

Die Serie der Skandale ist lang, die Aufarbeitung und Neuausrichtung eine Sisyphus-Arbeit. Da war der mächtige Erzbischof Paul Casimir Marcinkus (1922-2006), Chef der Vatikanbank IOR und Vize-Gouverneur des Vatikanstaates, der sich von gewieften Finanz-Managern über den Tisch ziehen ließ und sein Institut mit in einen internationalen Bankrott riss. Da war sein Nachfolger Caloia, der 2021 von der Vatikan-Justiz wegen Geldwäsche und Unterschlagung von 59 Millionen Euro zu neun Jahren Haft und Schadensersatz verurteilt wurde.

Dann entzog der Papst 2020 seinem früheren Innenminister Becciu wegen angeblicher Veruntreuung und Vetternwirtschaft Kardinals-Privilegien und Kurienamt. Er wurde mit einem verquasten Deal um eine Londoner Immobilie (mit 134 Millionen Euro Verlust) in Verbindung gebracht. Dabei kam auch der frühere Leiter der vatikanischen Finanzaufsichtsbehörde AIF (jetzt ASIF), Brülhart, in die Kritik und vor Gericht, weil er das verdächtige Geschäft nicht gestoppt habe. Zuvor musste bereits der vatikanische Gendarmerie-Chef Giani darüber seinen Hut nehmen, da ihm die Aufklärung („Steckbrief-Affäre") aus dem Ruder gelaufen war.

Spätestens seit dem Zusammenbruch des Banco Ambrosiano 1982 (der größten italienischen Privatbank) versucht der Vatikan seine Wirtschafts- und Finanzbelange in den Griff zu bekommen. Ambrosiano-Präsident Roberto Calvi, dem Marcinkus folgenschwere Bürgschaftsbriefe ausgestellt hatte, war erhängt unter einer Londoner Themse-Brücke gefunden worden. Auf Drängen des damaligen Kölner Kardinals Höffner zog der Papst an Stelle ehrgeiziger, aber fachlich überforderter Bischöfe und Prälaten mehr ausgewiesene Finanzexperten (kirchliche „Laien") heran, um seine Bank und überhaupt den Vatikan-Haushalt zu ordnen. Dieser Prozess ist auf einem guten Weg, aber noch nicht abgeschlossen.

Beim Vorkonklave nach dem Rücktritt von Benedikt XVI. waren die Vatikanfinanzen ein ernstes Thema der Kardinäle. Der Ärger über die „Vatileaks"-Affäre 2012 mit Enthüllungen über angebliches Misswirtschaften und Mauscheln war noch frisch. Als der neue Papst Franziskus daraufhin rasch eine Kurienreform ankündigte, kam der Finanzsektor ganz oben auf die Liste. Führende Kardinäle behaupteten sogar, Finanzen und Medien waren die eigentlichen Anliegen der Neuordnung. Aber schon Benedikt XVI. hatte ernsthafte Schritte eingeleitet, um das IOR aus der Skandalzone zu heben, und um Transparenz ins vatikanische Finanz- und Verwaltungswesen zu bringen.

Exkurs: Vertreibung aus dem Offshore-Paradies
Das einstige Problemkind IOR (Istituto per le opere religiose – Institut für die religiösen Werke) ist inzwischen fast zu einem Musterschüler mutiert. Seit 2013 legt die Vatikanbank einen Geschäftsbericht vor und veröffentlicht ihre Daten.

Das IOR, 1887 gegründet und 1942 reformiert, sollte Spenden, Schenkungen und Stiftungen für den Papst verwalten. Zudem sollte es kirchlichen Einrichtungen internationale Finanzwege öffnen, etwa den Missionsinstituten und Ordenszentralen. Es ist ein Institut im Vatikan-Besitz, aber keine Einrichtung der Kurie. Seine Unabhängigkeit hat historische Wurzeln – und viele gute Gründe. Im Zweiten Weltkrieg waren auf diesem Weg verdeckte Hilfen möglich. Ebenso im Kalten Krieg, als hier auch diskret Gelder an die polnische Gewerkschaft „Solidarnosc" geflossen sein sollen. Das mag erklären, warum Johannes Paul II. am US-Litauer Marcinkus bis zu dessen Pensionsgrenze 1990 festhielt.

Die Unabhängigkeit des Bankplatzes Vatikan lockte aber auch finstere Finanz-Jongleure an, die das IOR jahrelang als Offshore-Paradies für undurchsichtige Geldgeschäfte nutzten. Mit einer großzügigen Spende ließ sich – über Strohmänner, mit frommen Stiftungsnamen (etwa „San Serafino") und zu angeblich gutem Zweck – großes Geld auch mit weniger heiligem Hintergrund transferieren, waschen oder parken. Auf jeden Fall wurde die Vatikanbank zum Gegenstand von Ermittlungen und Spekulationen, zumal sie lange Jahre keine Bilanzen veröffentlichte.

Als sich die internationale Kritik erneut verdichtete, eine Aufkündigung von EU-Abkommen drohte und der Vatikanstaat sogar zeitweise vom SWIFT-Bankensystem suspendiert wurde, zog Benedikt XVI. die Reißlei-

ne. Ende 2010 gründete er die Finanzaufsichtsbehörde AIF (später ASIF). Sie muss das IOR und alle mit Finanzen befassten Einrichtungen des Vatikan überwachen, Geldtransfers kontrollieren und auf internationale Standards für Transparenz ausrichten. Damit wollte der Vatikan verlorenes Vertrauen zurückholen. Vom Europarats-Expertenausschuss Moneyval bekam er bald wieder bessere Noten. – (2021 gingen der ASIF 104 Hinweise auf mögliche Verdachtsfälle zu, davon 98 von der Vatikanbank, denen sie nachging.)

Zudem tauschte Benedikt XVI. kurz vor seinem Amtsverzicht noch die Leitung des IOR aus. Er machte den deutschen Bankier Ernst von Freyberg vorübergehend zum Aufsichtsratsvorsitzenden und beauftragte ihn mit einer Grundsanierung der Bank. Die Wirtschaftsprüfungsgesellschaft Promontory durchleuchtete die Kundenkartei und stieß auf manche Ungereimtheiten – auch auf die dunklen Immobiliengeschäfte des später verurteilten IOR-Chefs Caloia. 2013/15 wurden mehrere Tausend Konten geschlossen oder die Klienten zur Kündigung aufgefordert. Der Kreis der Zugangsberechtigten wurde radikal begrenzt: Kunden mussten ein kirchenamtliches Anerkennungsdekret vorlegen. Die Zahl der Konten halbierte sich nahezu, von 25.000 auf zuletzt 14.519.

Nach eigenen Angaben verwaltete das IOR 2021 Einlagen von 5,2 Milliarden Euro, darunter 3,3 Mrd Gelder von nicht-vatikanischen Kunden. Sein Eigenkapital betrug 649,3 Millionen Euro. Es erwirtschaftete einen Reingewinn von 18,1 Millionen Euro, der komplett dem Papst zur Verfügung gestellt wird. Im Jahr zuvor lag der Gewinn noch bei 36,6 Mio.

Neue Strukturen, alte Aufgaben, strittige Kompetenzen

Der Reformprozess galt keinesfalls nur dem IOR. Er sollte das Wirtschafts-, Finanz- und Verwaltungssystem des Vatikan insgesamt neu ordnen, zentralisieren, und mit Hilfe von Fachleuten transparenter, effizienter, kontrollierbarer und kostengünstiger machen. Dazu gründete Franziskus 2014 die neue „Koordinierungsstelle für die wirtschaftlichen und administrativen Angelegenheiten des Heiligen Stuhls und des Staates der Vatikanstadt" – der wohl wichtigste Schritt der gesamten Kurienreform. Zu den neuen **„Wirtschaftlichen Organen"** gehören nach PE:

- das **Wirtschaftssekretariat,** das die Funktion des „Päpstlichen Sekretariats für Wirtschafts- und Finanzfragen" ausübt (PE 212). Es ist für die Kontrolle und Aufsicht in Wirtschafts-, Finanz- und Verwaltungsangelegenheiten der Kurieneinrichtungen zuständig, einschließlich des Peterspfennigs. Es erstellt den jährlichen Haushaltsplan und überprüft dessen Einhaltung sowie den Gesamthaushalt des Heiligen Stuhls und legt sie dem Wirtschaftsrat vor (PE 215). Weiter regelt und kontrolliert es die Ausschreibungen für alle von der Kurie benötigten Güter und Dienstleistungen. Bei ihm ist neuerdings auch die „Direktion für das Personalwesen des Heiligen Stuhls" eingerichtet, die Personalpläne und -einstellungen der Kurienbehörden überprüft und genehmigt (PE 217). Erster Präfekt des Sekretariats wurde der australische Kardinal Pell, auf ihn folgte Ende 2019 der spanische Jesuit Guerrero (der ausdrücklich auf Bischofsweihe und Kardinalswürde verzichtete).
- der **Wirtschaftsrat,** der als Aufsichtsgremium die Arbeit des Wirtschaftssekretariats überwacht. Er legt dem Papst Leitlinien und Normen vor, wie das Vermögen des Heiligen Stuhls geschützt, Finanzrisiken minimiert und die „personellen, materiellen und finanziellen Ressourcen rationell zugewiesen und umsichtig, effizient und transparent verwaltet werden" (PE 207). Er übt seine Funktionen im Lichte der kirchlichen Soziallehre aus, ethisch und effizient – nach international bewährten Praktiken der öffentlichen Verwaltung (PE 205). Der Wirtschaftsrat genehmigt den vom Sekretariat erstellten Haushaltsplan und den Konsolidierten Jahresabschluss des Heiligen Stuhls und legt sie dem Papst vor. Personell besetzt ist der Rat mit acht Kardinälen und Bischöfen sowie sieben anerkannten Finanzexperten (Laien), darunter sechs Frauen, zwei davon Deutsche. Zum ersten Koordinator ernannte Franziskus den Münchener Kardinal Marx und bestätigte ihn 2020, Vize-Koordinatorin ist seit 2021 die deutsche Juristin Charlotte Kreuter-Kirchhof.
- die **Güterverwaltung** des Apostolischen Stuhls (APSA), die für die „Verwaltung und Bewirtschaftung des Immobilienvermögens und beweglichen Vermögens des Heiligen Stuhles zuständig ist", um der Kurie die für ihre Arbeit erforderlichen Mittel bereitzustellen (PE 219). Die APSA kümmert sich um laufende Dienstleistungen der Kurie wie Vermögensverwaltung, Buchhaltung oder Anschaffun-

gen (PE 220). Die Ausführung dieser Finanzgeschäfte erfolgt über die Vatikanbank IOR, der die Kurienbehörden all ihre beweglichen Vermögenswerte überweisen mussten.
- das **Amt des Generalrevisors,** das den Gesamthaushalt des Heiligen Stuhls sowie die Jahresabschlüsse der einzelnen Ämter prüft (PE 222f). Es hat auf Auffälligkeiten bei der Verwendung von finanziellen und materiellen Ressourcen zu achten, auf Unregelmäßigkeiten bei der Auftragsvergabe, auf Korruption oder Betrug – und Prüfungen vorzunehmen (PE 224). Um das Amt gab es zunächst Diskrepanzen, nachdem der erste Revisor seine Aufgabe zu ernst nahm und bei Recherchen über Finanzaktionen hoher Kurialer auswärtige Ermittler hinzuzog. Er musste seinen Hut nehmen und wurde nach eigenen Angaben recht rüde aus dem Vatikan eskortiert.
- eine kleine „**Kommission für vertrauliche Angelegenheiten**". Sie muss alle juristischen, wirtschaftlichen oder finanziellen Handlungen genehmigen, die der Geheimhaltung unterliegen und der Kontrolle durch die zuständigen Organe entzogen sind (PE 225).
- das **Investitionskomitee**, ein Anlageausschuss, der den ethischen Charakter von Investitionen des Heiligen Stuhls in Übereinstimmung mit der kirchlichen Soziallehre gewährleisten – und dabei Rentabilität, Angemessenheit und Risiko abwägen muss (PE 227).

Die neuen Wirtschaftlichen Organe – bis auf die APSA sind es Neugründungen unter Franziskus – sollen als Finanzministerium, als Rechnungshof, Kontrollinstanz und auch als Personalabteilung die Etats aller Vatikanbehörden erfassen und eine einheitliche Rechnungsführung durchsetzen.

Allerdings haperte es zunächst mit der Umsetzung. Kardinal Pell hatte sich schon in seiner Diözese Sydney als wirtschaftlicher Aufräumer einen Namen gemacht. Ähnlich forsch trat er in Rom auf, drängte auf Effizienz – und verschreckte die an einen mediterranen Arbeitsstil gewohnten Vatikan-Mitarbeiter.

Immerhin „fanden" seine Fahnder beim Durchforsten von Bilanzen und Budgets auch unbekannte oder nicht erfasste Gelder in Milliarden-Höhe. Das Vermögen des Heiligen Stuhls sei „um 939 Millionen Euro gewachsen", hieß es lapidar im Haushaltsbericht 2014. Bei dem überraschenden Geldsegen habe es sich nicht um illegale oder schlecht verwaltete Gelder gehandelt. Sie seien vielmehr auf Unterkonten, als durchlaufende Posten oder sonstwie bekannt gewesen, lautete die gequälte Erklärung. Letztlich galten sie aber als erste Erfolge Pells und seiner Reform.

Freilich legte sich der Australier auch mit manchen Mächtigen an, etwa mit obengenanntem Innenminister Becciu, aber auch mit der wichtigen APSA, die er zunächst teil-entmachten wollte. Als Pell sich 2017 beurlauben ließ, um sich in seiner Heimat einem Verfahren zu Missbrauchsvorwürfen zu stellen (das Gericht in Sydney sprach ihn im April 2020 frei), war die Behörde zweieinhalb Jahre ohne starke Führung. Der Reformprozess geriet ins Stocken.

Allerdings erfuhr der australische Kardinal später eine Ehrung durch den Papst persönlich. In einem Interview im Sommer 2022 würdigte Franziskus ihn für seine Gründung des Wirtschaftssekretariats als „Genie".

Durchbruch im zweiten Anlauf

Nachfolger Pells wurde der spanische Jesuit Guerrero, der von Anfang an die volle Rückendeckung des Papstes erhielt. Damit kamen die Reformen in klarere Bahnen und nahmen endlich Fahrt auf.

Guerrero stand wie schon Pell vor der Herkulesaufgabe, einen einheitlichen und transparenten Haushalt zu erstellen und dazu Mittel und Ausgaben für rund 60 Kurien-Institutionen in eine Bilanz zu bringen. Aber nicht alle Einrichtungen wollten sich vom Wirtschaftssekretariat einbinden und in die Karten und Kassen schauen lassen. Persönliche Widerstände, Ängste um Autonomie oder institutionelle Vorgaben standen dem entgegen. Die Missions-Behörde beharrte, ihr (Immobilien-)Vermögen sei zweckgebunden für die Missionsarbeit und stamme überdies nicht aus Vatikan-Quellen. Auf eine ähnliche Sonderrolle pochten die Ostkirchen-Behörde und auch das Staatssekretariat. Dieses wollte für unerwartete Ausgaben der 128 Nuntiaturen rasche Rücklagen bereithalten. Seine gut ausgestattete Verwaltungsabteilung betreute und verteidigte die finanzielle Eigenständigkeit.

Erst ein Machtwort des Papstes half den Knoten zu durchschlagen: Ende 2020 wurde auch das Staatssekretariat in den Kurienhaushalt integriert und übergab seine liquiden Mittel, seine Eigentümerschaft und Beteiligungen samt deren Verwaltung an die APSA. Dazu gehört auch die Verwaltung des „Peterspfennig", der einen dualen Zweck erfüllt: Er ist für den karitativen wie für den apostolischen Dienst des Papstes bestimmt, also für Werke der Nächsten- und Armenhilfe, aber auch für die Leitung der Weltkirche mittels der Kurie.

2021 erbrachte die meist am 29. Juni (Fest Peter und Paul) durchgeführte Sammlung des „Peterspfennig" 46,9 Mio. Euro, die zu fast einem Drittel aus den USA, zu 11,3% aus Italien und 5,2% aus Deutschland kamen. Ihr gegenüber standen Ausgaben von 65,3 Mio. Euro, die Differenz wurde aus der Substanz des Peterspfennig-Fonds ausgeglichen. Rund 10 Mio. Euro gingen in 157 Projekte der humanitären Nothilfe in 67 Ländern, zur Hälfte in Afrika. Mit 55,5 Mio. Euro unterstützte der Fond die Apostolische Mission des Papstes durch die Kurie, und erbrachte damit 23% ihrer Gesamtausgaben.

Damit waren die Zuständigkeiten (und die Kooperation) der neuen Struktur prinzipiell geklärt: Zentral gesteuert und gebilligt werden alle Wirtschafts-, Finanz- und Verwaltungsbelange der Kurie durch das Wirtschaftssekretariat. Kontrolliert werden sie vom Wirtschaftsrat, der dann dem Papst die Jahresbilanz vorlegt. Die Ausführung samt der Verwaltung und der Anlage der Mittel ist Sache der APSA. Und der Revisor achtet auf Unregelmäßigkeiten und Verstöße. Immerhin deckte er die Ungereimtheiten beim o. g. Londoner Immobilien-Deal auf.

Eine Sonderstellung behält das Missions-Dikasterium, das seine Bilanzen zwar dem Wirtschaftssekretariat zur Kontrolle vorlegt, die Mittel aber – analog dem Governatorat des Vatikanstaates – in Eigenregie und ohne Einschaltung der APSA verwaltet.

Wie die Kurie ihren Dienstbetrieb finanziert

Anders als die Staaten der Welt erhebt der Papst keine Steuern. Die Mittel, die er für den Unterhalt der Kurie, für sein Gesandtschaftswesen, für Personal, Dienstbetrieb und Rentenkasse braucht, stützen sich im Wesentlichen auf vier Säulen: Erträge seiner Finanzanlagen, Mieteinnahmen seiner Immobilien, Spenden und sonstige Zuwendungen. Diese Posten hängen von so unkalkulierbaren Faktoren wie der Konjunktur der Weltwirtschaft und der Spendenbereitschaft der Gläubigen ab. Und das erschwert alle Planungen. Hinzu kommen geringe Einnahmen aus Lizenz- oder aus Universitätsgebühren oder dem Ticketverkauf für die Katakomben (nicht der Vatikanischen Museen, die unterstehen dem Vatikanstaat).

Natürlich besitzt der Papst unermessliche Schätze – in Form von Gebäuden und Kunstwerken. Aber den Petersdom kann er nicht verkaufen und die Pietà nicht versteigern. Sie gehören zum Erbe der Menschheit, das jährlich von Millionen Menschen bestaunt wird. Ihr materieller Wert ist unschätzbar, und ihr Erhalt eine teure Pflicht.

Dagegen ist das reale Patrimonium überschaubar. Den Grundstock des Vatikan-Vermögens bildet die Entschädigungssumme von 1929. Mit den Lateran-Verträgen leistete das Königreich Italien dem Papst für den Verlust des Kirchenstaates eine Einmalzahlung von 750 Millionen Lire in bar und einer Milliarde Lire in Staatsanleihen. Die Summe entsprach bei Vertragsunterzeichnung 91,7 Millionen US-Dollar; als der Betrag vier Monate später überwiesen wurde, belief er sich aufgrund der Notierung der Staatspapiere nur noch auf rund 80 Millionen Dollar. Papst Pius XI. nutzte knapp ein Viertel der Mittel, um im neugegründeten „Staat der Vatikanstadt" eine Infrastruktur samt Verwaltungsgebäuden zu schaffen – seine Einrichtungen in der Stadt waren größtenteils an die neuen Herrscher übergegangen. Den Rest legte er breit gestreut in Wertpapieren, Immobilien und Gold an, nach klassischer Strategie etwa zu je einem Drittel. Und zwar vor allem in Italien, aber auch in den USA und im Dollar.

Seine Finanzberater gingen dabei so geschickt vor, dass die Anlagen die Weltwirtschaftskrisen gut überstanden und auch die Zeit des Zweiten Weltkriegs. Insbesondere Bernardino Nogara, von 1929 bis 1956 Chef der „Sonderverwaltung des Heiligen Stuhls", erwies sich als begnadetes Investment-Genie. Freilich unterlag er kaum Einschränkungen oder internen Kontrollen. Er mehrte den Besitz des Papstes durch geschickte An- und Verkäufe von Aktien und Anleihen, baute in Vatikannähe Wohnungen für Mitarbeiter und erwarb Immobilien in Italien und internationalen Metropolen. Nach dem Zweiten Weltkrieg stieg er zudem in fast 60 große Firmen verschiedener Branchen in Italien ein. Vatikanische Beauftragte saßen in Aufsichtsräten von Energieunternehmen, Banken oder Telefongesellschaften.

Spätestens seit dem Zweiten Vatikanum drängte der Heilige Stuhl auf ethische Standards bei seinen Anlagen. Er zog sich aus Investments zurück, die irgendwie mit der Waffenindustrie, mit der Pharmabranche oder dem Filmgeschäft zusammenhingen. Zudem stieß er fast alle Beteiligungen an italienischen Firmen ab. Mit den Umschichtungen und Entflechtungen zwischen 1967 und 1975 soll das Vermögen des Heiligen Stuhls um 10 Prozent geschrumpft sein, errechneten Experten.

Der Auftrag des Konzils bringt den Vatikan in rote Zahlen

Jahrzehntelang reichten die Einkünfte aus Anlagen, Immobilien und Zuwendungen aus, um den Unterhalt und die Arbeit der römischen Kurie zu ermöglichen. Allerdings arbeiteten um das Jahr 1932 in den Behörden insgesamt 205 Personen, 1961 waren es 1.322 (Hartmut Benz, Finanzen und Finanzpolitik des Heiligen Stuhls. 1993). Der Personalstand stieg nach dem Konzil sprunghaft an, als die Kirche viele neue Aufgaben in der Welt und für die Gesellschaft übernahm. Der Papst gründete neue Behörden und stellte neue Mitarbeiter ein, darunter viele Laien. 1990 waren in der Kurie 2.342 Personen tätig, 2010 waren es 2.806 Personen, zuletzt rund 3.000.

So überraschte es nicht, dass der Haushalt des Heiligen Stuhls zunehmend unter Druck und in die roten Zahlen geriet. Zunächst hatte IOR-Chef Marcinkus noch mit Gewinnen aus seinen einträglichen, aber teils riskanten Investments geholfen. Als diese Unterstützung im Sog des Ambrosiana-Skandals und der „freiwilligen" Entschädigungs-Zahlung des Vatikan von rund 240 Millionen Dollar wegbrach und das Budget-Loch größer wurde (1991 87,6 Mio. Dollar), erbat Johannes Paul II. die Hilfe der Weltkirche. Laut Kirchenrecht (CIC 1271) sollen die Bischöfe „nach den Möglichkeiten ihrer Diözese zur Besorgung der Mittel beitragen, die der Apostolische Stuhl entsprechend den Zeitverhältnissen" für seinen ordnungsgemäßen Dienst braucht.

Diese Zeitverhältnisse schienen nun gekommen. Der Solidaritäts-Appell des Papstes fand bei Diözesen und Ordensgemeinschaften Resonanz und trug zur Sanierung seines Haushalts bei. In den Bilanzen standen nun wieder schwarze Zahlen. Die Zuwendungen der Diözesen erbrachten dem Heiligen Stuhl anfangs rund 10 Millionen Dollar und stiegen später (2011) auf 31 Millionen Dollar an. Hauptzahler waren die US-Kirche, Deutschland und Italien. Aber auch afrikanische Bischofskonferenzen leisteten einen Beitrag nach ihren Möglichkeiten. Vor allem die Hilfe aus den USA schrumpfte später infolge des schwachen Dollars, aber auch im Zuge der Missbrauchsskandale, der hohen Eigenverpflichtungen der Diözesen und des Vertrauensverlusts in Kirche und Vatikan.

Weitere Zuwendungen kommen inzwischen wieder von den Gewinnen der Vatikanbank IOR. In den vergangenen 10 Jahren überwies sie dem Papst für die Kurie meist zwischen 30 und 50 Millionen Euro, mit der Pandemie sank der Beitrag zuletzt. Und auch vom Vatikanstaat, dessen Governatorat beträchtliche Einnahmen erzielt und eine eigene Bilanz erstellt, erhält der Heilige Stuhl Zuwendungen, ebenfalls einen zweistelligen Millionenbetrag.

Aber seit Beginn des Jahrtausends reichten die Eingänge erneut nicht mehr aus, um die gestiegenen Ausgaben der Kurie zu decken. Parallel dazu flossen die Informationen über die Vatikan-Bilanzen immer spärlicher. Aus seinem konsolidierten Haushalt 2015 gab der Vatikan nur noch vier Eckdaten bekannt – die für die Kurie ein Minus von 12,4 Millionen Euro nannten. Danach hüllte sich der Vatikan jahrelang komplett in Schweigen – und löste wilde Spekulationen aus.

Die neuen Finanzbehörden müssten sich einarbeiten, der Umbau brauche Zeit, hieß es offiziell. Zugleich sprach ein durchgestoßener Bericht des Wirtschaftsrates 2019 von einem „strukturellen Defizit". Von einem riesigen Haushaltsloch war die Rede. Ein Whistleblower prognostizierte dem Heiligen Stuhl aufgrund angeblicher Geheimunterlagen für 2023 den finanziellen Kollaps.

Neue Transparenz – knappes Budget

Nach vier Jahren Funkstille beendete der Jesuit Guerrero, mit tatkräftiger Unterstützung seines Generalsekretärs Caballero Ledo, einem international erfahrenen Betriebs- und Wirtschaftswissenschafter (und Jugendfreund), die Informations-Sperre. Seit 2019 veröffentlicht das Wirtschaftssekretariat wieder ein konsolidiertes Finanz-Statement für den Heiligen Stuhl. Und anstelle knapper Eckdaten sprudelt nun fast eine Zahlenflut.

2021 folgte zudem auch eine erste Bilanz der Anlagen der APSA. So erfuhr man etwa, dass der Heilige Stuhl in Italien 4.051 Immobilien mit einer Fläche von 1,5 Millionen Quadratmetern besitzt (rund ein Drittel seiner Immobilien). Von ihnen werden 14 Prozent frei vermietet, 8 Prozent zu vergünstigtem Satz von Angestellten und Pensionären bewohnt und 78 Prozent für Schulen, Konvente, Seminare oder Universitäten genutzt. Rund 1.100 weitere Immobilien in England, Frankreich und der Schweiz gehören ebenfalls dem Heiligen Stuhl und werden über vatikaneigene Firmen verwaltet.

Das Defizit der Kurie war dank eines strikteren Sparkurses 2019 auf 11 Millionen geschrumpft (von 75 Millionen Euro im Vorjahr). Ausgaben von 318 Millionen Euro standen Einnahmen von 307 Millionen gegenüber. Ein Etat – niedriger als der vieler amerikanischer Highschools, betont man im Vatikan. Auch der Wirtschaftsplan des Erzbistums Köln ist dreimal höher (rund 944 Millionen Euro für 2022).

Zum ersten Mal machte der Vatikan dabei auch detailliertere Angaben zu seinem Gesamtvermögen (für 2019): 1,4 Milliarden für die Römische Kurie und 3,9 Milliarden für alle Einheiten zusammen, also einschließlich Vatikanstaat (600 Mio.), Vatikanbank IOR (680 Mio.), Pensionsfond und 33 weitere Einheiten (960 Mio.), Fond des „Peterspfennigs" (240 Mio.). Zuvor hatten manche Spekulationen ein Vermögen von 12, ja von 15 Milliarden Euro vermutet, dabei aber die Wertsteigerung der Immobilien anders veranschlagt.

Einbruch durch Corona

Allerdings folgte dann die Corona-Pandemie. Die Touristen blieben aus, die Museen waren zeitweise komplett geschlossen. Die Einnahmen brachen 2020 drastisch ein, zumal der Vatikan klammen Mietern seiner Immobilien die Miete kürzte. In der Bilanz von 2020 standen den Ausgaben von 315 Millionen Euro Einnahmen von nur noch 248 Mio. gegenüber. Guerrero verschärfte nochmals den Sparkurs: Der Reiseetat der Kurie wurde zeitweise gekürzt, Versammlungen und

Konferenzen gestrichen, bis Mitte 2021 sogar die *Ad-limina*-Besuche, nicht dringend notwendige Renovierungen aufgeschoben.

Zudem reduzierte der Papst die Gehälter seiner Mitarbeiter: um 10% bei den Kardinälen, um 8% bei den übrigen Führungskräften und 3% bei den Prälaten und Ordensleuten. Die Laien blieben verschont, müssen aber bis März 2023 auf die altersbezogenen Linear-Anhebungen verzichten. Gegen letztere Verfügung regte sich freilich Widerstand aus Reihen der Betroffenen. Angesichts von Privilegien und großzügigen Zahlungen für auswärtige Experten sei das „zum Nachteil der ehrlichen Arbeiter", klagten sie in einem Brief an den Papst.

Der strikte Sparkurs zeigte Erfolge. 2021 gab die Kurie 42 Mio. Euro weniger aus und nahm zugleich 14 Mio. Euro mehr ein. Das Defizit der konsolidierten Jahresbilanz verringerte sich für die 60 Kurieneinheiten von 67 Mio. Euro auf gerade 10 Mio. Euro. Präfekt Guerrero äußerte sich erleichtert, sprach von vielen Schritten in die richtige Richtung, zu Transparenz und Nachhaltigkeit. Die Entwicklung sei besser als erwartet, aber die nächsten Jahre blieben für den Heiligen Stuhl unsicher. Er müsse weiter sparen und auch weiterhin Rücklagen einsetzen. In den letzten Jahren musste er bereits konstant 20 bis 25 Mio. Euro aus der Substanz für die Arbeit der Kurie beisteuern.

Was die Kurie kostet

Ausgaben ...

44 Prozent der Kurien-Ausgaben (272 Mio. Euro) gingen laut Finanz-Statement des Wirtschaftssekretariats 2021 in die Personalkosten, ebenfalls eine knappe Hälfte in Verwaltung- und allgemeine Ausgaben. Der Rest waren Spenden des Papstes für karitative Aufgaben oder Steuern an den italienischen Staat (17,9 Mio. Euro), etwa für Immobilien in Rom oder Körperschaftssteuern.

Aufgeschlüsselt nach Sachbereichen: Mit Abstand größter Ausgabenposten war die „Apostolische Mission" des Papstes, waren die 60 Behörden im unmittelbaren kirchlichen Dienst, also Kongregationen, Dikasterien, Räte, Gerichtshöfe, Kommissionen und Akademien. Weit vorne rangierten dabei das Kommunikations-Dikasterium (40 Mio.) und der diplomatische Dienst (35 Mio.). Immerhin unterhält der Papst Beziehungen zu 174 Staaten, die in 128 Botschaften von knapp 300 Diplomaten betreut werden. (Die Kosten für die 228 Auslandsvertretungen der Bundesrepublik Deutschland wurden weltweit für 2020 mit 1,44 Milliarden Euro veranschlagt.) Es folgten die Behörden für die Evangelisierung und für die Ostkirchen (20 bzw. 13 Mio. Euro). Die meisten Kurienbehörden hatten unterdessen ein Jahresbudget zwischen 1 und 3 Millionen Euro: für die Glaubenskongregation waren es 3 Mio., für die für Heiligsprechungen 2 Mio., für den Ökumene-Rat 1,5 Mio.

... und Einnahmen

Auf der Habenseite (262,1 Mio. Euro) standen im Jahresbericht 2021 ganz oben die Erträge aus selbsterwirtschafteten Einnahmen (162,2 Mio.): aus der Immobilienverwaltung (80,1 Mio. Euro), aus Finanzanlagen (44,5 Mio.) oder aus Service-Leistungen, etwa vom Vatikanverlag, der Druckerei oder aus Universitäts- und Lizenzgebühren.

An Spenden flossen 61,8 Mio. Euro in die Bilanz ein. Dabei war zuletzt der Beitrag, den die Diözesen der Weltkirche dem Papst zuleiten, um 2 Mio. auf 20,8 Mio. Euro zurückgegangen, während die „weiteren Spenden" auf 41 Millionen anstiegen.

Niedriger als in den Vorjahren waren 2021 die Zuwendungen anderer Vatikan-Bereiche: das Governatorat des Vatikanstaats überwies 15 Mio. Euro wie im Vorjahr, aber der Beitrag der Vatikanbank IOR ging von 32,8 auf 22,1 zurück, während die *„Fabbrica"* 1 Mio. Euro von den Eintrittskarten der Nekropole unter dem Petersdom beisteuerte.

Guerrero hat nicht nur mehr Ordnung und Transparenz in die Bilanzen der Römischen Kurie gebracht. Seit Juli 2022 hat er den Haushalt des Heiligen Stuhls zudem auf eine breitere Basis gestellt. Neben den rund 60 Kurieneinrichtungen im Apostolischen Dienst hat er noch 32 weitere Rechnungsposten einbezogen. Dazu gehören etwa das vatikanische Kinderkrankenhaus *Bambin'-Gesu* in Rom und die Stiftung „Casa Sollievo della Sofferenza" mit dem vom Heiligen Pater Pio im süditalienischen San Giovanni Rotondo gegründeten hochmodernen Krankenhaus. Damit wuchs die Bilanzsumme von 2,2 Mrd. Euro 2020 auf 3,9 Mrd. in 2021. Die Einnahmen stiegen nun von 248 Mio. Euro auf 1,093 Mrd. und die Kosten/Ausgaben von von 315 Mio. Euro auf 1,096 Mrd. Euro. Das Gesamtdefizit betrug jetzt nur noch 3 Mio. Euro, während es für die bisherigen 60 Kurieneinrichtungen bei 10 Millionen gestanden hätte.

„Die neuen Einheiten, die in den Haushalt aufgenommen wurden, haben es uns ermöglicht, alle vom Heiligen Stuhl eingegangenen Verpflichtungen zu erfassen und bieten eine realistischere Bilanz, indem sie alle Aktiva und Passiva einbeziehen", betonte Guerrero.

Ausschreibung statt Handschlag

Mehr Transparenz und eine Kostensenkung erwartet der Vatikan auch durch neue Normen (von 2020) für Auftragsvergaben. Hier herrschte lange Zeit eine Grauzone von Mauschelei und Vetternwirtschaft, illegalen Wettbewerbsvereinbarungen und Verschwendung mit Schäden in Millionenhöhe. Für Warenlieferungen, Arbeiten an Bauten und Anlagen oder sonstige Dienstleistungen müssen künftig immer (eigentlich eine Selbstverständlichkeit) mehrere Angebote eingeholt werden. Zudem darf der Zuschlag nur noch an „seriöse" Firmen gehen, die mit der Justiz im Reinen sind und brav Steuern und Sozialabgaben abführen.

Diese Transparenz verlangt freilich einen höheren Verwaltungsaufwand und mehr Bürokratie. Angebote müssen ausgeschrieben, gesichtet, von Experten beraten und unter Einhaltung von Dienstwegen bewilligt werden. Das ist aufwändiger als die interne Absprache oder der Handschlag unter *„amici"*.

Auch seinen Führungskräften erlegte der Papst strengere Normen auf. Behördenchefs, Vizeleiter und höhere Kontrolleure dürfen kein Geld in Steueroasen angelegen oder in ethisch fragwürdige Projekte investieren, verfügte er in einem Erlass (29.4.2021) mit dem Titel „Die Treue in kleinen Dingen". Zudem ist ihnen untersagt, Geschenke oder andere Vorteile im Wert von mehr als 40 Euro anzunehmen. Wer dazu falsche Erklärungen abgibt, kann entlassen werden.

Nachbesserungen erwartet der Papst auch im vatikanischen Immobiliensektor, der immer wieder durch merkwürdige Fehlbelegungen in die Schlagzeilen gerät. Politiker, Freunde von Vatikan-Bediensteten oder Freunde von Freunden beziehen mitunter Vatikan-Wohnungen in Toplagen zu Spottpreisen. Währenddessen muss mancher Berechtigte lange auf eine günstige Vatikan-Wohnung warten.

Allerdings ist der Vatikan kein Wirtschaftsunternehmen. Seine Bilanz sei weniger eine Firmenbilanz denn eine Missionsbilanz. Jede Behörde leiste einen Dienst – und jeder Dienst verursache Kosten, und nicht unbedingt Einnahmen, so Präfekt Guerrero. Aber das Aufhäufen von irdischen Schätzen ist für die Kirche ohnehin nicht Ziel und Selbstzweck, hob er hervor. „Die Wirtschaft ist dazu da, dass der Heilige Stuhl seine Arbeit leisten kann – sie darf nicht seine Glaubwürdigkeit beeinträchtigen."

Das unterstrich bereits Papst Franziskus in seinem Erlass „*I beni temporali*" von 2016, mit dem er die Vermögensangelegenheiten des Vatikan neu geordnet hatte: „Die weltlichen Güter, die die Kirche besitzt, sind dazu bestimmt, ihren Zielen zu dienen, und das sind: der Gottesdienst, ein angemessener Unterhalt des Klerus und karitative Werke, vor allem die Unterstützung von Armen."

SCV – Staat der Vatikanstadt

Physische und territoriale Basis des Heiligen Stuhls

Nach der Unterzeichnung der Lateran-Verträge 1929 setzte rund um den Petersdom ein Bauboom ein. Die Vereinbarungen hatten die seit 1870 offene „Römische Frage" zwischen Italien und dem Heiligen Stuhl geklärt. Der souveräne *„Stato della Città del Vaticano"* (SCV) wurde gegründet und brauchte seine eigene neue Infrastruktur.

Der 44 Hektar kleine „Staat der Vatikanstadt", zu dem auch einige extraterritoriale Liegenschaften in Rom und der Sommersitz Castelgandolfo gehören (insgesamt eine Fläche von 1,73 qkm), sollte nicht den untergegangenen Kirchenstaat im Kleinformat wiederaufleben lassen. Vielmehr soll er dem Papst die „Gewähr für die völlige Unabhängigkeit bei der Erfüllung seiner hohen Aufgabe in der Welt" bieten, heißt es in den Verträgen.

Plastischer formulierte es der langjährige „Vatikan"-Vertreter bei der UNO, Kardinal Martino: Das 1929 definierte Staatsgebilde sei nur die „physische oder territoriale Basis für den Heiligen Stuhl, gleichsam ein Podest, auf dem eine viel größere, eine unabhängige und souveräne Macht aufbaut: die katholische Kirche". Der Stadtstaat sei eine juristische Notwendigkeit, damit „die Päpste ihre Sendung in voller Freiheit ausüben und mit jedem möglichen Gesprächspartner [...] verhandeln können", sagte Johannes Paul II. 1979 vor der UN in New York.

Nach der weitgehend unblutigen Eroberung Roms am 20. September 1870 durch die Truppen des vereinten Königreichs Italien hatten sich die Päpste verbittert als Gefangene in den Vatikan zurückgezogen. 59 Jahre lang lehnten sie alle Garantiezusagen der neuen Machthaber ab. Die nach mühsamen Verhandlungen erzielte Einigung von 1929 bestand aus drei Elementen:

- einem **Staatsvertrag**, der dem Heiligen Stuhl als höchster Institution der katholischen Kirche „die absolute und sichtbare Unabhängigkeit" und Souveränität im internationalen Bereich garantierte, und der den Vatikanstaat als dessen Besitz schuf. Im Gegenzug er-

kannte der Papst das Königreich Italien unter dem Haus Savoyen mit Rom als Hauptstadt an;
- einem **Konkordat** mit Italien zur Regelung der Staat-Kirche-Beziehungen; es wurde 1984 revidiert;
- einem **Finanzabkommen**: Der Heilige Stuhl nahm 750 Millionen Lire in bar und eine Milliarde in Staatstiteln als Entschädigung für den Verlust des Kirchenstaates an. Nach damaligem Wert rund 91,7 Millionen US-Dollar.

Kaum waren die Verträge unterzeichnet, begann Pius XI. mit dem Bau der notwendigen Einrichtungen für die neue Staatlichkeit. Seine alten Strukturen in der Stadt Rom konnte er größtenteils nicht mehr nutzen. Im Quirinals-Palast etwa, dem päpstlichen Amtssitz diesseits des Tibers, residierte König Viktor Emanuel III.

Gemeinsam mit dem Turiner Stararchitekten Giuseppe Momo schuf der Papst im Schatten des Petersdoms einen neuen Staatsverwaltungs-Sitz, das Governatorats-Gebäude. Dann einen Bahnhof, neue Büro- und Geschäftsgebäude für den alltäglichen Bedarf des auf Autonomie bedachten Kleinstaats. Dafür ließ Pius XI. ganze Häuserzeilen hinter dem Petersdom abreißen. Errichtet wurden das Gerichtsgebäude, ein Postamt, das Sankt-Anna-Portal und – als Momos architektonisches Meisterwerk – ein neuer Eingangsbereich der Vatikan-Museen mit der gewundenen Doppelrampe.

Vatikan: Heiliger Stuhl und SCV

Der Papst ist Oberhaupt des Vatikanstaats (SCV) und des Heiligen Stuhls, sprich: der römischen Kirchenleitung. Umgangssprachlich werden beide Institutionen als „Vatikan" bezeichnet, aber nicht ganz präzise. Denn der deutsche oder der französische „Vatikan"-Botschafter ist keinesfalls beim Kleinstaat um St. Peter akkreditiert, sondern beim seit vielen Jahrhunderten souveränen „Heiligen Stuhl" (oder Apostolischen Stuhl): Beim Papst als Oberhaupt der katholischen Weltkirche, und der in seinem Auftrag handelnden Kurie.

Auch bei den UN und anderen internationalen Organisationen firmiert als Vertragspartner *„Saint-Siège"* oder *„Holy See"*. Das Handbuch der Vereinten Nationen weist in einer Fußnote eigens darauf hin, dass nur im Zusammenhang mit der Internationalen Telekommunikations-Union und der Post-Union der Begriff „Vatikanstaat" gilt, in allen anderen Fällen „Heiliger Stuhl". Weitere Ausnahmen sind die Satelliten-Organisationen INTELSAT und EUTELSAT oder einige Institutionen für geistiges Eigentum.

Die Leitung der katholischen Weltkirche nimmt der Papst mit Unterstützung der Römischen Kurie wahr, mit 16 Dikasterien, 3 kirchlichen Gerichtshöfen, 6 Wirtschaftlichen Organen, 3 Ämtern und einem knappen Dutzend weiterer Einrichtungen. Mit Hilfe von rund 3.000 Mitarbeitern und Mitarbeiterinnen, davon 40 Prozent Geistlichen, eint, begleitet und leitet er die katholische Weltkirche. Und dank seines aktiven und passiven Gesandtschaftsrechts unterhält er diplomatische Kontakte zu zuletzt 174 Staaten und 17 internationalen Organisationen.

Für die Leitung des Vatikanstaats SCV – eine absolute Monarchie, in der dem Papst die volle Legislative, Exekutive und Gerichtsbarkeit zukommt – sind zuständig: eine Kardinalskommission unter einem Präsidenten (seit 2021 der Spanier Vergez Alzaga), das von diesem geleitete Governatorat, und ein eigenes Justizsystem. Der Kleinstaat beschäftigt rund 2.000 Mitarbeiter und Angestellte, die meisten sind Laien, darunter 350 Frauen, und nur 50 Geistliche. Vize-Regierungschefin und Generalsekretärin des Governatorats ist seit Ende 2021 eine Ordensfrau, die italienische Sozialwissenschaftlerin Raffaella Petrini. Kurie und Governatorat sind organisatorisch voneinander getrennt, was der Klarheit dient, Reformen aber nicht immer erleichtert.

Governatorat – Direktionen und Zentralämter

Das Governatorat hat Aufgaben, Funktionen und Kompetenzen einer Staatsverwaltung wie auch eines Bürgermeisteramtes – und ist doch etwas ganz anderes. Ziel und Zweck ist nicht das Wohl von Staatsbürgern. Vielmehr handelt es sich um „eine exekutive Struktur, die dem Papst seinen Dienst ermöglicht", und ihm seine „absolute, sichtbare Unabhängigkeit garantiert", stellt man in der Behörde klar.

Diesen Dienst hat Papst Franziskus im Rahmen seiner Reformen durch ein neues Gesetz zur Leitung des Vatikanstaats (zum 7. Juni

2019) verschlankt, vereinfacht und rationalisiert. Als Kriterien nannte er dabei Funktionalität, Wirtschaftlichkeit, höhere Transparenz, Kohärenz und organisatorische Flexibilität.

Das Governatorat leistet und koordiniert seine Arbeit seither in sieben Direktionen für größere Aufgabenbereiche und in zwei Zentralämtern für Spezialdienste. Amtssitz ist der von Momo errichtete Palazzo genau hinter der Apsis der Peterskirche. Wer auf die Kuppel der Basilika steigt, sieht Richtung Westen das cremefarbene Gebäude am Rand der Vatikanischen Gärten, und direkt davor – aus tausenden Blumen und kleinen Büschen – das riesige Wappen des amtierenden Papstes.

Nach dem Wunsch der Gründerväter – Unterzeichner der Lateran-Verträge waren Kardinalstaatssekretär Pietro Gasparri und Ministerpräsident Benito Mussolini – sollte der Stadtstaat alle Einrichtungen, Attribute, Symbole und Rechte haben, die ein unabhängiger Staat braucht, und über sie frei verfügen. Bis hin zu einer eigenen Flagge (gelb/weiß mit der Päpstlichen Tiara und gekreuzten Schlüsseln), einer Hymne (Päpstlicher Marsch von Charles Gounod) und einem eigenen Kfz-Kennzeichen (SCV für Dienstfahrzeuge, CV für Privatautos, V als Länderkennzeichen).

Der Staat wurde im Vertrag als „neutrales und unverletzliches Gebiet" anerkannt, und er bekam ein eigenes Postwesen, ein Telefonnetz, das Recht auf Münzprägung und freien Warenverkehr. Er hat eine eigene Justiz und Sicherheitskräfte. Er bekam Verkehrsanbindung für Schiene, Straße und Luft garantiert. Ausdrücklich sicherte Italien vertraglich eine ausreichende Wasserversorgung zu – ohne jedoch die Abwasserentsorgung zu thematisieren.

Der Vatikanstaat braucht und nutzt all diese Elemente: Unmittelbar für den Dienst des Papstes als Leiters der Weltkirche. Dann für die 618 vatikanischen Staatsbürger und die etwa 450 Bewohner des Kleinstaates (2019). Weiter für die rund 5.000 Mitarbeiter, die den Papst bei seinem Dienst in Kurie und SCV unterstützen – und von manchen Aspekten dieser Staatlichkeit profitieren. Und schließlich für die jährlich rund 20 Millionen Besucher, die Teile des Staatsgeländes (ggf. nach Sicherheitscheck) frei betreten können: Petersplatz, Petersdom, Vatikan-Museen.

Sieben Direktionen
Immer wieder wird gelästert, dass der Vatikanstaat – gemessen an Fläche und Einwohnerzahl – die größte Polizei- und Militärdichte der Welt aufweist, und auch die höchste Kriminalitätsrate. Für die Sicherheit auf dem Staatsgebiet, für die Aufrechterhaltung der öffentlichen Ordnung, die Verbrechensbekämpfung sowie den Zivilschutz ist die „Direktion der Sicherheits- und Zivilschutzdienste" zuständig. Sie rekrutiert sich aus einem aus Italienern bestehenden Gendarmeriekorps und einem Feuerwehrkorps. Die Gendarmerie ist auch für die Sicherheit des Papstes zuständig – zusammen mit der Schweizergarde, die direkt dem Staatssekretariat untersteht und als unmittelbare Leibwache des Papstes gilt. Traditionell rivalisierend, treten beide Corps zuletzt außerhalb des Vatikans gemeinsam als *„sicurezza vaticana"* (vatikanische Sicherheitskräfte) auf.

Die Gendarmerie ist Grenz-, Justiz- und Finanzpolizei in einem. Ihr Aufgabenfeld reicht vom Taschendiebstahl und Trickbetrug bis zu Cyber-Kriminalität, illegalen Finanzaktionen, Terrorprävention, Geheimnisverrat und Bombenalarm. Dazu steht sie in ständigem Austausch mit ausländischen Geheimdiensten, 2008 trat sie Interpol bei. Das macht Sinn; denn der Vatikan gilt mit seinen Pilgermassen als mögliches weiches Anschlagsziel besonders zu christlichen Hochfesten. Als kriminalistische Sternstunde verbucht die Gendarmerie die Mithilfe bei der Aufdeckung des ersten Vatileaks-Skandals mit der Enttarnung eines päpstlichen Kammerdieners als Dokumentendieb (2012).

Die Gendarmerie brachte laut Gerichtsbericht im Jahr 2020 86 Taschendiebe zur Anzeige; Opfer waren meist Besucher des Petersdoms oder der Museen. 75 Personen wurden festgenommen und der italienischen Polizei überstellt. Zur Kriminalstatistik gehören aber auch 161 Strafzettel wegen Falschparkens oder Geschwindigkeitsüberschreitung. Im Bereich des SCV (mit 30 Straßen und 21 Plätzen) gilt Tempo 30. Im Lateran gab es 2014 einen Bombenalarm. Und mehrmals musste die „Anti-Sabotage-Abteilung" wegen verdächtiger Gepäckstücke ausrücken. Sie und die Männer der „schnellen Eingreiftruppe" mit ihrer besonderen Bewaffnung und den schwarzen Sturmhauben sind immer der Blickfang bei der Parade am Korps-Fest St. Michael Ende September. Beide Gruppen absolvieren ein regelmäßiges Spezialtraining.

Experten zufolge hatte die Gendarmerie ihren Sicherheits- und Wachdienst nach innen und außen deutlich professionalisiert, seit 2006 der frühere italienische Finanzpolizist und promovierte Pädagoge Domenico Giani die Leitung übernahm. Mit einem dichten Netz von Zugangskontrollen, Kameras, Streifenposten und chipkodierten Ausweiskarten erreicht die Gendarmerie eine flächendeckende Überwachung des Staatsgebiets. Im *Centro Operativo di Sicurezza*, dem Lagezentrum für Sicherheit, laufen die Fäden zusammen. Die Gendarmerie stellt Passierscheine für den inneren Bereich des Staatsgeländes aus (mehrere Hunderttausend im Jahr) und sorgt dafür, dass kein Gast auf dem Weg zu seiner Zielperson auf Abwege gerät oder sich in den vatikanischen Gärten verläuft. Allerdings wirkt das Auftreten mancher Gendarmen auf Besucher aus dem Norden gewöhnungsbedürftig.

Freilich stoßen alle Sicherheitsvorkehrungen auch an Grenzen. Hin und wieder versuchen übereifrige Fans die Barrieren zu überspringen, wenn der Papst vorbeikommt. In der Weihnachtsmette 2009 riss eine überspannte Schweizerin im Petersdom Benedikt XVI. nieder und verletzte einen Kurienkardinal – bevor sie eingefangen wurde.

Aber auch Giani, der bei Befragungen oder Platzverweisen selbst für hochrangige Vatikanmitarbeiter nicht immer zimperlich vorgegangen sein soll, stolperte im Oktober 2019 über die „Steckbriefe-Affäre". Eine von ihm unterzeichnete interne Liste mit Namen und Fotos von fünf möglichen Verdächtigen einer Finanzaffäre wurde von einer italienischen Zeitschrift publiziert. Der Kommandant musste den Hut nehmen. Nachfolger wurde sein Stellvertreter Gianluca Gauzzi Broccoletti.

Zur Sicherheits-Direktion gehört auch das Feuerwehrkorps. Bei ihm gehen pro Jahr rund 500 Notrufe ein: wegen Brand, Überschwemmung, verschlossener Tür oder Gaslecks. Im Herbst 2019 mussten die Feuerwehrleute den Papst auf dem Weg zum sonntäglichen Angelus-Gebet nach einem Spannungsabfall aus einem blockierten Aufzug befreien – er saß 25 Minuten fest.

Einen guten Ruf genießt das Gesundheitswesen des Vatikanstaats. In Räumen nahe dem Supermarkt Anona bieten Ärzte und Zahnärzte sowie Spezialisten unterschiedlicher Sparten Sprechstunden und Behandlungstermine für Mitarbeiter und deren engere Familienmitglieder an. Nach letzten Angaben führten sie rund 80.000 Untersuchungen durch. Zudem nahm das Zentrum rund 250.000 Laboranalysen vor, Blutuntersuchungen aber auch EKGs. Kompliziertere Fälle werden an italienische Vertragsärzte und Kliniken überwiesen.

Weiter kümmert sich die „**Direktion für Gesundheit und Hygiene**" um Sanitätsinspektionen im Staatsbereich, kontrolliert Lebensmittel und Getränke in den Kantinen, nimmt chemische und mikrobiologische Wasseruntersuchungen vor. In der Corona-Krise zog sie Anfang 2021 sehr rasch die Impfung für die 5.000 Vatikan-Angestellten durch. Aber sie impfte auch Diplomaten und über 1.500 in Vatikannähe lebende Obdachlose.

Der Vatikan unterhält eine Erste-Hilfe-Bereitschaft für die Teilnehmer von öffentlichen Veranstaltungen des Papstes auf dem Petersplatz. Gerade in den heißen Monaten haben die Helfer gut zu tun. Zur Direktion gehört auch die gut sortierte Vatikan-Apotheke, mit rund 2.000 Besuchern am Tag. Sie steht unter Leitung der „Barmherzigen Brüder" und ist technisch und administrativ autonom. In den 2020 modernisierten Geschäftsräumen nahe dem Anna-Tor können die Mitarbeiter des Papstes mitunter Medikamente kaufen, die in Italien noch nicht zugelassen sind. Zutritt erhalten auch Römer, die ein ärztliches Rezept vorweisen.

Die mit Abstand größte Staatseinrichtung ist die „**Direktion der Museen und der Kulturgüter**". Hier arbeiten Wächter, Kontroll- und Aufsichtspersonal, Reinigungskräfte und Verkäufer der Museumsshops neben Kunsthistorikern, Restauratoren und Kuratoren. Dirigiert werden sie von einer mächtigen Verwaltung. An der Spitze der Direktion steht seit 2016 eine Frau, Barbara Jatta, die aus dem Mittelbau der Vatikan-Bibliothek überraschend in diese Führungsposition aufstieg.

Die weltberühmte Kunstsammlung – im Museums-Ranking landet sie auf Platz drei und spielt in einer Liga mit Louvre, British Museum oder Met – unterhält wissenschaftliche Forschungseinrichtungen und eigene Restaurierungs-Werkstätten. Neben bekanntesten Exponaten der klassischen Antike finden sich hier eine ägyptische und eine etruskische Abteilung, eine einzigartige Pinakothek, Sammlungen für frühchristliche wie für moderne Kunst, und das Missionarisch-Ethnologische Museum.

Ihre größte Attraktion bildet jedoch die Einbeziehung von Teilen des Apostolischen Palastes mit Nikolinischer Kapelle, Borgia-Appartement, Stanzen des Raffael und – als Höhepunkt – Sixtinischer Kapelle. In diesem Sakralraum treten bis heute die Kardinäle zur Papstwahl zusammen. Zum Heiligen Jahr 2000 war die Sixtina mit Michelangelos „Schöpfung" und „Jüngstem Gericht" gründlich vom Schmutz und Kerzenruß gereinigt worden – mit Unterstützung eines japanischen Sponsors. Seither versuchen die Verantwortlichen mit ausgeklügelten Klimaanlagen, Luftfiltern, Teppichen und einem ständigen Überdruck Staub fernzuhalten und Dunst aufzufangen, um die leuchtenden Farben möglichst lange zu erhalten.

Allerdings haben die Museen bislang kein klares Besuchskonzept entwickelt, erst recht nicht für die Sixtina. Die Besucherzahlen steigen kontinuierlich, haben die Sechs-Millionen-Marke überschritten (die unter Corona radikal einbrach). Praktisch alle wollen zur Sixtina, die auch das Ziel der vier ausgeschilderten Rundgänge ist, mitunter 32.000 am Tag. Nicht wenige Besucher sind dann aber ernüchtert bis enttäuscht, weil sie praktisch durch den Sakralraum geschoben werden, ständig und vergeblich von Wärtern und Lautsprecherdurchsagen um Ruhe gebeten. Aber einen Numerus clausus lehnt der Papst ab. Ob eine Verlängerung der Öffnungszeiten für Entspannung sorgen könnte, sei dahingestellt.

Freilich spült der Besucherandrang Geld in die Vatikan-Kassen – und freut die Museums-Verwaltung wie den Governatorats-Chef. Die Kunstsammlung ist die größte Einnahmequelle des Kleinstaates. Das Ticket kostet (derzeit) 17 Euro, ermäßigt 8 Euro. Zudem sorgen die Museumsshops mit Reiseführern in vielen Sprachen, Bildbänden und Postern, mit anspruchsvollen Reproduktionen und billigen Souvenirs für guten Umsatz. Diskussionen und Befremden löste unterdessen die Vermietung der Sixtina oder anderer Räumlichkeiten an zahlungskräftige Gruppen aus, etwa für Sonder-Events von noblen Automarken.

Seit 2019 ist diese Direktion auch für den neuen Museumsbetrieb in der Papst-Residenz Castel Gandolfo außerhalb Roms zuständig, die Franziskus nicht nutzt und teilweise der Öffentlichkeit zugänglich gemacht hat. Um die Wartung der Gebäude und Anlagen kümmert sich aber eine eigene **„Direktion der Päpstlichen Villen"**. Sie sorgt auch für den Verkauf der landwirtschaftlichen Produkte des dortigen Bauernhofs.

Die „Direktion für Infrastruktur und Dienste" befasst sich mit der Planung und Durchführung handwerklicher und technischer Arbeiten in den vatikanischen Gebäuden, kümmert sich um Instandhaltung, Wartung und Unterhalt. Sie wird bei defekter Heizung im Kurienbüro ebenso wie beim Wasserschaden in den Museen gerufen. Ihr obliegt das Kataster, ihr unterstehen Werkstätten, Installationsdienste, Laboratorien, Magazine, der Baudienst, Planungsbüros. Sie wartet und kontrolliert sämtliche Wasser-, Elektro-, Heizungs- und Klimaanlagen im Vatikanstaat und den extraterritorialen Gebäuden. Zur Energieversorgung tragen inzwischen auch Solarpanele etwa auf der Audienzhalle und der Mensa bei. Zum Aufgabenprofil der Direktion gehören auch Umweltschutz und Ökologie. Diese Direktion ist im Übrigen die einzige mit einem Geistlichen an der Spitze, einem spanischen Opus-Dei-Priester, der neben einem Theologiestudium auch einen Abschluss in Physik hat.

Zudem fallen Müllabfuhr und Abfallentsorgung sowie die Straßen- und Platzreinigung in ihre Kompetenz. Jeden Abend nach Schließung des Petersplatzes schaffen Müllfahrzeuge und Reinigungsteams den Abfall des Tages weg und säubern den Boden von Papier und Plastikflaschen, von Zigarettenkippen und Trinkbechern.

Dann untersteht der Infrastruktur-Direktion auch die *Floreria*. Sie gestaltet im Vatikan und in Rom die Räume und Plätze, an denen der Papst Zeremonien feiert und Audienzen hält – vom Podium bis zum Blumenschmuck. Weiter kümmert sie sich um die Ausstattung der Wohnräume des Heiligen Vaters, der Vatikan-Kardinäle und -Prälaten wie auch der Amtsräume. Schließlich sorgt sie für die Aufbewahrung und Restaurierung des Inventars, von Möbeln, Bildern, Teppichen. Der frühere Medien-Kardinal John Foley war stolz auf seinen Schreibtisch, an dem schon Papst Pius XII. gearbeitet hatte.

Die **Wirtschafts-Direktion** betreut die Staatsbuchhaltung sowie die wirtschaftlichen Aktivitäten des Kleinstaates, mit denen dieser meist einen guten Überschuss erzielt. Ihr obliegt der An- und Verkauf von Waren im Rahmen des staatlichen Wirtschaftsmonopols. Ihr Warendurchfuhrdienst besorgt, ähnlich einer staatlichen Zollverwaltung, die Güterein- und -ausfuhr für den Vatikan.

Von der Zollfreiheit im Reich des Papstes profitieren auch gerne seine Mitarbeiter – als gewisse Entschädigung für das teilweise niedrigere Gehalts- und Lohnniveau. An mehreren Punkten im Staatsgelände werden Lebensmittel, Textilien, Haushalts- und Technikgeräte verkauft – steuerfrei. Ab Neujahr 2018 hat Papst Franziskus den Verkauf von Zigaretten komplett untersagt, die früher stangenweise über die Theke gingen. Zigarren sind aber weiterhin im Sortiment, der Verkauf von Alkohol wurde reduziert. In der Anona nahe dem Anna-Tor gibt es vor allem frische Lebensmittel, Öl, Fleisch, Gemüse, mitunter auch vom eigenen Bauernhof in Castel Gandolfo. Die Verkaufsmengen legen nahe, dass Vatikanangestellte nicht nur den eigenen Haushalt, sondern auch die Großfamilie versorgen.

In früheren Zeiten wurde der Gütertransport für den Vatikan weitgehend über die Schiene und den Bahnhof abgewickelt. Heute öffnet sich das schwere Eisentor zum italienischen Schienennetz aber nur noch sehr selten für Güterwaggons, der Warenverkehr erfolgt weitgehend über die Straße. Nur samstags startet hier ein Touristenzug zum Besuch des Papst-Palastes von Castel Gandolfo.

Im Bahnhofsgebäude selbst ist heute eine Art Boutique eingerichtet. Hier gibt es Markenwaren von Armani bis Zegna, aber auch Computer, Kameras, Handys. Allerdings sind die Preise nicht mehr konkurrenzlos günstig. Bei Sonderangeboten oder Rabattaktionen sind die Produkte in Italien mitunter billiger. Interessant ist dagegen das preisgünstige Tanken für Vatikan-Bedienstete. An den drei vatikanischen Tankstellen ist der Spritpreis um gut 20 Prozent niedriger als im Ausland.

Dann kümmert sich die Wirtschafts-Direktion um die Vermarktung der Briefmarken sowie der Vatikanmünzen. Sie unterhält den Kontakt zu Sammlern in aller Welt, sorgt für Bestellungen und Verkauf. Allerdings ist das Geschäft mit den Briefmarken wie der gesamte vatikanische Postverkehr – der lange als zuverlässiger galt als der italienische – im Zuge der Veränderungen im internationalen Beförderungswesen etwas zurückgegangen.

Unverändert begehrt sind weiterhin die Münzen des Vatikans. Jedes Jahr im Frühjahr bilden sich lange Schlangen an den Ausgabeschaltern, wenn der neue Vatikan-Euro herauskommt. Bestehend aus den acht Münzen in einer Plastikschatulle zeigten sie bislang auf der Rückseite (verschiedene) Porträts des amtierenden Papstes. Neuerdings findet sich dort nur noch das Wappen von Franziskus. Der Verkauf der Münzsätze (die jährlich neu auszuhandelnde Auflage betrug zuletzt

60.000) zum Preis von 39 Euro (Nennwert 3,88 Euro) bringt einen Millionenbetrag in die Staatskasse.

Zuletzt verlangten die EU-Behörden, dass ein bestimmter Anteil der Papst-Münzen in den freien Umlauf geht. Und so bekommt man im vatikanischen Postamt oder dem Bookshop oft eine 50-Cent-Münze mit dem Papst-Konterfei als Wechselgeld heraus.

Der Wirtschafts-Direktion untersteht auch der vatikanische Fuhrpark. Dazu gehören rund 100 Fahrzeuge. Bei Neuanschaffungen kommen besonders Autos unterer Typenklassen und verstärkt Elektrofahrzeuge hinzu. Die großzylindrigen Limousinen früherer Jahrzehnte, die bei römischen Stadtbesuchen des Papstes das Kennzeichen SCV-1 führten, sind weitgehend eingemottet.

Franziskus nutzt seit seinem Amtsantritt in der Regel Kompaktwagen, etwa der Focus-Klasse, zuletzt häufig einen Fiat-500L. Auch bei Auslandsreisen legt er Wert auf ein kleines Fahrzeug. Was mitunter kurios wirkt, wenn dieses in einen langen Konvoi von Nobelkarossen für die Begleitung und Sicherheit eingekeilt ist. Allerdings musste er im Irak in gepanzerte Groß-Limousinen bekannter Edelmarken einsteigen – aus Sicherheitsgründen. Freilich setzt der Vatikan für Dienstfahrten weiterhin auch seine dunkelblauen Mittelklassewagen (der Passat-Klasse) ein, etwa wenn er Kardinäle zu Staatsterminen, zu Botschaftsempfängen oder zum Flughafen bringt.

Die „Direktion für die Telekommunikation und Informatiksysteme" ist für das Telefonnetz mit seiner Infrastruktur und für alle Leitungen im Staat und seinen extraterritorialen Gebieten zuständig. Über das Netz mit rund 5.000 Festanschlüssen liefen nach letzten Angaben knapp 2,6 Millionen Anrufe innerhalb des Vatikans, rund 800.000 Gespräche nach Rom und 900.000 außerstädtische und internationale Anrufe sowie Mobilfunkverbindungen.

Weiter fallen in diese Direktion auch die Zuständigkeit für die Post mit ihren Diensten und Produkten, darunter die Konzeption der begehrten Sonderbriefmarken (die Vermarktung ist Sache der Wirtschafts-Direktion). Pro Jahr gibt die Vatikanpost etwa 20 Sondermarken heraus, teils in Serien, mitunter in internationaler Kooperation. Dazu gehören jedes Jahr eine neue „Papst-Serie", aber auch Marken zu Gedenktagen: zum 500. Todesjahr des Malers Raffael, zum 250.

Geburtstag von Beethoven, 80 Jahre Vatikanbank IOR, zur Seligsprechung von Johannes Paul I. (4.9.2022), sowie zu 500 Jahre Papstwahl des (für lange Zeit) letzten Nicht-Italieners Hadrian VI. aus Utrecht. Besonders begehrt war 2017 die 1-Euro-Marke „500 Jahre protestantische Reformation", die das Bild über dem „Thesenportal" der Wittenberger Schlosskirche zeigt, mit den vor einem Kreuz knienden Luther und Melanchton.

Zwei Ämter

Das juristische Amt des Governatorats redigiert sämtliche Rechtsbestimmungen, und prüft damit zusammenhängende Fragen und Vorgänge. Ihm angeschlossen sind die Funktionen eines Standes-, Einwohnermelde- und Notariatsamtes. Im Gegensatz zur Zahl der Vatikan-Angestellten ist die der vatikanischen Staatsangehörigen und der Wohnbevölkerung niedrig. 2019 hatten 618 Personen die Staatsbürgerschaft: die rund 70 in Rom lebenden Kardinäle, die bis zu 135 Schweizergardisten (für die Dauer ihrer Dienstzeit) und die etwa 300 Diplomaten des Heiligen Stuhls. Letztere wohnen aber meist nicht auf dem Staatsgebiet, sondern tun Dienst in den 128 Nuntiaturen und Delegationen rund um den Erdball.

Das juristische Amt führt die Geburts-, Ehe- und Sterberegister sowie das Verzeichnis der Staatsbürgerschaften und der Aufenthaltsbewilligungen. Pro Jahr verzeichnet es in der Regel eine Geburt (bei der Schweizergarde) und fünf Todesfälle.

Das **Personalamt des Governatorats** schließlich bearbeitet alle Fragen hinsichtlich seiner rund 2.000 Beschäftigten. Und es kümmert sich auch um Mitarbeiter von Unternehmen außerhalb des Vatikans, die hier Aufgaben ausführen.

Das Personalamt ist auch für Bewerbungen und Neuanstellungen im Vatikanstaat zuständig. Zwar ist die Lohn- und Gehaltsstruktur etwas niedriger als in Italien (nicht im unteren Lohnsegment!), dafür gibt es aber manche Vergünstigungen. Eine Festanstellung beim Papst gilt für Römer als ehrenhaft, als krisensicher – und ist begehrt. Kaum jemand kündigt freiwillig einen solchen Dienst.

In den letzten Jahren bemühte man sich auch hier um strengere Anstellungs-Regeln. In früheren Jahren rückten – nach landesüblicher Manier – häufig Söhne, Nichten oder Freunde von Angestellten auf freiwerdende Stellen nach. Da brachte ein Bediensteter gelegentlich seinen jungen Verwandten mit in den Betrieb oder das Büro, der sich dort – natürlich unentgeltlich – nützlich machte. Wenn der Vater oder Onkel dann in Pension ging, hatte er beste Karten für die Nachfolge.

Nicht auszurotten ist im Vatikan wie in Italien ein anderer Zugangsweg, die *„raccomandazione"*: Ein Empfehlungsschreiben von einem Politiker oder ein Anruf vom Gemeindepfarrer, die sich beim Leiter einer Abteilung für einen jungen Mann oder eine junge Frau als Feuerwehrmann, Gärtner, Museumswächter oder Sekretärin einsetzen. Inzwischen sollen für alle Bewerber die gleichen Spielregeln gelten. Neue oder freiwerdende Stellen sollen mit *„concorsi"*, in Auswahlverfahren besetzt werden. Freilich bleibt weiterhin eine Grauzone.

Tribunal

Dritte Institution – neben Kardinalskommission und Governatorat – ist das von Franziskus im Zuge der Reform deutlich gestärkte Tribunal des Staates der Vatikanstadt. An seiner Spitze steht seit Ende 2019 als Präsident der frühere hochgestellte italienische Staatsanwalt Giuseppe Pignatone, der sich als Mafia-Jäger einen Namen gemacht hatte. Neuerdings wurde auch eine Expertin für Finanz- und Immobilienrecht als Richterin angestellt.

Das SCV-Gericht macht seit einigen Jahren auch international von sich reden: durch den Vatileaks-Prozess 2012 gegen den päpstlichen Kammerherrn und Dokumentendieb; den zweiten Vatileaks-Prozess 2016 gegen zwei Journalisten, eine PR-Agentin und einen vatikanischen Spitzenfunktionär wegen der Weitergabe vertraulicher Unterlagen.

Im ersten großen Finanzdelikt-Verfahren Anfang 2021 wurde schließlich Ex-Vatikanbank-Chef Caloia (81) wegen Korruption und Unterschlagung verurteilt. 2021 schaffte der Papst ein nicht mehr zeitgemäßes Privileg für Kardinäle ab: Bei Prozessen gegen sie ist nicht mehr unmittelbar der (von drei Kardinälen geleitete) Kassationshof zuständig, sondern das Tribunal der Vatikanstadt mit seinen normalen Instanzen. So wurde im Mammutverfahren um die genannte Londoner Skandal-Immobilie auch Kardinal Becciu neben neun weiteren Personen von nicht-geistlichen Richtern vorgeladen.

Bischofssynode

Ort der Kollegialität – aber weder Konzil noch Kirchenparlament

Die Bischofssynode war das erste Thema des Kardinalsrates – auch aus praktischen Gründen: Für Herbst 2015 war die nächste Ordentliche Synode geplant, zum Thema Familienpastoral. Zudem wollte Franziskus an den Beginn seines Reformprojekts das Signal setzen, dass Kollegialität und Synodalität zentrale Elemente seines Amtes und seines Kirchenbildes sind. Er wollte die Synode – die gar nicht Bestandteil der Kurie ist und es auch nicht werden soll – als gewichtiges Element neben der Kurie und dem Konsistorium der Kardinäle stärken, vielleicht auch in einer belebenden Konkurrenz. Allerdings soll die Kurie dem „Generalsekretariat der Synode" – PE 33 spricht nicht von „Bischofssynode" – zu ihrem jeweiligen Zuständigkeitsbereich zuarbeiten.

Franziskus empfand die bisherige Synoden-Gestaltung als zu starr und statisch. Es sei an der Zeit, die Methode zu verändern, sagte er in seinem ersten Interview 2013. Für Nachdruck sollte eine Aufwertung des römischen Synoden-Sekretariats sorgen. Der Generalsekretär – zunächst der Italiener Baldisseri, dann der Malteser Grech – erhielt sofort nach der Ernennung den Kardinalspurpur und trat damit hierarchisch auf die oberste Vatikan-Ebene. Diesen Rang hatten ihre Vorgänger nie oder erst am Ende einer langen Amtszeit erhalten. Zudem verstärkte Franziskus den römischen Mitarbeiterstab – und sorgte damit doppelt für Entspannung: Zum Leitungsteam gehören neuerdings zwei Untersekretäre, darunter erstmals eine Frau, die französische Theologin und Ordensschwester Nathalie Becquart.

Damit öffnete Franziskus eine Tür für die zuletzt lautstark geforderte Teilnahme von Laien, auch von Frauen, an der Synode. Noch am Rand der Amazonas-Synode 2019 hatten es vor den Vatikan-Toren Demonstrationen gegen deren Ausschluss gegeben. Denn während ein Ordensbruder, ein Nicht-Priester, in der Aula stimmberechtigt war, wurde das den Ordensfrauen verwehrt. Ihnen blieb allenfalls die nachgeordnete Funktion als Expertin oder Beobachterin. Man werde „sehen, welche weiteren Schritte in der Zukunft unternommen werden können", begrüßte Grech seine neue Untersekretärin.

In der Nachfolge des Konzils

Die Anfänge der Bischofssynode reichen auf das Zweite Vatikanum zurück. Gegen Ende des dreijährigen Konzils äußerten viele Teilnehmer den Wunsch, den „Geist der Kollegialität" in irgendeiner Form fortzusetzen. Papst Paul VI. griff die Idee auf und richtete 1965 die Bischofssynode ein. Sie solle „in gewisser Weise den gesamten Weltepiskopat repräsentieren" und „den Geist der Gemeinschaft zeigen, der den Papst und die Bischöfe miteinander verbindet". Anders als das Konzil erhielt sie jedoch keine Entscheidungsgewalt, sondern nur Beratungsfunktion. „Sie ist kein Konzil, kein Parlament", stellte Paul VI. klar. Und auch Franziskus blieb – entgegen weiterreichender Hoffnungen – bei dieser Beschränkung. Das sorgte von Beginn an auch für manche Enttäuschungen.

Zwei Jahre nach Konzilsende kehrte ein Zehntel der Teilnehmer zu einem neuen Kirchengipfel nach Rom zurück. Statt der mehr als 2.000 Konzilsväter fanden sich jetzt 193 Synodale ein. Man tagte nicht wie damals im umgebauten Petersdom, sondern in einem funktionell hergerichteten Saal am Belvedere-Hof (in dem zuvor ausgemusterte Museumsbestände gelagert waren). Später wurde in den Komplex der vom Star-Architekten Pierluigi Nervi entworfenen neuen Audienzhalle die heutige Synodenaula integriert.

In den synodalen Pioniertagen wurde viel experimentiert und improvisiert. Papst Paul VI. berief die erste Synode 1967 ein, ohne ihre Dauer festzulegen. Erst war sie auf drei Wochen terminiert, dann auf zwei Monate, schließlich tagte man einen Monat.

Seither hat es (bis 2022) 30 Synoden gegeben. Davon waren 15 Ordentliche Synoden und 3 Außerordentliche – etwa 1985 ein Bilanztreffen 20 Jahre nach Konzilsende. Hinzukamen 12 Spezialsynoden für einzelne Kontinente oder Weltregionen, zuletzt 2019 für Amazonien.

An den Ordentlichen Synoden nehmen (bislang) rund 300 Personen teil, an den Außerordentlichen und Sondersynoden bis zu 200. Alle Bischofskonferenzen entsenden nach einem bestimmten Schlüssel Delegierte, ebenso die Kurie und die Ordensgemeinschaften. Zusätzlich beruft der Papst weitere Mitglieder (etwa ein Zehntel). Hinzukommen Berater, Experten und (ökumenische) Gäste. Der anfängliche Zwei-Jahres-Rhythmus wurde zeitweise auf drei bis vier Jahre ausgedehnt.

Impulse für die Weltkirche

Neben der Sacharbeit zum jeweiligen Thema sind von den Synoden viele konkrete Projekte für die Weltkirche ausgegangenen. Das erste Treffen über „Bewahrung und Stärkung des katholischen Glaubens" stellte die Weichen für die schon bei der Konzilsankündigung 1959 geforderte Neufassung des Kirchenrechts, das 1983 fertig wurde. Außerdem gab sie die Idee für die Gründung der Internationalen Theologenkommission. Zwei Jahre später regte die erste außerordentliche Synode einen neuen Welt-Katechismus an – der 1992 erschien. Zudem legte sie Grundlagen für die Zusammenarbeit von Vatikan und nationalen Bischofskonferenzen.

Deutliche Aussagen zur Unauflöslichkeit der Ehe und zum Lebensschutz machte die Synode 1980 über die christliche Familie. Ihr Dokument „*Familiaris consortio*" wurde bei der Doppelsynode 2014/15 zur Familienpastoral insbesondere von Kritikern einer weiteren pastoralen Öffnung gerne zitiert.

Die Ordentlichen Synoden zwischen 1987 und 2001 widmeten sich den verschiedenen Ständen in der Kirche: Laien, Priester, Ordensleute und Bischöfe. Ein Höhepunkt war 1991 die Europa-Sondersynode, bei der erstmals Bischöfe aus dem lange versperrten Ostblock frei anreisen und teilnehmen konnten. Sie wurde zu einem Tribunal über 45 Jahre Kirchenverfolgung hinter dem Eisernen Vorhang. Bischöfe berichteten – ohne das sonst übliche Diktat der Redezeitbegrenzung – über ihre Haft in Gefängnissen und Gulags, über Schikanen und brutale Unterdrückung durch Parteien und Geheimdienste, manche unter Tränen. Sie zeigten aber auch ein Bild der Glaubensstärke von Christen im Untergrund und in der Verfolgung. – Allerdings fand die Synode nach Ansicht von Beobachtern zu spät statt. Sie konnte das hohe Ansehen, das die Kirche in der Umbruchphase genoss – von Warschau über Prag bis Bukarest – nicht unmittelbar für die Neugestaltung des Kontinents hinüberretten.

Starre Formen und neuer Freimut

Wesentlich geprägt wurden die Weltbischofstreffen zunächst durch den belgischen Generalsekretär Jan Schotte. 20 Jahre lang (1985-2004) perfektionierte „Mister Synode" ihr System und entwickelte eine Routine, die aber auch eine Starre mitbrachte. Nach Ankündigung durch den Papst erarbeitete das Synodensekretariat ein erstes Themen-Papier (früher *„Lineamenta"* genannt), das samt einem Fragebogen an alle Ortskirchen ging. Aus den Antworten entwickelte das Sekretariat dann ein Arbeitspapier (*„Instrumentum laboris"*) – als Grundlage für die Synodal-Sitzungen. Zum Abschluss der mehrwöchigen Beratungen verabschiedeten die Synodalen einen Abschluss-Text (meist in Thesen-Form) und übergaben ihn dem Papst – der daraus ein nachsynodales Schreiben erstellte, als offizielles Ergebnisdokument des Treffens.

Die Synodalen mussten ihre Statements vorab abliefern (um sie übersetzen und drucken zu können). Die Rednerliste folgte den Wortmeldungen, das aber bremste eine lebendige Debatte. Zudem erlaubte die knappe Redezeit kaum eine direkte Reaktion auf den Vorredner. Die Folge war, dass eine vertiefende Sacharbeit meist erst in den kleinen Sprachgruppen der zweiten Synodenhälfte möglich wurde.

Außerdem galten einige Themen und Fragen als Tabu. Manche Vorstellungen von Subsidiarität gehörten damals nicht in die Synodenaula. Als bei der Europa-Synode 1991 ein junger Weihbischof eine Diskussion über die Haltung der Kirche zu Geschiedenenpastoral oder künstlicher Empfängnisverhütung anregte, löste das einen Eklat aus. Zudem konnte es passieren, dass Synodale, die sich in ihrer Intervention etwas unkonventionell äußerten, in der nächsten Kaffeepause vom für diese Sachfrage zuständigen Kurienpräfekten ins Gebet genommen wurden. Eine Folge: Die Synodalen gingen auf Nummer sicher. In den Wortmeldungen häuften sich Zitate aus jüngeren Papstdokumenten.

Schon Benedikt XVI. hatte Ablauf und Modus der Bischofssynode gestrafft und für mehr Kreativität und Offenheit gesorgt. Er verkürzte die Tagungsdauer von vier auf drei Wochen und setzte neben den (vorher abzuliefernden) Kurzstatements auch feste Zeiten zu freien Aussprachen an. Die Synoden wurden offener, ihre Debattenkultur lebhafter.

Vom Ereignis zum Prozess

Papst Franziskus entwickelte mit seinen Synoden-Beauftragten diese Neuerungen weiter. Zu jedem Synoden-Beginn ermuntert er die Teilnehmer zu Freimut – ein Appell, der ernst genommen wird. Neuerdings wechseln sich Vollversammlungen und die Arbeit in kleinen Sprachgruppen (20-25 Personen) häufiger ab, um weitere Synergien zu fördern und zu nutzen. Nach fünf Redebeiträgen im Plenum wird stets eine dreiminütige Besinnungspause eingelegt.

Der Preis für die neue Offenheit in der Synodenaula ist eine rigidere Informationspolitik. Während früher die Statements aller Redner den Journalisten zur Verfügung gestellt wurden (mitunter gekürzt), gab es zuletzt nur noch eine knappe und anonymisierte Zusammenfassung einiger Themen durch einen Sprecher. Die Teilnehmer sollten nicht die Sorge haben, sich später in ihren Diözesen für ihre Äußerungen erklären zu müssen, lautete die laue Begründung.

Im Zuge des Reformprozesses erließ Franziskus 2018 eine neue Konstitution (*„Episcopalis communio"*) für die Synode. Sie soll von einem einmaligen, begrenzten Ereignis stärker zu einem breiten Prozess mit einem größeren Zeitrahmen und einer gründlicheren Vorbereitung in der ganzen Kirche werden. Folglich erhält die Vorbereitungs- und Konsultationsphase deutlich mehr Raum und Gewicht. Statt eines von Experten gefertigten Einführungsdokumentes stellen die Organisatoren einen ausführlichen Fragebogen ins Internet. Nicht nur die Bischöfe sollen antworten, sondern die gesamte Kirchenbasis ist aufgerufen. Aus den Rückmeldungen erarbeitet das Synodensekretariat dann das „Arbeitspapier", dem weitere folgen können. Zentraler Teil ist dann die festliche Vollversammlung, bei der die Synodalen (Bischöfe, „aber auch einige andere" vom Papst berufene Gläubige) auf diesen Grundlagen beraten und schließlich einen Schlusstext verabschieden (nicht mehr nur eine Thesen-Sammlung wie in der Vergangenheit). Der wird dem Papst übergeben, der daraus – nach seiner Überarbeitung – das synodale Schlussdokument als offizielles Ergebnis der Beratungen erstellt. Diese vom Papst gebilligten Synoden-Entscheidungen sollen dann in der Umsetzungsphase rezipiert und – unter Berücksichtigung der verschiedenen Kulturen – umgesetzt werden, so die Synoden-Konstitution.

Für die 16. Generalversammlung 2021-2023 machte Franziskus die Synodalität selbst zu Thema – „Für eine synodale Kirche: Gemeinschaft, Partizipation und Mission" – und weitete dazu den Synoden-Prozess nochmals aus. Er wurde schließlich in vier Etappen gegliedert: Zunächst Beratungen auf Ebene der Diözesen, dann auf Ebene der Bischofskonferenzen, der kontinentalen Bischofsgremien und zuletzt – für Oktober 2023 geplant – auf Ebene der Weltkirche in Rom mit dem Papst. Für diese Synode ging und geht es dem Papst weniger um Beschlüsse, Mehrheitsentscheidungen und Konsenspapiere als um einen gemeinsamen Weg (*syn-hodos*) und um ein gegenseitiges Zuhören: um mutige Ideen und Visionen, um Gebet, Besinnung und Austausch – damit sich die Kirche durch die Synode besser versteht.

Denn die Kirche werde „nicht nur durch die Reform von Strukturen, durch Anweisungen, Exerzitien und Konferenzen oder durch Richtlinien und Programme gestärkt, sondern wenn sie wieder entdeckt, dass sie ein Volk ist, das miteinander gehen will", sagte der Papst 2021 bei einem Vorbereitungstreffen in Rom. In diesen Prozess für eine synodale Kirche soll nach seinem Wunsch auch der „Synodale Weg" in Deutschland mit seinen Vorschlägen einfließen. Allerdings sei dieser – zur Wahrung der Freiheit des Gottesvolkes und der Ausübung des Bischofsamtes – „nicht befugt, die Bischöfe und die Gläubigen zur Annahme neuer Formen der Leitung und neuer Ausrichtungen der Lehre und Moral zu verpflichten", hieß es in einer Erklärung des Staatssekretariats vom 21. Juli 2022. Eine überflüssige Mahnung, meinte das deutsche Präsidium unter Hinweis auf die geltenden Statuten, die einen kirchlichen Alleingang ausschlössen – was mancher im Vatikan und in der Weltkirche aufgrund der bisherigen Diskussionen jedoch besorgter sah.

„Kirche und Synoden sind Synonyme"

Seine grundsätzlichen Ideen zur Rolle der Synode und zur synodalen Kirche hatte Franziskus bereits beim Festakt zum 50. Jahrestag ihrer Gründung (am 17.10.2015) entfaltet. Die Synode sei ein gemeinsamer Weg der gesamten Kirche, die unter Führung des Heiligen Geistes „unterwegs ist, um die Wirklichkeit mit den Augen des Glaubens und mit dem Herzen Gottes zu deuten". Sie sei ein geistlicher Weg und kein von Umfragen, Mehrheitsabsprachen oder Kompromissbildungen geleitetes Parlament, sie sei keine soziologische Erhebung oder Befragung. „Kirche und Synoden sind Synonyme", zitierte er den Kirchenlehrer Chrysostomos. Synodalität sei der Weg, „den Gott von der Kirche des dritten Jahrtausends erwartet".

Dieser synodale Prozess beginne mit dem Hinhören auf das Volk (durch die Erhebungen im Vorfeld), er setze sich fort im Hinhören auf die Bischöfe (während der Synode) und gipfele schließlich im Hören auf den Papst als Bischof von Rom (im Schluss-Dokument). Die Synode handle *„immer cum Petro et sub Petro"* – mit und unter dem Papst. Das bedeute „keine Begrenzung der Freiheit, sondern eine Garantie für die Einheit", betonte Franziskus. Zugleich unterstrich er die Notwendigkeit, „in einer heilsamen Dezentralisierung voranzuschreiten".

Die neuen Statuten stellten klar: Die Synode ist und bleibt ein Beratungsgremium. Sie wurde – zu mancher Enttäuschung – keine kollegiale Entscheidungsinstanz. Sie ist eine Institution, die „mit und unter dem Papst" Zukunftsfragen der Weltkirche erörtert. In den Debatten hört der Papst (meist) zu, am Ende aber entscheidet er. So bestimmte er, dass das Schlussdokument der Amazonas-Synode weder auf eine Lockerung des Zölibats noch auf eine Frauenweihe einging, für die sich die Synodalen mehrheitlich in ihrem Schluss-Entwurf ausgesprochen hatten. Und einige bei der Familiensynode strittige Themen und Aussagen (Kommunionempfang für wiederverheiratete Geschiedene) gingen nur als Fußnoten in das Schlussdokument *„Amoris laetitia"* ein.

Vom Apostolischen Palast nach Santa Marta

Wo Päpste leben, arbeiten und regieren

Zu den spannendsten Neuerungen in den ersten Amtswochen von Papst Franziskus gehörte die Wahl seiner Wohnung. Zwei Tage nach dem Konklave nahm er zwar offiziell das „*Appartamento*" im dritten Stock des Apostolischen Palastes in Besitz. Er durchbrach das Siegel, das nach dem Auszug des Vorgängers Benedikt XVI. angebracht worden war – zog aber selbst nicht in die traditionelle Privatwohnung der Päpste ein. Stattdessen blieb er im vatikanischen Gästehaus Santa Marta, in das er vor dem Konklave zusammen mit 114 weiteren Kardinälen eingezogen war.

Das habe weniger mit Bescheidenheit und Verzicht auf Prunk zu tun, gestand er wenig später auf die Frage aus einer Schülergruppe. Denn das Papst-Appartement oberhalb des Petersplatzes sei zwar geräumig, aber keinesfalls luxuriös. Vielmehr wolle er unter Menschen sein; das sei für ihn ein „psychiatrisches Problem".

So lebt Franziskus seither unter einem Dach mit rund 50 Mitarbeitern aus der Kurie, vor allem dem Staatssekretariat, und mit ständig wechselnden Gästen. Allerdings räumte er bald sein Konklave-Zimmer 207 – der zur Papstwahl ausquartierte Vorbewohner (ein emeritierter Nuntius) konnte zurückkehren. Stattdessen zog er in die Suite 201 – mit Blick auf die Kuppel des Petersdoms.

Das „*Domus Sanctae Marthae*" war erst 1996 nach einer umfangreichen Sanierung neu eingeweiht worden. Im Pontifikat von Papst Leo XIII. (1878-1903) erbaut, wurde es zunächst als Pilgerherberge benutzt, viele Jahre unter der erfolgreichen Regie der resoluten deutschen Ordensfrau Theresa Bonn aus Köln. Im Ersten Weltkrieg wurde es von den Maltesern zum Lazarett umfunktioniert. Während des Zweiten Weltkriegs waren hier auch Flüchtlinge untergebracht.

Gegen den geplanten Umbau waren zunächst italienische Aktivisten Sturm gelaufen. Der Vatikan wollte das Gebäude um eine Etage aufstocken. Das aber hätte, so die Kritiker, die Sicht von Süden auf die

Kuppel des Petersdoms beeinträchtigt, der immerhin auf der Liste des Weltkulturerbes stehe. Der Vatikan pochte auf seine Autonomie, und verwies auf die vielen städtebaulichen Sünden Italiens, die den Kuppelblick von anderen Seiten verstellten. Dann änderte er aber – um des lieben Friedens willen – sein Bauvorhaben. Mit enormem architektonischem Aufwand reduzierte er die Höhe der oberen Stockwerke, so dass das Gebäude letztlich nur wenige Zentimeter höher wurde.

Im Jahr der Fertigstellung von Santa Marta erließ Johannes Paul II. 1996 eine neue Konklave-Ordnung, in der er für die nächste Papstwahl das Gästehaus zum Wohnort der Kardinäle bestimmte – die regulären Mieter müssen dann vorübergehend ausziehen. Die Zeiten, wo die zum Teil betagten Wahlmänner behelfsmäßig in Schlafkojen im Apostolischen Palast und Teilen der Museen untergebracht wurden, sollten vorbei sein.

Schon Benedikt XVI. hatte nach seiner Wahl noch etliche Tage in seinem Konklavezimmer von Santa Marta verbracht, während das Appartamento nach fast 27-jähriger Wohnzeit von Johannes Paul II. provisorisch renoviert wurde. Dann aber war er umgezogen. Franziskus dagegen nutzt seit dem Konklave die Räumlichkeiten und die verschiedenen Einrichtungen des Gästehauses, die Kapelle, die Besprechungsräume und Konferenzsäle, den Speisesaal samt Verpflegungsangebot.

In der Kapelle von Santa Marta feierte er morgens um sieben Uhr die Frühmesse, meist mit Gästen – mit Mitarbeitern der Kurie, dann mit Gläubigen aus den Pfarreien seines Bistums Rom. Während des Corona-Lockdowns wurde diese Papstmesse (natürlich ohne Gäste) eine Zeitlang täglich live übertragen – und war ein Quotenrenner. Zuletzt zelebriert Franziskus seine Morgenmesse aber meist in der kleinen Kapelle seines Appartements.

Im Speisesaal von Santa Marta nimmt Franziskus seine Mahlzeiten ein. Zum Frühstück genehmigt er sich meist nur einen Fruchtsaft – im Stehen – und nimmt das von den Ordensschwestern präparierte Sandwich mit in seine Wohnung. Bei den übrigen Mahlzeiten sitzt er mit seinen beiden Sekretären zusammen, mitunter auch mit Gästen.

Seine offiziellen Dienstgeschäfte erledigt Franziskus wie seine Vorgänger im Apostolischen Palast. Ab 9.30 Uhr empfängt er von Montag bis Samstag (außer Mittwoch, der ist zunächst für die Generalaudienz reserviert) in der Privatbibliothek Staatsoberhäupter oder Regierungschefs in Audienz. Er spricht mit Kurienleitern, Vatikan-Botschaftern und Ortsbischöfen, begrüßt ökumenische Gäste. Für Besuchergruppen, für Teilnehmer von Vatikankongressen, für Ordenskapitel bis hin zu Sportmannschaften stehen in der zweiten Etage mehrere repräsentative Audienzräume und -säle zur Verfügung. Und jeden Sonntagmittag spricht das Kirchenoberhaupt eine Etage höher am zweiten Fenster der alten Papstwohnung mit den Gläubigen auf dem Petersplatz das Angelus-Gebet.

Bei aller Anerkennung für den bescheidenen Papst, der nicht im Palast allein, sondern im Gästehaus unter Menschen wohnen will, ist sein Domizil in Santa Marta nicht unumstritten. Der Aufwand für seine Sicherheit sei höher und schwieriger zu bewerkstelligen als im Palazzo Apostolico, hört man. Die für seinen persönlichen Schutz zuständige Schweizergarde wurde aufgestockt. Denn Santa Marta und auch der Gästebetrieb stehen seither unter anderer Kontrolle als zuvor.

Lateran, Avignon, Quirinal

Franziskus hat mit der Entscheidung für die Suite in Santa Marta eine lange Tradition beendet. Allerdings residierten die Päpste nicht schon immer im wuchtigen Palazzo nördlich des Petersplatzes. Seit den Zeiten von Kaiser Konstantin (306-337) hatte der Bischof von Rom seinen Sitz zunächst am Lateran. Dort entstand neben der vom Kaiser errichteten Salvator-Basilika (bis heute ist der Lateran die römische Bischofskirche des Papstes) nach und nach ein gewaltiger Palast, der für 1.000 Jahre fast ununterbrochen Wohn- und Amtssitz des Pontifex wurde.

Auch am Ager Vaticanus erbaute Konstantin um das Jahr 320 eine riesige Kirche, über dem Grab des Apostelfürsten: die Petersbasilika. Sie befand sich allerdings auf der anderen Tiberseite, außerhalb der Aurelianischen Stadtmauer, in einer unsicheren, klimatisch (weil sumpfig) ungesunden und etwas verrufenen Gegend.

Aber schon ab dem 6. Jahrhundert entstanden rund um St. Peter einzelne Oratorien und Pilgerhospize. Bald gab es auch Audienzräume für den römischen Bischof und Unterkünfte für ihn und sein Gefolge, wenn er zu liturgischen Feiern zum Vatikan kam. Möglicherweise gehörten dazu zwei Wohntürme rechts und links der Fassade der alten

Peterskirche. Nach dem *Liber Pontificalis* ließ Papst Leo III., der im Jahr 800 Karl den Großen im Petersdom zum Kaiser krönte, einen prächtigen Festsaal mit drei Apsiden errichten. Allerdings befanden sich diese Räumlichkeiten nicht auf dem Terrain des heutigen Papstpalastes, sondern wohl südlich des Petersdoms, im Bereich des heutigen Campo Santo Teutonico.

Ab dem 12. Jahrhundert begannen die Päpste dann im Bereich des heutigen Damasus-Hofes mit einem *„novum palatium"*, einem neuen Palast. Er wurde in der folgenden Zeit immer wieder ausgebaut, aufgestockt und um neue Gebäudeteile ergänzt. Die Entstehungsgeschichte ist äußerst komplex.

Freilich verbrachten die Päpste damals beachtliche Zeit des Jahres außerhalb Roms, in Mittelitalien. Bevor sie 1309 auf Drängen des französischen Königs für fast 70 Jahren ihren Sitz in Avignon nahmen.

Nach der Rückkehr aus dem avignonesischen Exil 1377 nutzten die Päpste (oder Gegenpäpste) nur noch für kurze Zeit den Lateran-Palast, der während des längeren Leerstands zunehmend verfallen war. Nun erhielt der Vatikan wachsende Bedeutung auch für die administrativen Aufgaben der Päpste als Herren des Kirchenstaates. Der Palastbau neben St. Peter erlebte eine Blütephase. Die von Fra Angelico ausgemalte „Cappella Nicolina" (für Nikolaus V. 1447-55), das von Pinturicchio gestaltete Appartement des Borgia-Papstes Alexander VI. (1492-1503) und die „Stanzen des Raffael", die Repräsentationsräume von Julius II. (1503-1513), gehören heute zu den Highlights der Vatikan-Museen. Übertroffen nur von der benachbarten, von Sixtus IV. (1471-1484) errichteten, mit Fresken von Künstlern wie Botticelli und Perugino verschönerten und später von Michelangelo ausgemalten Palastkapelle, der Sixtinischen Kapelle.

Der heutige Papst-Palast entstand schließlich unter Sixtus V. (1585-1590) auf der anderen Seite des Damasus-Hofes. Freilich nahmen die Päpste noch weitere Wohnsitze in Rom, etwa auf dem Palatin, in der Engelsburg sowie in den Palazzi ihrer Familien, die sie gerne als Sommersitze nutzten. Oder in Castel Gandolfo, 25 Kilometer südöstlich der Stadt.

Auch innerhalb des heutigen Vatikanstaates konnten die Päpste bei Bedarf noch weitere Räumlichkeiten zu Wohnzwecken nutzen, etwa den 300 Meter entfernten Palazzetto del Belvedere, später auch ein Chalet ganz im Westen des heutigen Vatikan-Geländes, in dem 1931 das erste Sendezentrum von Radio Vatikan entstand. Johannes XXIII. verbrachte seine letzte Sommerzeit 1962 nicht in Castel Gandolfo sondern im mittelalterlichen Johannes-Turm in den westlichen Gärten, wo später das Wirtschaftssekretariat seinen Sitz bezog. Und auch innerhalb des Apostolischen Palastes wechselten die Hausherren die Wohnräume. Zunächst nutzten sie die erste Etage, dann bis Leo XIII. (1878-1903) die zweite. Schließlich übernahm Pius X. 1903 die Terza Loggia, in der seine Nachfolger bis 2013 lebten.

Als Verwaltungssitz stand den Päpsten in Rom seit Anfang des 17. Jahrhunderts noch ein weiterer Palast zur Verfügung, auf dem Quirinal-Hügel. Er fungierte eigentlich als Sommersitz, dort war es in der heißen Jahreszeit erträglicher als im sumpfigen Areal um Sankt Peter. Zwischen dem Quirinals-Palast und dem Vatikan entwickelte sich eine Art Doppelresidenz. Der Palast am Petrusgrab wurde vor allem im Winter und Frühling genutzt, in der Zeit der liturgischen Hochfeste Weihnachten und Ostern. Sommer und Herbst blieben dagegen dem Quirinal vorbehalten. Dort fanden auch etliche Papstwahlen statt, vor allem im 19. Jahrhundert.

Bis am 20. September 1870 italienische Truppen durch eine Bresche an der Porta Pia fast kampflos in der Stadt einrückten, Rom zur Hauptstadt des vereinigten Königreichs Italien erklärten und der Kirchenstaat aufhörte zu existieren; der Papst war politisch entmachtet. Pius IX. und seine Nachfolger zogen sich verbittert als „Gefangene" in den Vatikan zurück, verweigerten einen Ausgleich. Der Quirinal wurde Amtssitz von König Viktor Emanuel II. Fast 60 Jahre blieb die „Römische Frage" ungeklärt, bis mit den Lateran-Verträgen 1929 eine Einigung erzielt und der Vatikanstaat als territoriale und juridische Grundlage für das Wirken des Papstes als Oberhaupt der katholischen Weltkirche gegründet wurde (s. auch Kapitel „SCV").

Arbeitsteilung zwischen Palazzo und Gästehaus

Papst Franziskus erledigt seine offiziellen Amtsgeschäfte vormittags im Apostolischen Palast, nachmittags zieht er sich zur weiteren Arbeit in seine Privatwohnung zurück. In der ersten Tageshälfte wird er von der Apostolischen Präfektur begleitet. Sie führt den Terminplan, bereitet die Audienzen vor, koordiniert den Kontakt mit Gästen und Besuchern. Das vatikanische Presseamt informiert die akkreditierten Journalisten über diese Aktivitäten des Papstes, über die Audienzgäste, veröffentlicht seine Reden und gibt die Namen neuer Bischöfe oder Kurienleiter bekannt.

Die Tätigkeit des Papstes am Nachmittag erfolgt dagegen unter Ausschluss der Öffentlichkeit. Nur selten, und meist per Zufall wird publik, mit wem sich der Papst in seinem Gästehaus zum Gespräch getroffen hat.

Dabei lässt er sich von zwei Privatsekretären unterstützen. Anders als zunächst vermutet, hat Franziskus diese Form der Zuarbeit nicht komplett abgeschafft. Nur setzt er sie anders ein, sehr diskret, und nur für jeweils begrenzte Zeit. Die Position des Privatsekretärs sollte nicht wieder so mächtig werden wie in früheren Jahren. Außerdem betraut er noch weitere Personen mit besonderen Aufgaben. Zudem wurde ein zweiter Kammerherr für technische Aufgaben angestellt.

Bei Johannes Paul II. war sein Privatsekretär Stanislaw Dziwisz immer in dessen Nähe zu sehen. Er assistierte dem Papst, dem er bereits in dessen Zeit als Kardinal in Krakau zugearbeitet hatte. Die Nähe unterstellte Macht und Einfluss. Und der polnische Sekretär besaß sie – besonders in den letzten Pontifikatsjahren, als Johannes Paul II. immer mehr durch seine Parkinson-Erkrankung eingeschränkt war, und der Sekretär dessen Wünsche und Entscheidungen weitergab.

Unter Benedikt XVI. diente der Freiburger Geistliche Georg Gänswein als päpstlicher Privatsekretär. Kurz vor seinem Amtsverzicht ernannte der Papst ihn zusätzlich zum Präfekten des Päpstlichen Hauses und weihte ihn zum Bischof. Damit behielt er auch unter seinem Nachfolger eine wichtige Aufgabe im vatikanischen Zentrum.

Franziskus ließ sich zunächst von dem argentinischen Geistlichen Fabian Pedacchio und dem Ägypter Gaid Yohannis Lahzi zuarbeiten, die beide vormittags anderen Vatikan-Aufgaben nachgingen. Nach sechs Jahren löste er beide ab, es folgten der Uruguayer Gonzalo Aemilius und Fabio Salerno aus Kalabrien.

Am Nachmittag empfängt Franziskus – nach kurzer Mittagsruhe – wiederum Gäste, freilich ohne Protokoll und in privatem Rahmen. Darunter sind manchmal Journalisten, denen er ein Interview gibt. Aber auch Freunde, Kirchenleute, führende Mitglieder kirchlicher Bewegungen, deren Meinung und Rat er hören möchte. Dann studiert der Papst Berichte aus der Kurie und von den Nuntiaturen, befasst sich mit Ernennungen und Seligsprechungsverfahren. Er arbeitet an seinen Reden und Predigten, beschäftigt sich mit Reiseplanungen, konzipiert größere Texte, bereitet sich auf die Audienzen des folgenden Tages vor, und widmet sich dem Gebet. Und während Johannes Paul II. die ihn erreichenden Bittbriefe vor den Altar seiner Privatkapelle legte, deponiert Franziskus solche Fürbitten unter der Statue des Heiligen Josefs in seinem Vorzimmer.

Wäre da nicht die nostalgische Erinnerung an das abends lange erleuchtete Fenster hoch über dem Petersplatz, das jetzt immer dunkel bleibt. Generationen von Reiseführern erzählten ihren Gruppen – und die Römer wussten es ohnehin: „Dort oben wohnt der Papst, er arbeitet noch, oder er betet für den Frieden." Mancher vermisst mit Wehmut dieses Zeichen der ständigen Nähe des Bischofs von Rom.

Aber vielleicht kehrt ja ein Nachfolger mit einem anderen Arbeitsstil und Arbeitsrhythmus wieder in das geräumige aber keinesfalls luxuriöse Appartement in der dritten Etage des Palazzo Apostolico zurück.

Epilog

Was hat sich an der Spitze der katholischen Weltkirche mit der Kurienreform geändert? Arbeitet der vatikanische Apparat effizienter und kostengünstiger? Kommen die neuen Normen über Arbeitsabläufe, Koordination und Binneninformation überall zur Anwendung? Ist der Apparat moderner und professioneller aufgestellt, sorgen Querverbindungen zwischen den Behörden für mehr Transparenz und einen besseren internen Austausch? Wie wird das Humankapital genutzt, was ist mit der Personalpolitik samt Mitarbeiterfortbildung? Wird die Kurie tatsächlich vom beargwöhnten Kontroll-Instrument zum gesuchten Dienstleister der Ortskirchen? Haben sich die Mentalitäten geändert, wie es der Papst immer wieder gefordert hat?

Entscheidend ist jetzt, wie *„Predicate evangelium"* in der Kurie, für die Weltkirche und in der Weltkirche akzeptiert und umgesetzt wird. Nach dem Erlass der Apostolischen Konstitution muss nun auch das aus dem Jahr 1993 stammende Regelwerk (*„Regolamento"*) mit den praktischen Ausformungen für die einzelnen Behörden, den Vorschriften und Anforderungen an die verschiedenen Personalgruppen angepasst werden – samt Stellenplänen und Gehaltsgruppen.

Ist PE der große Wurf? Hat der Papst, wie er selbst sagt, alle Reformschritte umgesetzt, die ihm die Kardinäle bei seiner Wahl im März 2013 ans Herz gelegt haben? Oder bleibt die Kurie noch für eine Zeitlang eine Baustelle? Vielleicht sah der Papst, nachdem er mit großem Reformeifer gestartet war, dass vieles in der Kurie gar nicht so schlecht läuft, und dass es nur schwerlich komplett anders laufen kann – womit sich ein Totalumbau als illusorisch erwies. Auch weil an der Kurie viele qualifizierte, kompetente, kreative und motivierte Mitarbeiter tätig sind. Denn manche weiterreichende Reformideen, die anfangs im Umfeld des Papstes ventiliert wurden – etwa eine große Dialog-Behörde für Ökumene und Interreligiöses, die Einführung eines „Kurienmoderators" und die Abstufung des Staatssekretariats zum „Päpstlichen Sekretariat" oder auch eine einheitliche Gerichtsbehörde – wurden dann doch nicht umgesetzt. Und die Anlaufschwierigkeiten einzelner neu-fusionierter Groß-Behörden lassen unübersehbar erkennen, wo strukturelle Reformen an ihre Grenzen stoßen.

Aber die Kurienreform passt in vielerlei Hinsicht zu den großen Linien des Pontifikats von Papst Franziskus.

Es ist „ein Pontifikat der Aussaat, nicht der Ernte", wie der theologische Berater und Kommentator des Papstes, Antonio Spadaro SJ, formulierte. Franziskus hat vieles angestoßen, in Bewegung gebracht, Wege geöffnet. Aber er hat nicht immer und nicht für alles klare Entscheidungen getroffen und Lösungen aufgezeigt. Und damit hat er auch manche Unsicherheiten geschaffen. Dennoch wird sein Nachfolger diese Anstöße und Öffnungen nicht einfach ignorieren können. Er kann den eingeschlagenen Kurs nicht einfach zurückdrehen – selbst, wenn er das wollte.

Dann stärkt PE einmal mehr die herausgehobene, die universale Stellung des Papstes, von dem sich in der Kirche und auch in der Kurie alles ableitet. Der letztlich allein die Entscheidungen treffen kann (auch über Personalien, über neue Kardinäle, über die Einberufung eines Konsistoriums). Die leitenden Mitarbeiter der Kurie erhalten ihre Vollmacht nicht aufgrund eines hierarchischen Ranges oder ihrer Weihe, sondern durch die Beauftragung aus der Hand des Papstes. Und damit kann – das war die letzte große Überraschung der Kurienreform – auch ein Laie offiziell eine Kurienbehörde leiten.

Zugleich wird die Kurie noch stärker zu einer dienenden Funktion verpflichtet – für den Papst und für die Ortskirchen. Ihre eigene Macht (und die ihres Leitungspersonals) wird damit relativiert. Seit Beginn des Pontifikats wurde deutlich, dass Franziskus nicht nur abseits des eigenen „Hofes" logiert. Er reist auch ungern mit großem Hofstaat. So fuhr er ohne hohe hierarchische Begleitung auf die Flüchtlingsinsel Lampedusa. Und den symbolträchtigen Besuch in der römischen Synagoge absolvierte er ohne offizielles Gefolge.

Konsequent wird in der Konstitution PE ständig die besondere Stellung der Ortsbischöfe unterstrichen. Auch ihnen ist die Kurie zum Dienst verpflichtet. Freilich muss sich zeigen, inwieweit PE hier tatsächlich durchgreift und verwirklicht wird. Bereits im Verlauf des Reformprozesses erhielten die Ortsbischöfe manche Kompetenzen, die zuvor in Rom lagen – auch im Rahmen der immer wieder angemahnten „gesunden Dezentralisierung".

Ein Schlüsselwort im Pontifikat von Papst Franziskus ist die Synodalität. „Kirche und Synoden sind Synonyme", betont er immer wieder. Diesem wechselseitigen Zuhören und gemeinsamen Gehen des Volkes Gottes in der Kirche wurde die Weltbischofssynode (2021-2023) gewidmet. Das Leitwort „Für eine synodale Kirche: Gemeinschaft, Partizipation und Mission" sollte in einem zweijährigen Prozess in vier Etappen entfaltet werden: zunächst in den einzelnen Diözesen, dann in den nationalen Bischofskonferenzen, in den Kontinentalgremien und schließlich in der Universalkirche beim Abschlusstreffen im Oktober 2023 in Rom mit und unter dem Papst als dem Oberhaupt der katholischen Kirche Die Bischofssynode passt somit in den Kontext des Pontifikats – sie ist gleichsam eine Fortsetzung von PE auf der Ebene der Weltkirche.

Und damit ist PE mehr als bloß die Modernisierung eines historisch gewachsenen und hoch komplexen Apparats. Die neue Kurienverfassung soll eine Reform der Kirche fördern – gemäß den Prinzipien der Synodalität, der Subsidiarität und der Dezentralisierung. Bleibt die Frage, wie sehr es des Kurienkonstitution gelingt, einen überbordenden Zentralismus zu reduzieren, ohne die Rolle Roms als verbindendes Element und Zentrum der Weltkirche zu schmälern.

Chronologie

Reformen eines Pontifikats (Auswahl)

13.4.2013 Papst Franziskus kündigt eine Kurienreform an und beruft eine Gruppe von acht Kardinälen, die ihn in der Kirchenleitung beraten und eine Revision der Kurienkonstitution „Pastor bonus" (von 1988) studieren soll.

28.9.2013 Kardinalsgruppe für die Kurienreform erhält den Status eines „Kardinalsrats".

1.-3.10.2013 Kardinalsrat tritt zur erster Konferenzrunde zusammen. Durch Nachberufung von Staatssekretär Pietro Parolin (1.8.2014) wird er zum K9-Rat.

24.2.2014 MP(*) „Fidelis dispensator et prudens" gründet neue Wirtschafts-, Finanz- und Verwaltungsstrukturen: Wirtschaftssekretariat, Wirtschaftsrat und Generalrevisor.

22.3.2014 Päpstliche Kommission für den Schutz von Minderjährigen (Kinderschutzkommission) wird errichtet.

27.6.2015 MP „L'attuale contesto communicativo" fasst die neun vatikanischen Medienstellen zum Kommunikationssekretariat zusammen (später: „Dikasterium für die Kommunikation").

15.8.2015 MP „Mitis Iudex Dominus Iesus" vereinfacht die kanonischen Verfahren für bestimmte Ehenichtigkeitsfragen.

31.5.2016 MP „De concordia inter Codices" passt Rechtsnormen des westlichen und östlichen Kirchenrechts (zu Taufe und Ehe) an.

4.6.2016 MP „Come una madre amorevole" verfügt Maßnahmen gegen Bischöfe bei nachlässiger Amtsführung (Missbrauchs-Vertuschung).

4.7.2016 MP „I beni temporali" ordnet Vermögensangelegenheiten des Vatikans neu.

15.8.2016 MP „Sedula Mater" fasst Laien- und Familienrat zum „Dikasterium für die Laien, die Familie und das Leben" zusammen.

17.8.2016 MP „Humanam progressionem" fasst im „Dikasterium zur Förderung der ganzheitlichen Entwicklung des Menschen" die Päpstlichen Räte „Iustitia et pax", „Cor unum", „für die Migranten", „für die Krankenpastoral" zusammen.

11.7.2017 MP „Maiorem hac dilectionem" führt in Seligsprechungsverfahren neuen Tatbestand der „Hingabe des Lebens" ein – neben Martyrium und heroischem Tugendgrad.

3.9.2017 MP „Magnum Principium" verlagert Übersetzung liturgischer Texte aus dem Vatikan stärker in die Ortskirchen.

8.9.2017 MP „Summa familiae cura" gründet neues Theologisches Institut für die Wissenschaften von Ehe und Familie.

21.11.2017 Papst errichtet im Staatssekretariat „Dritte Sektion – Für das Diplomatische Personal des Heiligen Stuhls".

8.12.2017 Apostolische Konstitution „Veritatis gaudium" über Kirchliche Universitäten und Fakultäten.

12.2.2018 MP „Imparare a congedarsi" legt neue Regeln zum Amtsverzicht für Diözesanleiter und Kurienmitarbeiter aus Altergründen fest.

15.9.2018 Apostolische Konstitution „Episcopalis communio" erlässt neue Regeln für Bischofssynode.

25.11.2018 Neues Gesetz zur Leitung des Vatikanstaats. Es tritt zum 7.6.2019 in Kraft.

12.12.2018 Papst entlässt drei Mitglieder des Kardinalsrates (Pell, Errazuriz, Monsengwo). Für letzteren rückt später Ambongo Besungu nach. Seither K7-Rat.

17.1.2019 MP löst Kommission „Ecclesia Dei" für den Dialog mit Piusbrüder auf und gliedert sie in Glaubenskongregation ein.

19.3.2019 MP „Communis vita" vereinfacht Ausschluss untergetauchter Ordensleute.

26.3.2019 MP zum Schutz von Minderjährigen und Verletzlichen.

7.5.2019 MP „Vos estis lux mundi" verschärft Kirchenrecht im Kampf gegen Missbrauch.

21.12.2019 MP begrenzt Amtszeit des Kardinaldekans auf 5 Jahre.

16.3.2020 Reform im Justizsystem des Vatikanstaats stärkt Unabhängigkeit des Staatsanwalts.

19.5.2020 MP über Transparenz, Kontrolle und Ausschreibungen bei Auftragsvergaben im Vatikan.

1.11.2020 MP „Authenticum charismatis" verschärft Regeln für neue Ordensgründungen.

5.12.2020 Papst baut AIF zur vatikanischen Finanzaufsichts- und Informationsbehörde (ASIF) aus.

26.12.2020 MP regelt und vereinheitlicht Verwaltung vatikanischer Vermögenswerte (betrifft v. a. Staatssekretariat).

10.1.2021 MP öffnet einige liturgische Dienste auch für Frauen.

8.2.2021 MP ändert Strafjustiz im Vatikanstaat – und ermöglicht Resozialisierungsmaßnahmen.

23.3.2021 MP kürzt Einkommen von Kardinälen und höherer Einkommensklassen in Kurie und Vatikanstaat.

26.4.2021 MP erlässt strenge Finanzprüfnormen für vatikanische Führungskräfte.

30.4.2021 MP ändert Rechtsnormen für Prozesse des Vatikanstaates gegen Kardinäle und Bischöfe.

10.5.2021 MP „Antiquum ministerium" wertet Rolle von Katecheten auf.

23.5.2021 Apostolische Konstitution „Pascite Gregem Dei" legt überarbeitetes Strafrecht des CIC (Buch VI) vor.

11.6.2021 Dekret des Laien-Dikasteriums regelt Amtsdauer und Zahl der Leitungsposten in internationalen katholischen Vereinigungen.

16.7.2021 MP „Traditionis custodes" begrenzt liturgische Feiern nach dem außerordentlichen Ritus.

17.11.2021 Ausführungsbestimmungen zum MP „Mitis Iudex Dominus Iesus" (Ehenichtigkeitsfragen).

11.2.2022 MP „Fidem servare" modifiziert die innere Struktur der Glaubenskongregation.

11.2.2022 MP „Competentias quasdam decernere" überträgt – im Geiste einer „gesunden Dezentralisierung" – einige Kompetenzen des Heiligen Stuhls an die Ortskirchen.

19.3.2022 Papst Franziskus erlässt mit der Apostolischen Konstitution „Praedicate Evangelium – über die Römische Kurie und ihren Dienst für die Kirche in der Welt" die fünfte Kurienordnung. Sie tritt zum 5.6.2022 (Pfingsten) in Kraft und löst „Pastor bonus" von 1988 ab.

*MP „Motu proprio" – Päpstlicher Erlass in Briefform, erfolgt „aus eigenem Antrieb", und nicht auf Antrag (der Kurie) hin. Manche Entscheide tragen Namen nach (lateinischen) Anfangsworten.
**Das Datum nennt Zeitpunkt der Unterzeichnung, nicht der Veröffentlichung.

Staatssekretariat

Dikasterien

Dikasterium für die Evangelisierung	Dikasterium für die Glaubenslehre	Dikasterium für den Dienst der Nächstenliebe	Dikasterium für die Orientalischen Kirchen
Dikasterium für den Gottesdienst und die Sakramentenordnung	Dikasterium für die Selig- und Heiligsprechungsprozesse	Dikasterium für die Bischöfe	Dikasterium für den Klerus
Dikasterium für die Institute des geweihten Lebens und die Gesellschaften des apostolischen Lebens	Dikasterium für die Laien, die Familie und das Leben	Dikasterium zur Förderung der Einheit der Christen	Dikasterium für den interreligiösen Dialog
Dikasterium für die Kultur und die Bildung	Dikasterium für den Dienst zugunsten der ganzheitlichen Entwicklung des Menschen	Dikasterium für die Gesetzestexte	Dikasterium für die Kommunikation

Die Organe der Gerichtsbarkeit

- Apostolische Pönitentiarie
- Oberstes Gericht der Apostolischen Signatur
- Gericht der Römischen Rota

Wirtschaftliche Organe

- Wirtschaftsrat
- Wirtschaftssekretariat
- Güterverwaltung des Apostolischen Stuhls
- Amt des Generalrevisors
- Kommission für vertrauliche Angelegenheiten
- Investitionskomitee

Ämter

- Präfektur des Päpstlichen Hauses
- Amt für die liturgischen Feiern des Papstes
- Camerlengo der Heiligen Römischen Kirche

Einrichtungen, die mit dem Heiligen Stuhl verbunden sind

Archiv, Bibliothek, Dombauhütte von Sankt Peter, Kommission für Sakrale Archäologie, diverse Akademien, AVEPRO, ASIF

Johannes Schidelko, studierte klassische Philologie und katholische Theologie in Münster. Seit 1983 berichtet er über den Vatikan und leitete 26 Jahre lang das Gemeinschaftsbüro der deutschsprachigen katholischen Nachrichten-Agenturen in Rom.